大唐名将

兵|家|四|势|龙|虎|榜

羽寺 ◎著

民主与建设出版社
·北京·

图书在版编目（CIP）数据

大唐名将：兵家四势龙虎榜 / 羽寺著. -- 北京：
民主与建设出版社，2024.4
ISBN 978-7-5139-4524-0

Ⅰ．①大… Ⅱ．①羽… Ⅲ．①将军－列传－中国－唐
代 Ⅳ．① K825.2

中国国家版本馆 CIP 数据核字（2024）第 051236 号

大唐名将：兵家四势龙虎榜

DATANG MINGJIANG BINGJIA SISHI LONGHUBANG

作　　者	羽　寺	
责任编辑	宁莲佳	
策划编辑	罗应中　王云欣	
装帧设计	戴宗良	
出版发行	民主与建设出版社有限责任公司	
电　　话	（010）59417747　59419778	
社　　址	北京市海淀区西三环中路 10 号望海楼 E 座 7 层	
邮　　编	100142	
印　　刷	重庆市国丰印务有限责任公司	
版　　次	2024 年 4 月第 1 版	
印　　次	2024 年 4 月第 1 次印刷	
开　　本	787 毫米 × 1092 毫米　1/16	
印　　张	19.5	
字　　数	300 千字	
书　　号	ISBN 978-7-5139-4524-0	
定　　价	99.80 元	

注：如有印、装质量问题，请与出版社联系。

目录
contents

兵权谋家之

李世民

秦王破阵·初唐名将

诗圣怀古

野旷天清无战声，四万义军同日死！

至德元载（756年）冬十月，也就是安史之乱爆发将近一年后，陈涛斜（今陕西咸阳东）之战惨败的噩耗，很快在叛军控制下的长安城传开。这几个月，困在城中的杜甫目睹了太多暴行与悲剧，得知兵败，忧国忧民的他难掩心中悲愤，以字为刃，提笔写就了《悲陈陶》一诗。

素来不谙军事的儒生宰相房琯，担任此战官军的主帅，他正是杜甫的多年好友。这一回，房琯师法春秋车战，想用牛车对付叛军，不料对方见招拆招，制造出巨大的声响，又顺风点起了大火。牛群受到惊吓，横冲直撞，唐军队列从而大乱，以一种非常荒诞的方式，被叛军杀得人仰马翻。两天后，房琯提兵再战，又吃了一场败仗。

就在战前，豪气干云的房琯还丝毫不把叛军放在眼里，而他轻敌无能的代价实在太大，单是陈涛斜一战，就计有四万余唐军将士葬身咸阳以东的陈陶泽，仅存数千人逃归。这也意味着，本次由唐肃宗李亨发起，意在收复首都长安的军事行动宣告失败。

其实，监军宦官邢延恩的催促出兵，也是不能忽略的败因之一，所以房琯得到了皇帝的谅解，没有受到责罚。但到了第二年（757年）五月，对房琯那套清谈名士做派日渐不满的肃宗，还是找了借口，罢免他的宰相职务。当时，杜甫已经从长安逃到行在凤翔（今陕西省宝鸡市凤翔区），还被授予左拾遗一职，他听说好友获罪罢相，自觉义不容辞，上疏营救，反而引得肃宗龙颜大怒。

幸好有宰相张镐、御史大夫韦陟等人说好话，才勉强让杜甫免罪。但杜拾遗毕竟大失圣宠，同年闰八月，肃宗一纸墨制，令杜甫放归鄜州（今陕西省富县）省亲，实则是把他赶出朝廷。

杜甫默然，出了凤翔，一路徒步向东北方前行。如今天下大乱、两京沦陷，加上自身仕途受挫、报国无门，万分郁闷的他，不禁要向苍天发问：拿什么拯救你，我的大唐？谁又有能力来拯救这个昔日盛极一时的王朝？

虽然后人都知道，拯救大唐的名将们已在战场上相继登台，不过此时的杜甫，还想尝试从历史中寻找一个精神寄托。行至咸阳西北的昭陵（位于今陕西省礼泉县），望着高耸入云的九嵕山，杜甫心中已经有了答案。短短数月之后，长安、洛阳两京相继光复，肃宗皇帝大赦天下，杜甫大喜，举家从鄜州返回长安。再度经过昭陵时，心境大不相同的杜甫，写下《重经昭陵》，赞颂一代明君的文德武功：

　　草昧英雄起，讴歌历数归。风尘三尺剑，社稷一戎衣。

　　翼亮贞文德，丕承戢武威。圣图天广大，宗祀日光辉。

　　陵寝盘空曲，熊罴守翠微。再窥松柏路，还见五云飞。

　　"风尘三尺剑，社稷一戎衣。"这就是昭陵的主人，唐太宗李世民戎马倥偬前半生的写照。此刻追念太宗圣德的杜甫，应该是满怀希望的：是啊，要是那个人还在，他定能平定天下。不过，作为他的后人，我坚信我们一定也能做到这点，还大唐一个太平江山！

　　说点题外话，细算起来，杜甫的外婆李氏，正是李世民的曾孙女兼曾外孙女；杜甫的外公崔氏，也是唐高祖李渊的重外孙。所以，要说杜甫身上有着好几层皇亲的身份，那可一点没夸张。

　　唐太宗李世民之所以伟大，成为一个相当完美的君主象征，除了民间众所周知，他后来励精图治，缔造了君明臣贤的贞观之治传说，也在于他在大唐开国统一战争中立下的丰功伟绩，同样值得一代又一代的后人颂扬。

现锋芒，少年从军行

　　李世民出生于一个典型的关陇豪族家庭。他的曾祖父是西魏八柱国之一的李虎，祖父李昞也在北周官至安州总管、柱国大将军。至于父亲李渊，则在七岁时就袭爵唐国公，在隋朝历任要职。李世民的母亲窦氏也是北周贵族出身，后来的太子李建成、齐王李元吉、平阳昭公主，以及早夭的卫王李玄霸，皆由她和李渊所生。

关于李世民的出生年份，历来存在争议。以胡如雷先生为代表的一派学者们认为，李世民应该生于隋朝开皇十七年年底，即公元598年年初。不过，笔者更愿意尊重《旧唐书·太宗本纪》明白记载的生于"隋开皇十八年十二月戊午"一说，也认为后来李世民自言"年十八便举兵"，应该是指大业十一年（615年），也就是在他十八虚岁时，参加了化解雁门之围这件事。所以如果按《旧唐书》的说法，李世民出生于公元599年1月23日，这一点见仁见智。

李世民生于隋文帝开皇之治的升平年代尾声，长于隋炀帝大业中后期的板荡乱世。

修大运河、征高句丽、四处巡游……隋炀帝杨广无休止的横征暴敛，使得民间怨声载道。自大业六年以来，弥勒教徒在洛阳作乱，尉文通、王万昌等起义呈星火之势，终于，占据长白山（今山东章丘、邹平境内）一带对抗朝廷数年的"知世郎"王薄，在大业七年唱响了《无向辽东浪死歌》，呼吁全体民众反抗杨隋暴政。一时间，天下烽烟四起，反隋武装在全国星罗棋布，几十支势力各自为战。

时势造英雄，英雄亦适时。短短数年里，以中原李密、河朔窦建德、代北刘武周、秦陇薛举、荆湘萧铣、江淮杜伏威等人为代表的诸侯们，纷纷崛起于华夏天地间。

这个风起云涌的年代，已经为李世民以及未来的唐朝筛选出了对手。

反隋起义如火如荼的同时，北方的东突厥势力业已开始复苏，趁乱扩张势力，大业十一年，其首领始毕可汗趁隋炀帝北巡，率兵十万（号称）大举突袭，将炀帝围在了雁门郡城（今山西省代县）。

雁门郡原本下辖四十一城，现在竟然被突厥攻陷了三十九座，仅剩炀帝杨广所在的雁门和西南方向由皇子齐王杨暕镇守的崞县（今山西省原平市崞阳镇）仍在苦苦坚守。情势可谓万分凶险，杨广派出专员突围，急令各地募兵驰援。

在各路援军中，来自江都的那位主将，则比大家都要显眼。这个大汉整日整夜不脱盔甲，困了就在草垛上应付一下，蓬头垢面，完全顾不上个人形象，在他心里只有一件事，那就是如何救出皇帝，以至于常常痛哭流涕。

这个叫王世充的男人，事后得到了杨广的进一步重视和赏识，后来也登上了争霸天下的舞台。不过，当时的王世充也同样想不到，自己一生中最强劲的那个宿敌，也在不远处出现了。

各路援军中，有平时深受杨广重用的左屯卫大将军云定兴，他一接到急令，立刻征募兵马，率本部向雁门进发。行至崞县附近，云定兴麾下的一位年轻人出列，向将军进言。

"突厥之所以胆敢围困天子，无非是觉得我军仓卒之际，无法马上聚齐大军来援。所以，我向将军提议，接下来的路途，只要我们白天招展延绵数十里的旌旗，夜间则金鼓齐鸣制造响声，敌虏一定会认为大军来到，望风而逃，包围自然不战而解！"他还阐述了必须这样做的缘由："不然的话，倘若突厥察觉到我军人少，全军出击，到时敌众我寡，我军难以持久！"

看着面前这个只有十六周岁，稚气还没散尽的孩子，云定兴不禁啧啧称奇，眼里带着几分赞赏，他依计行事，壮大军威，果然让突厥军队有所忌惮。大约半个月后，隋朝援军陆续赶到并集结完毕。同时，先前和亲嫁给突厥的义成公主也接到杨广的求救，于是放出了北境告急的假信号。这样一来，突厥始毕可汗自觉占不到便宜，只能解围撤军。

云定兴军中的那个少年，正是唐国公李渊的次子李世民，而这一切的发展，大体上也正如他所料。

原来就在几个月前，李渊已被杨广委任为山西、河东抚慰大使，全权负责平定今山西省地区的民变，李氏家眷也一并被带到了河东郡治蒲坂（今山西省永济市）。李世民应该就是在这时毅然应征入伍，参与救援皇帝的任务。虽然在此次解围行动中，李世民战功不显，提议也并没有起到决定性的作用，但起码在云定兴这些前辈看来，李世民无疑展示出了和同龄人相比，更加出类拔萃的军事眼光和无限潜能。

和父亲一样，李世民精通骑射，李渊看在眼里，当然没有浪费这棵好苗子，他特地把二儿子带在身边，有意栽培，家眷则交给长子李建成照看。在接下来和李渊相关的一系列军事行动中，也经常见到李世民参与的身影。

大业十二年（616年）年底，已经三下江都的隋炀帝，正式任命李渊为太原留守，负责平定这一带号称"历山飞"的贼帅甄翟儿。

一次剿匪行动中，在雀鼠谷（今山西省灵石县西南、霍州市以北的汾河河谷），只带了数千人的李渊突然遭遇两万敌军围困，正是年轻且果敢的李世民带领精锐杀入重围，救出了父亲。李氏父子联手，与赶到的援军大破贼军，俘虏数千，甄翟儿部自此一蹶不振，在史书上销声匿迹了。

李世民人生中的又一个重大转折点，很快在大业十三年来临。

助起兵，父子夺关中

自杨广乱政、天下鼎沸以来，同是关陇豪族一员的李渊心里，也滋生出图谋天下的野望，而他脚下这座千年名城——太原，有着得天独厚的地利，经过东魏到隋朝的几代人经营，规模业已有所扩大，又贮备着大量军粮物资，可以说是当下大本营的首选。时下，眼看杨广在江都做起了埋头鸵鸟，私下结交江湖英杰已久的李渊，当然不愿放过天赐良机，立刻着手准备起兵。

不仅长子李建成远在河东"潜结英俊"，父亲身边的李世民也被委以重任，负责在太原"密招豪友"的地下工作。其中，晋阳起兵核心成员之一的刘文静、与李世民要好到"出则连骑，入同卧起"的刘弘基，甚至原本和李世民有嫌隙的表舅窦琮等人，都被李世民拉到了这个小圈子中，为起兵做了充分的准备。

经过一番紧锣密鼓的策划，李渊能够掌握的士卒已达万余人，同时，河东的李建成、李元吉兄弟也接到父亲的召唤，马上带着一家子眷属北上。

大业十三年五月十五日，李渊借故逮捕炀帝安插在他身边，实际上行监视之责的两个副手王威、高君雅，控制了晋阳全城，随即杀死二将。半个多月后，从河中北上的李建成一行人抵达晋阳，相商下一步大计。

李世民年纪尚轻，但在其中的作用不可小觑，正是在他和刘文静的倡议下，李渊定下两个大方针：第一，派使者结好突厥，用卑辞厚礼换来对方在士兵、马匹上的支持，不但可以免除后顾之忧，而且也为接下来的军事行动提供了有力的外援；第二，进一步确定现阶段的目标，即攻取号称"金城千里，天府之国"的关中之地，为争霸天下打好雄厚的基础。

很快，李渊又采纳了心腹裴寂等人的意见，决定尊远在江都的杨广为太上皇，打出拥护大兴城留守、皇孙代王杨侑的旗号，来为起兵披上那么一件勉强能入眼、糊弄人用的"合法外衣"。

当然，起兵不会一帆风顺，唱反调的人也终归是有的，而且近在眼前。虽然李渊这个太原留守名义上管辖太原、雁门、马邑（即朔州，治今山西省朔州市）、楼烦、西河（治今山西省汾阳市）五郡之地，但情势已不同寻常。

首先，北方的雁门郡和楼烦郡两处，已被新近崛起的马邑郡军阀刘武周攻占，太原北方三郡都姓了刘。更加棘手的是，这个刘武周也同样主动投靠了突厥，接受了始毕可汗"定杨天子"的封号，也正因如此，李渊才必须和突厥人搞好关系。西河郡坐落于太原西南方，当地郡丞高德儒曾凭献上祥瑞，获得炀帝拔擢，是坚定站在杨氏一方的人，一听太原方面有大动静，他也拒不接受李渊的号令。这样一算，李渊手中的五郡只剩太原一郡，形势并不乐观。

刘武周倚仗突厥支持，暂且先放他一马，但高德儒这样的谄媚鼠类，竟然也敢阻拦唐国公的大业，是可忍，孰不可忍！六月五日，李建成、李世民兄弟俩领命，率军直奔西河郡，权当是李渊在正式起兵前，先给儿子们练手了。谨慎起见，他还是安排了太原县令温彦将照看军政，为此行保驾护航。

不过出乎李渊的意料，两个儿子的这场热身仗打得实在是漂亮。这支队伍有了两位主帅的带头示范，行军途中秋毫无犯，绝不占百姓的一点便宜，因此深得民间拥戴。西河治所隰城的守卫根本无心抵抗，很快就有当地佐官将唐军引入城内，顺势擒拿了高德儒。高德儒本就是个谄媚小人，无须多言，被李氏兄弟就地斩杀。

西河一役，往返只花了九天时间，李渊大喜过望。仅在李家大郎、二郎返回次日，即六月十四日，号称大将军的李渊宣布设大将军府，以裴寂和刘文静分别担任军府长史、司马。同时下设左右六大统军，由陇西郡公李建成担任左领军大都督，统领左三统军；敦煌郡公李世民担任右领军大都督，统领右三统军。

七月五日，唐国公李渊率三万义军正式南下，拉开了起兵大幕，大后方太原则由四子李元吉留守。接下来一个多月，唐军先后攻克或逼降了离石郡（今山西省吕梁市离石区）、贾胡堡（今山西省灵石县西南）、霍邑（今山西省霍州市）、临汾郡（今山西省临汾市）、绛郡（今山西省新绛县）等地，抵达了黄河东岸的龙门（今山西省河津市）。

值得一提的是，位于雀鼠谷南的霍邑东傍霍山，西靠汾水，本是易守难攻之地，加上秋雨纷纷，导致运路泥泞，粮草不济，使得唐军起初在此迟滞了半个月之久。加上刘武周要联合突厥袭击太原的流言在军中传开，让李渊和裴寂等人心生犹豫，商议要不要暂且回师。

难字当头，方显英雄本色，依然是李建成和李世民兄弟俩站出来，极力反对退军的计划，坚定了李渊的决心。最后，在李家父子三人的精心设计、前后夹击下，霍邑守将宋老生被攻杀，唐军进取晋南的最大障碍就此被扫除掉。

唐军一路势如破竹，在当年的九月直逼河东郡。河东守将，也就是后来位列大唐"凌烟阁二十四功臣"之一的屈突通，但当时还忠于隋朝的他刚接触上唐军就遭到了痛击，只得老实地婴城自守。

接下来，在是否继续攻略河东的问题上，唐军内部产生了分歧。

以裴寂为首的多数人认为："别看屈突通败了，但他仍然手握重兵，扼守坚城。我军如果弃河东西去，倘若不能拿下大兴城，那一定会在撤军时，遭到屈突通的迎头痛击！届时我们将腹背受敌，凶险万分，不如先行打下河东，再图西进稳妥的好！"

话音未落，帐内传来一个年轻但坚毅的声音："不然！兵法尚权，权在于速。我军连战连胜，又安抚接纳了众多前来依附的民众，现在渡过黄河。挺进关中，打他一个措手不及，夺取大兴城，那还不和秋风扫落叶一般简单！何况关中的起义军们，都还没有共主，只要将其招入麾下，又有什么地方打不下来？"说话的不是别人，正是李世民。

李世民接着说："否则，要是长期在河东城下逗留，白白消磨士气，一旦军心涣散，则大势已去！那屈突通不过只能自守一隅，根本不足为虑！请太尉（李渊已自领太尉）务必三思！"

如果说李世民之前取得的成果，是因为大哥李建成这个好搭档，外人眼中的他不过是一片陪衬红花的绿叶，那么他这次发言的表现，就真的让人刮目相看了。

显而易见，这一次真理仍然站在李世民这边。为什么这么说呢？首先，大兴城并无重兵驻守，难度系数相对较低。其次，屈突通局促河东，即便他之后想通了，要出兵夹击唐军，也同样要解决渡河的问题，才会给唐军造成威胁。如果因为拿不下区区一个河东郡，就白白让时机溜走，那才叫得不偿失呢！李渊综合考量了两边的意见，率大军主力西进关中，另外留下偏师围堵河东。

渡过黄河之后，唐军于九月十六日抵达河西的朝邑（今陕西省大荔县东）。

李渊兵分两路，派李建成领兵数万，抢先进驻关中最重要的一大粮仓永丰仓（位于今陕西省华阴市东北），同时扼守潼关，来阻隔来自东方的援军和其他觊觎关中的势力；李世民则是率领数万人，负责攻略渭北地区，一路沿着渭水北岸西进，最后南渡渭水，在故阿房宫（今陕西省咸阳市南）驻扎下来。

在行军途中，李世民和之前已经起兵的自家三姐，也就是后来的平阳公主，以及堂叔李神通、四姐夫段纶等人完成了会合。加上招抚了大小十几支反隋武装，共得胜兵号称十三万之多，从而完成了从东边切入，在西、北、南三个方向包围大兴城的意图。不过对李世民一生而言，其间更重要的事，或许是房玄龄的到来。两人一见如故，房玄龄随即被引为谋主，从此成为李世民一生中最重要的股肱谋臣，多年后共同谱就了贞观之治的光辉华章。

获悉一切顺利，李渊下令，命李建成遴选永丰仓精兵，从新丰（今陕西省西安市临潼区）直抵大兴城以东的长乐宫，李世民部则向北进驻长安故城。十月四日，李渊军抵达大兴城东的春明门，集结二十万人马，准备展开最后的攻坚。十月二十七日，完成各项准备工作的唐军发起进攻，于十一月九日破城，距晋阳起兵之日正好四个月的时间，至于大兴城这个名字，也不会用太久了。

随后，李渊拥立代王杨侑为新帝，遥尊杨广为太上皇，改元义宁，又给自己加了大都督内外诸军事、尚书令、大丞相等一串光鲜的要职，晋爵唐王，俨然成为有实无名的关中之主。而在晋阳起兵、攻略关中等战事中功勋卓著的敦煌郡公李世民，此时也晋封秦国公，不久后徙封赵国公。

义宁二年（618年）四月底，隋炀帝在江都被杀的消息传来。李渊也不再遮掩，在五月就取代了傀儡皇帝杨侑，于长安城的太极殿宣告即位，国号为唐，改元武德。

次月，李世民受封尚书令，晋爵秦王，时年二十岁。

统一战争即将打响，属于李世民的名将传说就要到来。

收秦陇，两战浅水原

大唐初建，四面强敌环伺。首先来势汹汹的，就是雄踞秦陇的西北一霸——薛秦政权，这家人同李氏父子的梁子，在李渊建朝前就已结下。

也是就在晋阳起兵不久前，金城郡校尉薛举就走了和李渊差不多的路子，劫持了县令郝瑗，扯旗造反，自称西秦霸王，改元秦兴。薛举本人骁勇绝伦，加上家财万贯，借此，他很快成功联结陇右各方势力，得到了羌族诸部豪强的支持。短短时间内，西秦就相继攻克了金城郡以西的枹罕郡（治今甘肃省临夏市）、西平郡（治今青海省海东市）、浇河郡（治今青海省贵德县）等地，麾下兵众多达十三万人。

几个月后，薛举在金城自立为秦帝，等到太子薛仁杲攻下天水郡（即秦州，治今甘肃省天水市），随即迁都天水，大有东出陇山，争夺关中这杯羹的态势。薛举是这么想的，也确实准备这么干，尤其在听说大兴城换了新主人李渊后，他更是急不可耐，在义宁元年（617年）年末，通过战争兼并了扶风郡（今陕西省宝鸡市凤翔区）的唐弼势力，把黑手伸进了关中。

在西秦军中号称"万人敌"的太子薛仁杲，携新胜之威，率领十余万兵力，号称拥军三十万（一说二十万），放出了进攻大兴城的风声。长安城才经过一番大战，经不起接连的折腾。而长子李建成已被立为太子，作为国本不宜轻易出征，于是李渊不假思索地派出了李世民，命他率军迎敌。

另外，李渊又派了姜谟、窦轨兵出散关，以期达到深入陇右，牵制西秦的意图，但这一路的进展却不太顺利。姜谟等人出了散关，穿过重重山区，抵达了长道，就在快摸到西秦的老巢天水时，却遭到薛举的迎头痛击，只得东返。

幸运的是，唐军另一路的主将依然没让人失望。十二月十七日，李世民如有神助，在扶风大破敌军，打破了西秦军队战无不胜的神话，薛仁杲不敢再战，灰溜溜地撤军了。李世民一路紧紧追击，直到扶风郡和天水郡交界的陇山脚下才收工。一清点战场，发现光是被杀死的西秦军，就达上万人之多。

此战李世民大展神威，可惜的是，史书对这一战着墨不多，可以作为细节补充的内容，少之又少。不过从《大唐创业起居注》所记"岐陇齐筑京观，汧渭为之不流"来看，李世民斩获颇多，甚至可能利用了西秦军队的尸体，在陇山边上搭起庞大的京观，震慑薛举父子。

薛仁杲败回天水，陇山京观成堆，果然给此前一路顺风的薛举造成了极大恐慌。眼见陇山防线即将被突破，情急之下，薛举甚至向百官发出了这样的疑问："古往今来，可有投降的天子？"这时，那位曾被薛举挟持，如今死心塌地效力西秦的郝瑗，严厉批驳了军中的投降主义，让薛举强打精神，不再说灭自家威风的话，他本人也得到了薛举的进一步重用。

李渊这边，出于关中安全第一的考量，以及军队以步兵为主，对付西秦"兵锋甚锐"的骑兵会比较吃力，他没有让李世民继续追击。但树欲静而风不止，仅休养生息半年后，西秦势力拖家带口，十余万兵众（其中包括数万平民）卷土重来，而且这一次的主帅就是薛举本人！

武德元年（618年）六月十日，也是李世民获封"秦王"后的第三天，西秦军再度翻过了陇山，大举来袭。这一次薛举的兵锋，直指东北方向的泾州（今甘肃省泾川县。唐朝建立后，改天下诸郡为州），显然摆明了是要扩大陇岷以东的战略纵深。

就在不久前，薛举听从了郝瑗的建议，与突厥达成联合，如果攻下关中北部，那将和突厥在地理上连成一片。一旦傍上了突厥这条大腿，西秦要想对付异己势力，手中筹码也就更雄厚了。虽然李渊也动用外交手段，暂时阻断薛举和突厥通好。可既然突厥对西秦可以翻脸不认人，谁又能够保证，这头反复无常、唯利是图的狼就会一直偏向唐朝呢？

关中不容有失，此诚危急存亡之秋也！李渊不再多想，唐朝必须全力以赴，应对强敌来犯。

久经沙场考验的秦王李世民再次领命出征，担任行军元帅，以刘文静为长史，殷峤为司马，率领刘弘基、李安远、慕容罗睺等八位行军总管，约共十万人的兵力北上，阵容可以说十分豪华。这将是建朝不久的大唐王朝关乎存亡的一战，同时也是一场大唐秦王和西秦霸王之间的对决，且看到底是哪一方，才配得上各自的名号！

此前，李渊安排的泾州安定道行军总管刘世让，本为收拢原扶风郡的唐弼部众，却不凑巧与薛举的军队突然遭遇，大败一场。刘世让成了俘虏，西秦进而包围泾州，幸好有守将骠骑将军刘感的奋力抵御，西秦军才没有得逞，薛举只得转过头来，直扑李世民所在的高墌城（今陕西省长武县）。

在泾水之南的高墌城，距离泾州足有百里之远，李世民之所以要将大营设在这里，引薛举来攻，是因为他一眼便看中了西秦军队存在的致命隐患：长途跋涉，外加攻泾州不克，已渐显疲态。于是，李世民下令全军深挖战壕，高筑营垒，绝不主动交锋，打算采用疲敌战术消磨西秦军的战斗力，再伺机出击。

先精选出对己方有利的战场，再缓缓地引诱敌人上钩，等待战机出现，这时的李世民，已流露出老谋深算的兵家风范。

出乎众人意料，短短数日后，可能因为水土不服，比薛举更快、更强的一场疟疾袭击了年轻秦王的身体。"打摆子"的李世民脸色苍白，重病不起，只能放权，把军中事宜委托给两位高官——以宰相之职充任行军长史的刘文静、以吏部侍郎充任行军司马的殷峤。病榻上的李世民仍不忘一再嘱托："薛举孤军深入，粮草短缺且士卒疲惫，如果前来挑战，切莫迎击。等我的病好一些，再亲自为诸公破敌！"

接下来的故事发展，就有点耐人寻味了。通常的记载是，刘文静禁不住殷峤的反复撺掇，决定列阵展示唐军的实力，耀武扬威一番，而殷峤执意提议的原因，是不想被西秦军看轻。可能打心眼儿里未必有多尊重小秦王的刘、殷二人干脆连报告也不打，就拿定了主意，拉着全军搞阅兵去了。听闻动静的李世民猛然惊醒，知道大事不妙，连忙下令阻止，可惜已经来不及了。

七月九日这天，唐军刚抵达高墌城西南方的浅水原（今陕西省长武县东北），才发现薛举不知何时已悄悄绕到背后，并率领西秦军主力发动了迅猛的重击！由于这会儿唐朝尚未在关中设立十二军府，唐军多来自隋末的各路起义军和盗贼，所以战斗力并没有后人想象的那般强大。十万唐军就在飘飘然，毫无设防的情况下被西秦军一击即溃，八位行军总管被俘了三个，死伤比例高达十之五六！

李世民抱病撤军，杀红了眼的薛举复仇心切，在占领高墌城后，同样用唐军的尸体筑成了一座京观。后来，每每想起此战阵亡的数万将士，已贵为天子的李世民仍哀痛不已，遂于贞观三年（629年）下令，在浅水原故战场建起一座佛寺，用来纪念和超度烈士的亡魂，这就是昭仁寺。

大唐开国后的第一战就这样以惨败告终，那么应该由谁来为战败买单？

首当其冲的是两个罪魁祸首刘文静和殷峤，李渊看在其是开国功臣的分上，免去死罪除名为民。至于主帅李世民，没有受到任何惩罚。那么，历史的真相会是如一些人所说，李世民其实没有染疾，他才是真正指挥不当的责任人，而刘文静和殷峤之所以没有被杀，甚至一个后来配享李渊庙庭，一个被列入"凌烟阁二十四功臣"，全在于替李世民顶罪吗？

对于此类揣测，笔者认为：李世民不是神灵，而是一个有血有肉的人，既然是人，就难免得病。从各类历史记载来看，李世民年轻时就有气疾，还有战场负伤的记录（如霍邑之战时曾中箭伤），身体状况不算太好。在他童年时，父亲李渊还曾数次前往佛寺为他祈福祛病，因此染疾一事应该是真的。而且就在那段交战时日，得病的不止李世民一人，敌军的大人物也中招了。

第一次浅水原之战结束后近一个月，西秦太子薛仁杲于八月初北渡泾水，攻打宁州（今甘肃省宁县）。眼见未能得胜，西秦首席谋臣郝瑗就提出了一个大胆的计划："现在唐军新败，多丧将帅，关中人心骚动，我军应该乘胜追击，直取长安！"听完这话，薛举仿佛看见长安城正在向自己招手，兴奋得眼睛直冒光，毫不犹豫地同意了，准备实施。

历史有时就是这么富有戏剧性，仅仅几天过后，正踌躇满志，准备奇袭关中的西秦霸王薛举，竟然在军中暴毙了！据说之前薛举抱恙，曾经找来巫师为他驱邪，但对方表示："这是死去的唐军在作祟啊！"让薛举十分不适，毕竟死在他手上的人可太多了，一郁闷，就不治而亡了。

这种说法当然是有迷信的成分，不过也确实说明了一点：当时的医疗条件远远谈不上良好，疾病想要夺走一个人的生命，轻而易举，即便是像薛举这样的权贵们，也免不了受命运的摆布。所以，换成李世民因在军中得了重病而遭到后世的猜疑和苛责，这是很不公正的。

西秦太子薛仁杲即位，不再停留高墌城，为了完成父亲未竟的事业，他仍向西行进，驻军于泾州东北十五里的折墌城（又名薛举城），向泾州发起新一轮进攻。其间，薛仁杲使用了两次诈降计，先是泾州守将刘感受诓骗被杀，只剩长平王李叔良继续率军苦守，再故技重施，攻下了经常从后方来找麻烦的陇州（今陕西省陇县），可见他还是有点手段的。

根据史书记载，薛举生前，行事暴戾恣睢，用断舌、割鼻之类的酷刑杀害俘虏是家常便饭，他的妻子鞠氏也同样喜好虐待旁人。到薛仁杲上位，残暴程度有增无减，不是用火炙烤，就是以醋灌鼻，残暴因子可谓一脉相承。

这么来看，薛氏父子不得人心，很快完蛋是必然的事，但要说薛氏父子当真天性残暴，倒也不一定，比如先前被俘的刘世让、刘弘基、李安远、慕容罗睺、常达等唐军将领，都没有被虐待或是被杀。诚然，暴虐或许是手段而非目的，但也恰恰暴露出了西秦统治者的不自信，也可以说自从扶风战败，尤其是薛举表态想投降后，西秦内部出于对自身政权实力的怀疑，就不可避免地产生了分歧。

薛仁杲一介武夫，性情刻薄，不懂德政，只会滥用暴力手段，而且他与一些将领本就有嫌隙，关系并不融洽。现在先是薛举暴死，再是秦国的"最强大脑"郝瑗也因伤心过度而撒手人寰，军心涣散，薛仁杲和臣下之间的裂痕越来越深了。就在薛仁杲进攻宁州失败的几乎同时，西秦后方的洮州（今甘肃省临潭县）等地就归降了李唐，这位"秦二世"逐渐处于腹背受敌的形势。

再看李渊这边，他先是采取远交近攻，与割据凉州（今甘肃省武威市）的凉王李轨结成同盟，相约一起对付西秦。此外，李渊始终相信李世民的能力，也非常清楚前次战败的责任并不在儿子，为彻底解决对长安虎视眈眈的西秦势力，李世民的病刚好，李渊就命他挂帅反击。就连刘文静和殷峤这两个败军之将，李渊也给予了戴罪立功的机会，一同随军北上。

回到高墌城前线，李世民没有"推陈出新"，而是针对西秦军的老问题，依照上次没有收效的计划，继续上演一场坚壁不出的戏码，令全军紧闭营门，给西秦军制造困难，任由对方上前挑战。薛仁杲这回派来西秦第一异姓王大将宗罗睺，率领数万精锐，整日派人前来挑衅，言语也越发粗鄙难听，终于让唐军将领们忍受不了，纷纷请求出战。

经历了上回的挫败，李世民依然比所有人都要冷静，分析道："我军新败，士气低落。贼军恃胜而骄，轻视我等，现在万万不可与敌硬碰硬，应守好阵地，等待时机。且让他们再狂一阵子，等到我军奋击，可一战得胜！"吸取了有人不听话的惨痛教训，李世民砸下狠话："谁要再敢提出击，一律斩首！"

唐军将领们是消停了，营外的西秦军仍在轮番叫阵，这样的局面，竟持续了两个多月之久。由此也可见，郝瑗之死对于西秦来说损失巨大，没了这位智囊的指导，加上薛仁杲威望不足，只能白白浪费时间，死盯着眼前的李世民，既放弃了袭取长安的可能性，也不曾设法阻截唐军粮道。

相较唐军粮运通畅、储备充盈的情况，西秦军那几万张嘴也不是白长的，缺粮问题日渐严峻。饥饿面前人人平等，西秦宰相翟长孙、大将牟君才、梁胡郎等人相继率军归降李世民，就连薛仁杲的妹夫，另一位宰相钟俱仇也携后方的河州（今甘肃省临夏市）之地归唐。

眼瞅西秦军上下离心，李世民料定，是时候反击了。十月底，李世民抛出了第一条钓饵，令行军总管梁实驻军浅水原，让宗罗睺这头饿狼先尝点甜头。宗罗睺苦等多时，早就憋着一肚子火，发动全军猛攻这位不速之客。依照李世民的嘱咐，梁实则仍采取固守险要，坚壁不战的策略。梁实所部将士的战斗意志十分顽强，一连坚持了几天，直到营中水源断绝，人畜滴水未进，仍未有半点退缩之意。

十一月七日这天，李世民见机，再丢出了第二条钓饵，命右武候大将军庞玉在凌晨出动，在浅水原南侧吸引西秦军右翼的注意力，以免梁实的部队真成了炮灰。此时的宗罗睺再无理智，完全是被李世民牵着鼻子走，马上掉过头来杀向庞玉，庞玉部还没来得及扎营，差点招架不住这拨攻势。

两部你来我往，激战一番之后，西秦军逐渐力不能支，李世民苦等多时的决战良机已到，宣布全军出击。年轻的秦王亲率数十精锐，冲在最前面，带领大军从浅水原北面，如飓风一般卷入了西秦军战阵，一时间杀声震天撼地。在唐军一南一北的包夹之下，西秦军瞬时崩溃，被杀数千人，许多人甚至慌不择路，如没头苍蝇一般投入泾水，不幸溺亡。

宗罗睺仓皇西撤，李世民点起两千骑兵，连步卒和器械也不带，就准备乘胜追击。挂名秦州总管一职的窦轨（窦琮的哥哥）这时突然拉住缰绳，苦苦劝谏："虽然宗罗睺已败，但薛仁杲仍在据守坚城，我军不能轻率出击，还请秦王按兵不动，静待良机啊！"李世民不做过多解释："我已经考虑了很久，现在正是破竹之势，机不可失，舅舅就不要再劝了！"于是穷追不舍，直奔薛仁杲所在。

窦轨说错了一点，那就是薛仁杲并没有固守，而是在折墌城下列阵以待，李世民下令，就在泾水旁扎营。不多时，薛仁杲最不想见到的情形发生了，西秦骁将浑干等人，居然就在阵前向李世民投降了！

扶风之战时的那种恐惧感，再次涌上薛仁杲心头，他连忙回城，应付傍晚赶到的唐朝大军。有浑干等人做投降的表率，谁也不愿和薛家一起送死，午夜时分，守城将士们争先恐后地出城降唐。

此时唐军已将折墌城四面包围，薛仁杲无计可施，只好携城中精兵万余、男女五万口投降，他随即被送往长安斩首，甚至都没来得及下葬亡父薛举。西秦政权就此覆灭了，时为武德元年十一月八日，久悬长安上空的巨大威胁终于不复存在。

唐军将领们纷纷向元帅李世民道喜，同时提出了悬而未决的疑问："秦王究竟是如何判定，折墌城可以一战拿下的？"李世民不吝赐教这一次的攻心之术："宗罗睺部人员大都来自民风彪悍的陇右，将领士兵骁勇凶悍，只有出其不意发动攻击，才能顺利击破。如果放任他们有序撤回折墌城中，让薛仁杲有机会对他们继续安抚重用，必然后患无穷，所以我才急于追击。这些人被我军追杀，四散而逃，无法集结成有效力量，自然使得薛仁杲肝胆俱裂，根本来不及思考对策，这才成了我军的瓮中之鳖！"一番高论，众将士心服口服。

第二次浅水原之战，是军事天才李世民的经典代表作之一，凭借他出色的作战指挥，唐军得以后发制人，借势击敌，不给对方喘息的机会，终于一雪前耻。

当时，曾在中原叱咤风云的豪杰李密已失势投降了唐朝，奉李渊之命，李密北上迎接李世民大军回返。据说在见到秦王时，一向心高气傲的李密也不禁对这位年轻人钦佩无比，评价颇高，甚至在私底下还对殷峤说："此乃真英主也，如果没有他这样的人，又怎么能平定祸乱呢？"

其后，西秦的地盘被李渊和凉王李轨两家瓜分，到武德二年（619年）五月时，李唐通过分化瓦解，兵不血刃灭掉了李轨。从此，秦陇、河西之地遂为唐朝所有，西北大患已解。

复河东，柏壁制强敌

为褒赏儿子灭秦之功，李渊在当年十二月给李世民升了官：升任太尉，使持节陕东道大行台，允蒲州、河北诸府兵马并受其节度。职务更高，责任也更大了，武德二年开春，李世民奉命坐镇长春宫（今陕西大荔东），接应对岸攻打蒲坂①的唐军，为东讨洛阳王世充做准备。

不料，新的麻烦从北方接踵而至，就在当年的三月底，雄踞代北一带，已自立为汉帝的军阀刘武周突然发难，兵锋直指唐朝起兵的大本营太原。接下来的三个月里，刘武周先是攻克晋阳的西南门户榆次（今山西省晋中市榆次区），再是打下平遥（今山西省平遥县）、介州（今山西省介休市）等地，大有碾压河东全境的态势。

最先领命救援太原的，是与李渊关系最好的宰相裴寂，此人不擅军事，在度索原（今山西省介休市）一战遭到了汉军大将宋金刚痛击，几乎全军覆没。裴寂一路狂奔到了晋州（今山西省临汾市），至此，晋州以北除了太原和浩州（原隋朝西河郡），全境沦陷！

刘武周随即对太原发起总攻，少不更事的齐王李元吉早已被吓破了胆，这个只有十六周岁的太原留守哪里见过这等大场面，竟然选择了在一天夜里偷偷打开城门，带着妻妾逃回了长安，太原随之易手！

就在李渊震怒，痛斥李元吉时，宋金刚一刻不停，继续向晋西南出击，兵临绛州（今山西省新绛县），攻下龙门、北浍州（今山西省翼城县）等地。屋漏偏逢连夜雨，只因裴寂操之过急，不断征收粮草，惊扰了民间，导致除势头正猛的刘武周、固守蒲坂的王行本之外，以夏县（今山西省夏县）人吕崇茂自称魏王为代表，一时多股势力遥相呼应，纷纷在河东与唐朝为敌。

裴寂不敌吕崇茂，宋金刚兵锋正锐，河东易帜，导致关中骤然面临着巨

---

① 屈突通降唐后，此地先后为忠于隋朝的尧君素、王行本占据。

大的威胁。面对援军不力、人心不服的这个烂摊子，兴许是有人进言（较有可能是裴寂），也可能是李渊自己的考虑，他竟然下了一道放弃河东，将战略转为全面收缩，以守卫关中为第一要务的命令！

如果大唐的发祥地就这样白白被抛弃，别说天下何时才能平定，就连李唐基业的存亡都成了问题。李世民万分不甘，也心急如焚，立刻上疏朝廷，在请求收回成命的同时，也做出了承诺："请拨付给臣三万人，定能平定刘武周，收复河东！"体会到儿子的决心，李渊最终下了决心，放弃先前的消极打算，同意出兵，将关中当时还能抽调出来的几万军队全部划到秦王麾下，而且亲自来到长春宫，为李世民饯行，以表示对这次出征的高度重视。

武德二年十一月十四日，秦王李世民东上，率领大军踏上了已经结冰的黄河。此前，虽然对岸的龙门渡已经失陷，但汉军宋金刚的主力又转而集中到了北浍州一带，侦察到这一动向，李世民迅速经过黄河，进抵河东，迅速屯兵于地势高耸的柏壁（今山西省新绛县西南）。

接下来，李世民要做的第一件事，就是尽快安抚当地民心，如果这场仗得不到百姓的支持，那么赢家一定不会是唐军。当年晋阳起兵，李世民所率军队的良好纪律，给不少百姓留下了深刻印象，直到这时仍发挥了巨大的作用。原先被裴寂折腾得纷纷躲到各处坞堡的人，一听这支唐军纪律严明，又打听到主将正是李世民，于是成群结队地前往柏壁归附，同时响应李世民的征收，送去了大量军粮，这就是人心的强大力量。

初步站稳了阵脚，唐军粮食逐渐充足，士气也活泛了起来，让李世民越发有底气，去准备实施心中的那个计划。某次视察军情时，李世民登上当年高欢对阵韦孝宽的玉壁（今山西省稷山县西南）战场的一处高地，向身后的堂弟发问："敌军倚仗人多势众，想邀我军与其决战，你怎么看？"

对方答道："刘武周势不可当，只能用计将其摧败。何况对方是一群乌合之众，无法持久，如果能坚守壁垒，挫其锐气，等到他们吃光粮食力量衰弱时，可以不战而胜！"意见相合，李世民大喜过望，这位只有十七岁的小将，乃是略阳郡公李道宗，也是未来唐朝的宗室名将之一。

显然，李世民想用对付西秦的疲敌战术消磨汉军，下令厉兵秣马，频频派出小股部队，袭扰敌军。不过这次比上次难度更大的地方，在于敌军是多线作战，且形势非常不利于唐军。

就在不久之前，蒲坂一线唐军分兵攻打夏县，突然被宋金刚的偏师袭击，损失惨重，包括主将永安王李孝基在内的五位军中要员全部被俘。如此一来，一旦宋金刚主力乘虚南下，蒲坂必危。

支援蒲坂的重任自然落到了李世民头上，那么，他是否将调兵南下，增强蒲坂的防御力量呢？答案是没有，这不外乎是考虑到，分兵势必导致柏壁的兵力削弱，而无论宋金刚的主力攻打柏壁还是蒲坂，战争的主动权都在他手里，李世民难免要陷入顾此失彼的窘境。与其纠结对方的动向，不如化被动为主动，李世民的应对方法就是大胆地化消极防御为积极出击！

李世民的反应非常迅速，将地点挑在了宋金刚的部将们返回北浍州的必经之地——位于夏县北面、中条山前沿的美良川（今山西省闻喜县裴社乡）。

为打赢这场关键的战斗，李世民派出多员亲信大将参战，其中包括屈突通、秦武通、卫孝节，以及时任秦王府马军总管的秦琼，也就是民间传说中鼎鼎有名的"门神"之一秦叔宝。

汉军在美良川遭遇唐军伏击，死伤两千余人，两位主将落荒而逃。虽然此战的细节记载不多，但无疑应是一场精彩的对决。因为唐军的对手，不是别人，正是当时还在宋金刚手下的尉迟敬德！之前李孝基等人悉数被俘，正是尉迟敬德的杰作。史称秦琼"从征于美良川，破尉迟敬德，功最居多"。美良川这场未来"门神"之间的决斗，经过口口相传，最终又演化成了小说、演义等作品中"三鞭换两锏"的经典桥段。

不多时，尉迟敬德、寻相二将再次秘密南下，率军增援在蒲坂负隅顽抗的王行本。李世民探得这一消息，亲自带领步骑三千人星夜兼程，朝着蒲坂东北的安邑（今山西省运城市）进发，再度拦腰伏击了汉军。尉迟敬德和寻相二人仅以身免，尝到了比美良川更苦的惨败。至此，凭借李世民的有效出招，遏制住了汉军的攻势，将整个战局扭转为相持阶段。

回到柏壁，尝到甜头的将领们纷纷请战，希望乘胜发起攻击。李世民保持了一贯的清醒，将之前和李道宗的谋划再重复一遍，答道："此刻宋金刚孤军深入，汉军精兵猛将悉数出动，远在太原的刘武周，正是靠着宋金刚一军作为庇护。而敌军部众虽然看起来人多势众，但没有粮食储备，全靠劫掠补充军需，所以敌军越是盼着速战速决，我军越是要紧守营垒，养精蓄锐，挫败对方的锐气。等到那时，我军再分兵攻打汾州（今山西省汾阳市）、隰州（今山西省隰县），直逼对方心腹，扰乱其后方，宋金刚粮绝计穷，自然退军。所以现在要做的，也是最重要的，一个字，等！"

当然，李世民的意思并非守株待兔一般傻等，而是配合情报工作，适时捕捉或主动制造战机。其间，就连秦王本人也曾轻装出动，亲自带着少数骑兵侦察敌营，还一度陷入重围，李世民靠着精湛的射术击杀敌军勇将，这才能死里逃生。

转眼到了武德三年（620年）正月，从隋末以来，坚持抵抗了唐军数年之久的蒲坂终于出降，形势进一步朝着对唐军有利的局面发展。而李世民与宋金刚的对峙，从去年十一月算起，到本年四月，一共持续了将近五个月之久。虽然在这期间，刘武周也曾分兵攻打潞州（今山西省长治市）、浩州，但都未能取胜，反遭挫败，汉军的疲态已是肉眼可见。而李世民则继续执行计划，在一面咬着牙隐忍的同时，又一面派出刘弘基、张纶等人北上浩州、石州（今山西省吕梁市离石区）境内，有效地牵制了汉军后方。

到了四月十四日，粮食全部耗尽，宋金刚部再也无法坚持，终于下达了向北撤军的命令。

一确认这帮人是真的饥饿难耐，李世民果断发起总攻，要狠出这几个月来的恶气。追到吕州（原隋朝霍邑）时，遇到在此断后的汉军大将寻相，不由分说，劈头盖脸就是一顿打。寻相一路遁逃，李世民一路猛追，在接下来的一天一夜两百多里的追击战中，交手数十个回合，唐军接连获胜。

抵达高壁岭（位于今山西省灵石县）的时候，终于有人看不下去了，并不是痛斥唐军不讲道义的汉军将领，而是李世民非常信任的大将刘弘基。刘弘基一把拉住李世民的缰绳，恳切劝说："大王连战连胜，来到此处，功劳已经够大了，您难道就不爱惜自己吗？而且将士们饥饿疲惫，正该在此扎营休整，等粮草和大军主力到位，再进攻也不迟啊！"

李世民做出了解释，同时也是激励："宋金刚无计可施才撤退，如今正是对方军心大乱，士气全无之时。军功难以建立，失败却很容易，机会难以遇到，失去却很容易，所以一定要趁这个机会消灭故军。如果我们滞留不前，让宋金刚得以喘息，有时间思虑对策，届时就难以取胜了！为了国家，我尽心竭力，又岂能只顾惜自己的身体呢？"随即扬鞭策马，继续指挥进击。见主帅身先士卒，将士们也不再叫苦了。

很快，李世民率军翻过高壁岭，来到了当年随父亲大破甄翟儿的雀鼠谷，遇见了此行的目标——宋金刚的主力。虽然已是饥肠辘辘，但宋金刚手下仍然有不下五万人，人数上仍要多过唐军。可战机转瞬即逝，不容犹豫半分，李世民高声喊杀，率先冲入战阵，一天之内血战八次，共斩杀俘获汉军数万！

宋金刚还是带着两万人逃出了生天，继续北逃，而经历多日的奔波，李世民本人也已经两天没有好好吃饭，三天未曾卸甲了，心有余而力不足，他决定在雀鼠谷西原扎营。那晚，唐军大营中的食物仅剩下一只羊，李世民不搞特殊，和众将士共享了这一大锅羊汤，倒头就睡，以迎接最后的决战。

次日唐军继续北上，向介州进发。本来就饿得慌的宋金刚，见唐军死咬不放，大为恼火，也不打算守城了，准备就地同李世民决一死战。这两万汉军出了介州西门，背城列阵，部伍从南到北，连绵达七里之长，场面非常宏大，甚至还有一丝悲壮。

唐军李　 、程咬金、秦叔宝三将向北进击，翟长孙、秦武通二将向南进击。正当唐军稍微失利，小有后撤时，千钧一发之际，原本坐镇中军的李世民，已神不知鬼不觉地绕到宋金刚部的后翼，率领精锐杀来，汉军腹背受敌，登时大败！此战，宋金刚再损兵折将三千人，唯一值得敬佩的是，他又成功脱逃了。

唐军继续追杀数十里，一路向北来到了张难堡（今山西省介休市东北），一年多来，两位唐朝将领樊伯通、张德政已在此坚守多时了。李世民策马来到城下，脱去头盔，掸去尘土，让他们好好辨认来者。堡垒中的将士们见秦王如天降一般，欢声雷动，无不热泪盈眶。进入张难堡后，守军献上浊酒糙米，这还是李世民追击了十几天以来，第一次好好吃了顿不算精美的餐饭。

前方接连告败，刘武周惊恐失色，手上的本钱已经赔光了，大势已去，他只得撤离太原，接着又放弃了大本营马邑，直奔突厥而去。还想再战的宋金刚，得不到将士们的支持，也只能哀叹不已，带着一百余人也投奔了突厥。这群人不甘寄人篱下，后来策划南下，却因消息走漏，而先后被突厥杀死，隋末唐初的汉国势力彻底出局。

在刘武周和宋金刚纷纷北逃的同时，尉迟敬德、寻相、张万岁等汉军将领集结了残兵败将，继续固守介休、永安等地，李世民派出李道宗、宇文士及前往，成功地招降了他们。李世民非常欣赏尉迟敬德的武勇，当即任命他担任秦王右一府统军，允许他继续统率旧部八千人，和唐军各营混杂在一起，并不另眼相待。

屈突通担心这群人叛变，连忙警告，李世民不当回事，只是一笑了之。而后来的事情证明，招降尉迟敬德，是此次战事中李世民最重要的收获之一。

此战，李世民将军事才华展现得淋漓尽致，收复了河东所有失地的同时，又使唐朝得到进占原先刘武周的势力范围，即代北地区的机会，基本上为接下来的统一进程解除了北顾之忧。也就是在河东光复后，不知道是谁最先填了一首曲子，引得军民互相传唱，这就是大名鼎鼎的《秦王破阵乐》。这首慷慨激昂的歌曲，后来被编入唐朝的乐府，用来纪念李世民的功业。

定中原，一役擒双王

秦凉、并代之地相继平定，李渊把目光再次投向了关东的中原地区，准备大展拳脚。洛阳作为隋朝旧都、运河中心，在政治和经济上都有无可比拟的重要地位，要想成为天下共主，唐朝必须将洛阳纳入囊中。

李渊对中原的局势时刻关注，早在大唐建朝前夕的义宁二年，就曾命李建成和李世民率军东出，向洛阳发起了试探性进攻。虽然颇有斩获，但李氏新取关中，局势不稳，后方又有西秦虎视眈眈，即便打下洛阳，也未必守得住。加上当时洛阳方面正与李密打得不可开交，二虎相争必有一伤，李渊实在没有必要急于蹚这趟浑水。基于这些考虑，李渊在接下来的几年里，将重点放在稳定关中，同时消除周边威胁上。

武德二年年初，李世民坐镇长春宫，就是为攻打洛阳做准备，不料被刘武周和宋金刚搅了局。到武德三年六月，唐朝已经拿下蒲坂、收复河东，唐军不但可以轻易东出潼关，还可以从河东进入黄河以北的河内地区，从而在两个方向上，同时向洛阳施加压力。

反观洛阳方面，先前被杨广派往东都平叛的大将王世充，已在同瓦岗军的缠斗中获胜，逼得李密投奔唐朝。其后，王世充又杀死政敌，最后取代傀儡皇帝杨侗，自立为郑帝，成为名副其实的洛阳之主。虽然在战场上，王世充也曾经是一位指挥有方的猛将，立下不少战功，但作为君主，他实在是不够资格。

称帝后的王世充不但刚愎自用，而且心胸狭隘，麾下文武日益无法忍受，秦叔宝、程咬金、罗士信、李君羡、田留安、吴黑闼这些为大唐统一战争立下赫赫战功的勋臣，都选择从东都投奔唐廷。

投降也是传染病，一传十，十传百，面对境内诸州县纷纷献地投降唐朝的窘况，军事突出、政治低能的王世充束手无策，只能动用严刑酷法，甚至想出了采取"连坐"的手段，但架不住与日俱增的逃亡人数。吸取程咬金和秦叔宝们叛逃的教训，为了牢牢控制武将，王世充还要把出战将领们的家属扣留在宫中，充当人质。仅短短的一年多时间，洛阳地区民生每况愈下，官民怨愤有增无减，留给王世充的人心已经不多了。

武德三年七月一日，决心已定的李渊正式下诏，命秦王李世民率领诸军共十万余人，东出潼关，讨伐洛阳。不久，李渊又令皇太子李建成镇守蒲坂，令唐俭镇守并州（今山西省太原市），以提防与王世充结好的突厥，确保北线侧翼的万无一失。为确保粮运畅通，李世民同时特别委任陕州（今河南省三门峡市陕州区）总管党仁弘、潞州总管李袭誉二人，在南北两线负责管理粮草的运输供应，从而使得唐军"转饷不绝"。

七月底，唐军大将罗士信率先头部队，包围了洛阳西郊的据点慈涧，不料引起王世充的激烈反应，率大将杨公卿、郭善才、跋野纲等人共三万步骑，西出洛阳而来。二十八日，保持了亲自侦察习惯的李世民，在野外突然与大批郑军相遇，这片地区的道路崎岖险恶，寡不敌众的李世民很快被郑军包围了起来！

这样的生死时刻，李世民已经不知道遇见多少回了，而身为一军元帅，他竟然舍生忘死，主动殿后，让其他人先行逃生，有这样的将领，试问将士们安敢不用命？只见李世民策马狂奔，左右开弓，挥手弦声响处，敌军纷纷落马。郑军肝胆俱裂，只有隋末唐初号称"飞将"的一代猛将单雄信，仍然带着几百骑兵紧追不舍。在一番胆战心惊的激斗过后，郑军的左建威将军燕琪被李世民生擒，单雄信只好悻悻退去。

但毕竟是以少打多，这一战的李世民很是狼狈，返回唐军大营时，守卫没认出来，拒绝为他放行。秦王相顾随从，发出了爽朗的笑声，只好摘下头盔，高声呼喊，这才通过身份认证，回到军中，结束了一天有惊无险的冒险。

次日，慈涧面对的是李世民及其身后的五万步骑，王世充刚领教了一番秦王的威力，可不敢出师未捷身先死，于是撤去守军，返回洛阳。唐军顺利地进占慈涧，继而推进到了洛阳城下。

初战小捷，但李世民也同样领教到了郑军的勇猛善战，加上洛阳毕竟经过隋朝以来十几年的经营，无法轻易一战攻克，所以定下方略：清除洛阳周边大小据点，切断洛阳与各个方向的联系，从而让洛阳成为一座孤城。

李世民本人率领大军，在洛阳北面的北邙山列阵连营，直截了当地向洛阳施加压力。其他战线的将领则很快接到了一系列来自秦王的部署：命熊州行军总管史万宝从熊州（今河南省宜阳县）向南出兵，占领洛阳正南方的龙门，切断南援洛阳之路；命在河东的彭城县公刘德威翻越太行山，东下包围怀州（今河南省沁阳市）地区，端掉洛阳北面的一系列据点，切断洛阳与突厥的联系；上谷郡公王君廓从洛口出兵，切断洛阳的粮道；命镇守柏崖（位于今河南省济源市西南）的怀州总管黄君汉从河阴（今河南省洛阳市孟津区）渡过黄河，攻打洛阳的重要粮库回洛仓（今河南省洛阳市）。

一天天过去了，黄君汉、王君廓等唐军将领们先后夺取回洛仓、切割郑军粮道，完成了李世民所交代的任务，为给洛阳添堵添砖加瓦，取得了巨大进展。而郑国各地降唐的浪潮越发汹涌，弃暗投明的人员有增无已，与日暮途穷的洛阳形势形成了巨大反差。洧州、邓州（今河南省邓州市）相继投降，更要命的是显州（今河南省泌阳县）总管田瓒携二十五州投唐，直接导致郑国魏王王弘烈镇守的襄州和洛阳两地被隔绝开来。

郑国的尉州刺史时德叡也不甘居人后，携尉州、杞州、夏州、陈州、随州、许州（今河南省许昌市）、颍州（今安徽省阜阳市）等多地投降了唐朝。至此，整个河南地区的东、南部绝大多数州县，全部完成华丽的转身，改投到李家门下。

然而，不知为何，原先一批刘武周的降将如寻相、苏峓等人却纷纷叛离唐军，投奔洛阳而去。这就不由得让唐将们对寻相的老搭档尉迟敬德起了疑心，马上将他关押起来，不过大伙都知道秦王一向重视尉迟敬德，没人敢对他下杀手。

作为陕东道大行台尚书令李世民的左右手，大行台左仆射屈突通、大行台吏部尚书殷峤发话了，尤其是屈突通，在之前就非常忌惮尉迟敬德。"尉迟敬德刚刚归附我朝，内心没有完全顺从，此人骁勇绝伦，无人可比，现在既然遭到猜忌被关了起来，一定怀恨在心。留他一命，恐怕是后患无穷，希望大王不如就这么把他杀了！"

李世民对自己识人的眼光充满信心，而且天下尚未统一，如若就这么杀掉尉迟敬德，其他有志之士如何能放心来投？"诸公错也！敬德如果想要叛变，早就叛逃了，又岂会落在寻相之后！"李世民立即下令释放尉迟敬德，又大胆地邀请他来到自己的卧房内。

还没从郁闷中完全走出来的尉迟敬德，只见秦王指着一大笔财物，笑吟吟地说道："大丈夫意气相投就好，不要把这些小误会放在心上，我无论如何都不会相信那些谗言，来加害忠良，这点敬德你应该是懂我的。如果你一定要离开，这些东西就当作是我赠予你的，聊表我们这段共事之情！"这番话说完，尉迟敬德是什么反应，史书没有记载，但秦王的这份真心，足以令人感激涕零。从此以后，尉迟敬德终其一生，都对李世民鞠躬尽瘁，矢忠不二。无论是当下统兵，还是未来治国，用人不疑这个优点，都让李世民受益良多。

当天即九月二十一日，李世民率领五百骑兵，登上北邙山的魏宣武帝景陵，例行他巡视战场的工作。不料天降大麻烦，王世充率领步骑万人突然出现在眼前，将李世民团团围住，首当其冲的依然是郑军猛将单雄信，横眉怒目，手握长达一丈七尺①的大槊"寒骨白"，直奔秦王杀来！

生死当头，李世民的耳边传来一阵如雷贯耳的熟悉喊杀声，只见一黑面彪形大汉跨马来袭，挡在李世民面前。说时迟，那时快，又是一槊猛刺中了单雄信，将其掀下马来，就连单雄信的武器也被折断了。郑军将士见状，连忙护着单雄信，攻势有所减缓。

趁着这个空当，尉迟敬德连忙护着李世民左冲右突，杀出重围。让王世充始料未及的是，杀红了眼的李世民和尉迟敬德逃出生天后，竟带着更多玄甲精骑返回战阵，发起多次冲锋，又是一通砍杀！不久，屈突通的大军也加入到战斗中，郑军随之土崩瓦解，王世充本人仅以身免！战后清点，唐军生擒了曾先后效力过宇文化及、李密的又一猛将，郑国冠军大将军陈智略，另外还阵斩千余级，俘虏了六千郑军精锐执槊兵，可谓大胜！而此战的首功之

①约五米，或有夸张的成分。

臣尉迟敬德，也再度得到了李世民的一箱财宝和激励："您的回报实在是来得太快了！"

随着史万宝入驻显仁宫（位于今河南省宜阳县境内），王君廓进据轘辕关（位于偃师与登封、巩义交界处的轘辕山上），洛阳城与南方的交通线被彻底切断，唐军对洛阳的包围圈也越发紧迫。直到当年十二月底，又有管州（今河南省郑州市）、荥州（今河南省荥阳市）、汴州（今河南省开封市）、亳州（今安徽省亳州市）等十几个州先后降唐，明眼人都看得出来，洛阳和郑国快完了。

生存空间日益逼仄的王世充无计可施，只好舍弃颜面，在十一月时向之前交恶的第三方势力——雄踞河北地区数年的夏王窦建德高声呼救。

窦建德也是一代豪杰，自从参加反隋起义以来，此人多次大败隋军，又消灭了宇文化及残部，积累了大量声望。而最了不起的是，夏王坦诚待人，生活节俭，是河北广大民众的心中偶像。如果说在隋末唐初，窦建德的民众支持率排行第二的话，那恐怕就连李密都不敢称第一。甚至在两百多年后的唐文宗时代，尽管河朔割据已成事实，民风彪悍的河北却不避朝廷忌讳，各地存在多处纪念窦建德的祠庙，父老常常祭拜这位夏王，仪式很是盛大。

眼下，窦建德目睹河南被唐军一点点蚕食，而洛阳城的王世充岌岌可危，向他伸出了求援之手。夏国中书侍郎刘斌分析道："隋末以来天下大乱，最终是李唐占领关中，郑国得到河南，夏国统治河北，正形成了三足鼎立的局势。但现在唐军从秋天打到了冬天，郑国地盘日益缩小，唐强郑弱一目了然，王世充必然无法支撑下去，如果放任郑国灭亡，那么唇亡齿寒，我们夏国也将不复存在！"

刘斌接着提出建议："大王不如放下先前的仇怨，发兵支援郑国，和王世充内外联合，一定可以击败唐军。等到唐军退兵后，我方再进一步观察事态发展，如果有机可乘就兼并郑国，合两国兵力，趁着唐军疲惫长驱直入关中，那么夏国可得天下！"

平心而论，刘斌的这一大段策论可谓面面俱到，非常精彩，正对窦建德的胃口。窦建德当即向郑国答允出手相救，同时先礼后兵，又派遣大臣李大师、魏处绘充任使者前往唐军，请求李世民卖个面子停止进攻洛阳。李世民不禁冷笑一声，扣留使者，也懒得答复窦建德，继续围城，不过他心中已经有数，看来是要提前同窦建德掰腕子了。

到武德四年（621年）二月，经过半年的清扫工作，李世民认为，洛阳周边的郑军据点已经料理干净，发起总攻的时机已经成熟，于是派遣秦王府骠骑将军宇文士及回朝上报，得到了李渊的同意。

就在二月十三日这天，当李世民大军进驻洛阳西北的青城宫，准备驻扎营寨时，屡战屡败而屡败屡战的王世充出现了。宫城正在洛阳城的西北角，冲着李世民明目张胆地挑衅，郑帝亲率两万精锐，从洛阳方诸门出军，以墙垣沟壑为依托，隔着谷水列阵对峙。与先前有明显不同，这群郑军个个凶相毕露，虎视眈眈，显然也是被近在咫尺的敌军激怒了，这个场面，让唐军诸多将领们不禁失色。

李世民再次登上北邙山景陵，远望气势汹汹的郑军，立马有了主意："敌人已到穷途末路，如今倾巢而出，想要侥幸获胜一次，只要今天能击败他们，对方以后再也不敢出城了！"随即命令屈突通率领五千步骑，渡过谷水发起攻击，同时警告他："敌我两军只要一交战，你们就点燃狼烟！"

这是李世民屡试不爽的老招数了。在之前的战斗中，李世民往往等两军开始缠斗，再亲率精锐杀入战场，不是斜刺敌军侧翼，就是绕到敌军后方，可谓"一招鲜，吃遍天"。这回的钓饵由屈突通充当，很快，山下就升起了狼烟，李世民马上率领精骑发起俯冲。

这回，李世民又完成了一遍率领数十人，径直横穿敌军战阵的壮举，再掉转马头返回冲入，所向披靡，人挡杀人。然而打着打着，李世民和将领们在激战中失散，只有将军丘行恭一人随从，还被一条河堤挡住了去路。此时，多名郑军杀到，李世民的坐骑"飒露紫"胸前还中了一箭，情况岌岌可危！

丘行恭马上回身，张弓搭箭，箭无虚发，逼退了部分追兵，然后下马，将自己的坐骑让给了李世民。他又来到了因疼痛而头部低垂的"飒露紫"身边，神色凝重地拔出了它身上的那支箭矢，随后一手牵马，一手拿着长刀，跳跃大呼，斩杀了数名敌军，终于和李世民一起突围，回归唐军序列。

可惜的是，回到军营后，流血过多的"飒露紫"还是伤重不治，永远地倒下了。后来，"飒露紫"名列李世民纪念开国战争中自己所乘的"昭陵六骏"之一，特别是在属于"飒露紫"的那块浮雕（现藏于美国宾夕法尼亚大学博物馆）上，还生动形象地描画了丘行恭为这匹宝马拔箭的情景，颇为动人。

这场恶战持续了六个小时之久，最终以王世充大败亏输告终，唐军俘斩郑军八千余人，随后包围洛阳西北方向的宫城，从此王世充只能寄希望于窦建德这根救命稻草。由于在几年前，数万户洛阳百姓已被迁入宫城内，南城、东城都荒废已久，所以唐军接下来的作战始终围绕着宫城（包括皇城以及内城）。

接下来的半个多月，李世民将洛阳宫城围了个水泄不通，四面攻打，昼夜不息，但由于城内防御严密，各式大炮重弩齐全，尽管唐军损失不小，也没能啃下这块硬骨头。

而经过七个多月的长期作战，唐军将士们也不免身心疲惫，如今既然已取得重大战果，强攻宫城又攻不下，自然萌生了退意，以刘弘基为代表的将领们纷纷请求班师回朝，先行休整。

对此，李世民坚决反对："如今我军大举前来，正应该一劳永逸，东方各州望风归降，唯独洛阳一座孤城，势必难以持久，哪有弃之而去的道理？"又下了死命令："洛阳不破，绝不班师！再有谁胆敢提起班师之事，一律斩首！"

唐军诸将再不敢言语，不过远在关中的李渊听说将士思归的情况后，特地下了密敕让李世民回军。李世民只好上表说明洛阳的情况，阐述一定可以攻克的缘由，又特地派遣在军中参谋的中书侍郎封德彝回朝，当面向父亲汇报战局。封德彝也认为："如今洛阳城破指日可待，如果回师，让王世充有机可乘，重新振作，联合其他异己势力，那么就前功尽弃，以后再想对付他也难了！"李渊最终同意继续攻打洛阳。

李世民又一次力排众议，顶住了来自军中和朝内的巨大压力，贵在坚持，他的成功绝非偶然。

二月底，唐军又在王君廓的率领下夺取了郑国的郑州，这里也是历来兵家必争之地武牢关①所在，那场将决定天下大势的决战将在这儿打响。而与此同时，夏王窦建德刚刚在东方打了一场胜仗，兼并了盘踞在周桥（今山东省菏泽市定陶区）一带的小军阀孟海公，现在已经集结了十余万大军，号称三十万，开始向洛阳行进！

窦建德来势汹汹，先是攻陷归附唐朝的管州，后又分兵打下荥阳县、阳翟县（今河南省禹州市）等地，而且用舰船运送粮食，逆黄河而上，水陆并进，声势浩大。

夏军要想前往洛阳，绕远路或是翻越嵩山都不现实，所以虎牢关就成了必经之路。窦建德在此止步，将大军进驻在成皋（今河南省荥阳市汜水镇）的东面，又在板渚（今河南省荥阳市汜水镇东北黄河侧）修起行宫，让人给洛阳送去好消息。

夏王大军驾临的消息传来，洛阳内外有人欢喜有人愁。

喜的自然是王世充一伙，自打唐军围城以来，天天都有人饿死，户口人数仅剩不到十分之一，窦建德有兵有粮，他的出现无疑是救郑国于水火之中。愁的则是一大批唐军将领，三月二十四日，在紧急召开的军事会议上，文武群臣纷纷建议暂避窦建德锋芒，潜台词自然还是"班师"二字。

未等李世民开口，在去年年初刚跟随李　一起投奔唐朝的"新人"将领郭孝恪就有意见了："王世充穷途末路，马上就会成为我们的阶下囚，窦建德远道而来救助郑国，这是天意要我军将他们两家一起消灭！我军正应当依凭虎牢关抵御窦建德，伺机而动，一定能击破对方！"

陕东道大行台金部郎中薛收，也是李世民军中的一大文胆，他附议并增加了详细的补充意见："王世充困守东都，府库财物充实丰盈，手下精锐都是江淮猛士，他们现在的困难只不过是缺粮，这也是他们被我军拖住的原

---

① 即虎牢关，因避唐太祖李虎名讳而改名，为全文统一，下文依然称为虎牢关。

因，想打打不动，想守又难以持久。窦建德亲率大军远道而来，既然是增援，一定集中了所有精锐，一旦放他深入，使得两股力量合二为一，洛阳又得到了粮食供应，那么一场旷日持久的苦战才刚刚开始，统一天下将遥遥无期！我军应当分出一部分兵力，继续围困洛阳，加深壕沟增高壁垒，如果王世充出击，要小心应对，不轻易与其交手。大王您亲自率领骁勇精锐，先行入据虎牢关，厉兵秣马，以逸待劳，一定可以击败夏军。窦建德一败，王世充自然败亡，不出二十天，即可擒获二主！"

薛收慷慨激昂的发言，未能完全说服众人，除了陕东道大行台左仆射屈突通、秦王府司马萧瑀以外，就连之前支持攻打洛阳的封德彝，也一同反对，建议撤军退保谷州（今河南省光山县），免得腹背受敌。

李世民对郭孝恪、薛收二人"围点打援"的战术深表赞同，直接否定了几位老臣的意见。屈突通退一步表示，请求解除洛阳的包围，据守险要观察形势变化，李世民同样不肯答应，下定决心迎击窦建德。

大军随即被李世民分为两部，由齐王李元吉、屈突通率领一部数万人，继续负责加强对洛阳的围堵，另外一部三四万人跟随自己北上，投入北线战场对付窦建德。就在当天正午时分，李世民先行率领精锐三千五百人翻过北邙山东上，朝着巩县（今河南省巩义市）方向进发，经过一天抵达了虎牢关。

次日，李世民就出了虎牢关，东行二十余里，这一次，他可不仅仅是打算侦察一番敌方的动向。夏军的游骑很快发现了异样，而当时在李世民身边，只有包括尉迟敬德在内的四个人，让敌军误会只是普通的唐军斥候。不料，这支小队的为首者突然高呼："我就是秦王李世民！"话音未落，就射杀了一名夏军将领，引起不小的骚动。

这是赤裸裸的挑衅啊，窦建德又慌又恼，马上派出六千骑兵追杀，除了尉迟敬德，李世民身边的几位随从大惊失色。李世民镇定自若，让几个人跑在前头，自己和尉迟敬德则负责断后，缓慢行进，同时还不忘对尉迟敬德放出豪言："本王手执弓箭，又有敬德长槊相随，即便来了百万敌军，对方也拿我们没有办法！"

夏军很快追上，李世民张弓搭箭，和尉迟敬德先后放倒了十数名士兵，一边又放慢速度，刻意将敌军引到精心安排好的伏击区内。只见顷刻间，道路两侧突然杀出不明数量的唐军骑兵，为首的将领还都是赫赫有名的战将李、程咬金、秦叔宝等人，立马将惊慌失措的数千夏军打得抱头鼠窜，斩杀三百多人，还俘获了窦建德手下的两名骁将殷秋、石瓒。唐军就这样给了夏军一个下马威，而窦建德要是知道，李世民这次出行仅仅带了五百人的话，只怕是要气得抓狂。

这只是"开胃甜点"，接下来的一个多月里，李世民就连洛阳方面战事偶有不利也不过问，一心扑在给窦建德准备的"惊喜"上。他不断派出小股骑兵侵扰，甚至派猛将王君廓截获窦建德的运粮队，生擒本来在道上混出名头的夏军大将张青特。窦建德屡次在虎牢关受阻，很是头疼，而夏国诸将对新破孟海公的成绩已心满意足，都想返回河北，对继续插手王世充的破事兴趣不大。

夏国的国子祭酒凌敬见状，建议窦建德不要局限于虎牢关，而应采取围魏救赵之策。凌敬的具体对策是：北渡黄河，越过太行，攻下唐朝兵力空虚的河东地区，进而威胁蒲坂。这样做至少有三点好处：第一，轻易取胜；第二，开疆拓土；第三，恫吓关中，逼迫唐军退兵，洛阳之围自然化解。

凌敬的计策很毒辣，如果窦建德采纳照办，攻下河东南部，接下来可能出现的结果，要么是李世民坚持不退，夺得洛阳一座孤城，身心俱疲的唐军也很难守住，要么是李世民灰溜溜地撤兵，而且还暂时无力收复河东。当然，历史没有太多如果，这只是最理想的一种模拟而已。而且，现实情况是洛阳城陷落正处于旦夕之间，王世充不一定能撑到窦建德去完成上述行动。

不过，窦建德起初还是心动了，但王世充连连派来使者，之前留在窦建德军中的两位郑国使者代王王琬、宰相长孙安世听说此事后，连忙学起了申包胥，在窦建德面前日夜哭泣，又在暗地里贿赂夏国将领们，阻挠这个计划。窦建德放不下面子拒绝郑国君臣的求助，加上诸将纷纷反对，因此拒绝了凌敬的提议。

凌敬再三争辩，引起了窦建德的不快，让人把他架了出去。夏国另一位堪称重量级的成员，也就是窦建德的妻子曹王后，反倒颇有战略眼光，非常赞同凌敬的战略，劝谏道："如果大王还在此地逗留不前，势必士气涣散，白白耗费物资，要等到哪一天才能取胜呢？"窦建德一意孤行，非常不爽地说："你们妇道人家哪里懂得这种事情！郑国如今有倒悬之危，危在旦夕，我如果舍弃不救，那就是既畏惧敌人，又背信弃义了！"窦建德起初南下，本就有坐山观虎斗的意图，不过现在骑虎难下，他选择了一条死要面子活受罪的道路。

很快窦建德探得消息，获悉唐军的草料已经见底，打算趁唐军到黄河北岸牧马之际，袭击虎牢关。但他没想到，唐军在夏军中安插的谍报人员效率奇高，告知了秦王这一重大动向。李世民决定将计就计，将战争的主动权牢牢把控在自己这一方。

五月一日，窦建德得到消息，听说李世民北渡黄河，带着一千多匹战马在河滩放牧。仅仅第二天，窦建德便倾巢而出，率领十余万大军从板渚开拔，逼近牛口（汜水注入黄河处）排兵布阵，北靠黄河，西临汜水，南连鹊山，连绵二十余里，战鼓震天，声势浩大。

窦建德大有趁虎牢关没有主心骨，一战将其攻克之势，但他完全没有料到，自己已经被晚生后辈设计了。早在前一天晚上，李世民就偷偷潜回了虎牢关，要的就是窦建德主动送上门来！

面对夏军的大阵仗，一些唐军将领不免面露惧色，李世民率领几名骑兵登上高岗远眺，下来就给大家打气："敌军自关东崛起，未曾碰到过强大的对手，如今陷入险境却喧嚣吵闹，是没有纪律的表现；进逼城下排列军阵，是轻视我军的表现。我军如果按兵不动，时间长了，对方的士气自然衰竭，士兵自然饥饿，必定自行撤退。到那时我们趁势追击，必然能够取胜！我向各位保证，一过正午，肯定击败敌军！"同时，李世民一边命人带回在河岸休整完毕的战马，决定等到马儿们抵达，就发起总攻。

李世民的分析分毫不差，现在的窦建德即便得知秦王已经回关，也没把唐军放在眼里，反倒派出三百名骑兵横渡汜水，在距离唐军大营一里处停下，向唐军发起挑战。这正是展示军威，壮大士气的好机会，李世民派王君廓率领两百长枪兵迎击，打得难解难分，互有胜负。

王世充的侄子，即在夏军中的郑国代王王琬，突然骑着当年隋炀帝的一匹青骢马出现在阵前，借着身上精美华丽的铠甲武器，在城下耀武扬威，就连李世民也不禁赞叹："真是一匹好马啊！"身边的尉迟敬德也许听出了秦王的潜台词："可惜王琬他不配啊。"当即会同高甑生、梁建方二人径直冲入敌阵，生擒王琬，夺取宝马，把夏国将士们看呆了，士气立马低下一大截。在接下来的对峙中，夏军也没有尝到任何甜头。

当时正逢五月夏日，夏国大军从辰时列阵到了午时，足足晒了几个时辰，个个又饥又渴，全部席地而坐，又争着抢水喝，已经渐生退意。李世民一捕捉到这个信息，命令宇文士及带着三百轻骑兵，从北向南，掠过夏军阵列的西端，并嘱咐他说："敌军阵形如果纹丝不动，你们就马上回来，要是他们有动静，你们就领兵向东进发！"

夏军没有"辜负"宇文士及的试探，果然发生了骚动，战阵不再严整。正好这个时候，战马也相继抵达，唐军可谓兵强马壮，李世民大喜："是时候决一死战了！"

李世民亲率玄甲精骑，冲在最前面，带领数万大军冲出虎牢关大营，蹚过汜水，向东杀往夏国大军的腹心，目标直指窦建德所在大营！

可窦建德实在是太过轻敌了，全然没有时刻密切关注前方的战况。突然杀出来的少数唐军，让受到惊吓的夏国众臣如没头苍蝇一般乱窜，都往窦建德的方向奔去，导致即便窦建德急令骑兵出击，也因为官员们挡住去路，无法很快通过。

在夏王喝令群臣闪开的一刹那，唐军主力也在短时间内杀到，窦建德无可奈何，只好继续向东面的山坡边打边退，进行顽强的抵抗。

这是一场腥风血雨的大厮杀，尘土漫天，吼声震动了整个原野。此刻，无关谁是正义的那一方，无关谁会成为天下共主，将士们的脑海里只有"搏命"二字！

在这时，李世民率领诸将，纷纷卷起旗帜，贯穿重围，从夏军阵后冒出，竖起了大旗。见背后遍布唐军旗帜，激战中的夏军将士方寸大乱，彻底崩溃，惨遭唐军追击三十里之远。

这场酝酿时间长达一个月，正式交战历时一天的虎牢关决战就此结束，除了四处奔散者，三千多名夏军被斩，五万人被俘，随即被李世民放归，十万大军作为夏王称霸天下的资本，已经烟消云散。窦建德本人也身受重伤，唐将白士让、杨武威将他生擒，带到了李世民面前。

看着这个给他带来了不少麻烦的劲敌，李世民斥责道："我只不过讨伐王世充，与你何干？偏要跑到国境之外，来尝我的兵锋！"已成阶下囚的窦建德没了底气，双腿不停地颤抖，垂头丧气地说："我要是不来，恐怕到时还要劳烦您远征啊。"

镜头切回洛阳城，在看到城下囚车里的窦建德、王琬、长孙安世等人之后，郑国的将领们彻底绝望了。即使王世充想最后挣扎一下，商量突围南下，这时业已没有一个人愿意追随了。到了五月九日这天，也就是虎牢关之战结束后一周，万念俱灰的王世充身着白衣，率领郑国太子及百官，来到唐营军门投降，洛阳入唐。见到老对头，李世民嘲谑一番："你一直把我当小孩子，如今见了小孩儿，怎么如此恭敬呢？"王世充无言以对，只是不停地磕头谢罪。

五月中旬，窦建德余部没有顽抗，携河北各州投降，至当年七月，王世充家族的残余势力也携郑国剩余地区投降，夏国和郑国两大政权就此接连灭亡。在当年那个时间段来看，唐朝基本完成了北方的兼并，李家一统天下已成定局。随后，李世民又先后率军击败了复叛的刘黑闼、徐圆朗等势力。在进展神速的大唐开国统一战争中，秦王李世民是当之无愧的头号功臣。

武德四年七月九日，李世民率领大军凯旋，进入长安。只见秦王身穿金色铠甲，发出了耀眼的光芒，在他身后是二十五员大将，铁骑万人、步兵三万相随，军容英姿勃发，而不失严整威武，金鼓之乐响彻云霄，声势浩浩荡荡。一行人押送王世充、窦建德，还有从洛阳所得的隋朝皇家车驾，前往太庙献俘，向列祖列宗告捷。朱雀大街上挤满了百姓，沿途民众无不欢呼雀跃，那一刻，李世民是全长安城最瞩目的焦点。

至于两位最大输家，也是殊途同归。深得河北民心的窦建德，最先被李渊果断地砍了脑袋，以绝后患。而王世充虽然暂时得到李世民承诺的不杀，但不久就遇刺身亡，一般认为他的死同样也得到了李渊的暗中默许。

洛阳、虎牢之战后，也正因为李世民立下天大的功劳，李渊遇上了一个比较尴尬的情况——无官可赏。自古以来的官爵，公认都配不上秦王，于是就在当年十月，李渊特意独创了"天策上将"名号，授予李世民，位在王公之上，另外还开设了天策府，允许招揽僚佐。

从此秦王李世民在朝廷的地位越发尊崇，大有和太子李建成分庭抗礼之势，武德五年（622年）前后，为了未来的天子宝座，秦王和太子两党开始了一连串的明争暗斗。最终，以武德九年（626年）六月的玄武门之变为标志，李渊遭到软禁，太子李建成、齐王李元吉双双被杀，为这场兄弟阋墙的戏码，画了个染血的句号。不久，心灰意冷的李渊行禅位之举，腾出皇位，李世民成了这场皇位角逐最后的大赢家。

李世民登基以后，这位初唐第一名将的军事生涯，也伴随着身份的改变，由前线的金戈铁马，转型为后方的运筹帷幄。不过到晚年，亦有他亲征高句丽、收复辽东的战事，同样大胜而还。

通观浅水原、柏壁、洛阳、虎牢关等几次在不同环境下发生的大战，可以总结出李世民典型的军事思想和用兵风格：第一，以静制动，着眼全局，敢于进取，积极创造战机，化被动为主动，往往转弱为强；第二，重视战前决策和侦察情报，善于一眼看出敌军强弱，对敌人持在战略上藐视、在战术上高度重视的态度；第三，爱打持久战，擅长坚壁挫锐，薛仁杲、宋金刚、窦建德都吃了这个亏。正所谓兵权谋家"以奇用兵，先计而后战"，不过李世民本人不仅以谋略见长，而且骁勇善战，在他身上同样也能看到兵形势家、兵技巧家的影子，可谓军事通才。

对于李世民的军事才能，前贤早已达成了共识。司马光的评价是："太宗文武之才，高出前古。"明代文学家王志坚认为："三代以来，如唐文皇者，真千古一帝也！"我们的毛主席作为同样伟大的军事家，也给出了极高的赞誉："自古能军无出李世民之右者。"

李世民堪称千古一帝，秦王的彪炳武功，和太宗的灿烂文治，均在史册上留下了浓墨重彩的一章，将永为后人瞻仰铭记。

兵权谋家之

李愬

奇谋平蔡·中唐名将

逆水行舟

元和十二年（817年），正是李唐建立的整整第二百年。然而当年似乎无人关心，比起为了老皇历感慨万千，九世纪初的王朝精英们更愿意关注那场迁延数年之久的削藩战争。

淮西镇，连年战火的焦点所在，治蔡州（今河南省汝南县），另辖申州（今河南省信阳市）、光州（今河南省潢川县）二地。早在贞元十四年（798年），淮西得朝廷赐军额"彰义"，但该地区早处于半独立状态，到元和末年，已经有三十余年的割据历史。

贞元二年（786年）四月，原淮西节度使李希烈被将领陈仙奇策划毒杀，结束了他的楚帝梦，淮西重新投入朝廷怀抱。可惜好景不长，同年七月，李希烈生前宠信的大将吴少诚心怀异志，杀死亲附朝廷的陈仙奇，既是为故主报仇，也意味着淮西再度脱离中央掌控。由于"四王二帝"大乱初定，德宗李适无力讨伐淮西，被迫承认吴少诚的留后之位，数年后又正拜为节度副大使。

吴少诚执掌淮西以来，虽不像李希烈般僭位称帝，却也尤其桀骜不驯，不但招降纳叛、劫掠邻境，还专爱干趁火打劫的营生，多次挑战朝廷的权威。淮西地处中原腹地，位于漕运要冲，可从几个方向威胁江淮运路动脉，既是要为长远着想，吴少诚多年的不臣行为也让德宗忍无可忍。

贞元十五年（799年）九月，德宗削夺吴少诚的官爵，又集结起声势浩大的十七道大军，开往三州之地讨伐淮西镇。双方力量看似悬殊，然则官军统帅所托非人，各路军队又各行其是，无法同心勠力，竟连遭大败，德宗被迫恢复吴少诚的名誉，战争惨淡告终，朝廷颜面尽失。

宪宗李纯即位后，有志剪除藩镇遗毒，恢复大唐昔日荣光。年富力强的天子一改姑息之政，先后以铁腕平定西川、夏绥、镇海等数镇的叛乱，又在元和七年（812年）和平争取到了老牌"刺头"魏博镇的归顺。接连的斐然成果使他信心倍增，将目光投向了曾让祖父蒙耻的彰义军。

这十余年间，淮西彰义军的主人同样经历了几番更迭。吴少诚病死于元和四年（809年）年底，义弟申州刺史吴少阳杀死了吴少诚之子，自任留后。由于朝廷正对河北的成德军用兵，宪宗暂时还不想同时展开两线作战，只得承认了吴少阳的继承。在位数年间，吴少阳进一步扩充军队，壮大马政，将淮西区区三州的常备兵力增加到了将近八万强军，势头正盛，实力绝对不容小觑。

元和九年（814年）闰八月，吴少阳去世，其子吴元济因未得朝廷任命，竟更加胆大妄为，发兵屠掠邻境。接连的示威不但没让宪宗惧怕，反令他收复淮西的决心越发坚定，就在九月，朝廷委任山南东道节度使严绶总督诸道兵马，先行负责招抚事务。

但在严绶多次努力地晓谕之后，吴元济反而变本加厉地放肆侵掠，将东都洛阳一带搅得人心惶惶。宪宗决定还以颜色，元和十年（815年）正月十七日，朝廷再一次高调宣布削去吴氏的官爵，发动山南东道、宣武、忠武、河东、武宁、淮南、宣歙、魏博、荆南、鄂岳、江西、剑南西川、剑南东川、东都畿、河阳、义成十六道方镇一齐出兵讨伐，总兵力将近九万人，正式拉开了元和朝淮西之战的大幕。

只是严绶要让皇帝失望了，他实在不是什么将才，初战小捷便掉以轻心，放松了警惕。叛军强势反扑，于二月初在唐州东北的慈丘向官军发动夜袭，严绶大败，退守距蔡州三百五十里的唐州。此后七个多月，严绶竟一蹶不振，坐拥大军闭垒自守，白白耗费军资，除了忠武节度使李光颜、河阳节度使乌重胤在北线多次立功，战事迟迟没有更多推进。

元和十年的秋冬之际，宪宗听从宰相裴度的建议，召严绶回朝，由在河南颇有威望的宣武军节度使（治汴州）韩弘担当新任主帅。此外，朝廷首次尝试将山南东道节度使辖区八州拆分成两部：以治政有方的户部侍郎李逊为襄复郧均房节度使，承担供应前线补给的任务；负责进讨任务的唐随邓节度使，则由平蜀有功的猛将高霞寓担任，坐镇唐州。李、高二人一文一武，各司其职，这样的特别安排，显然是为了提升行动的效率。

也正是在严绶无所作为的这段时间里，变故陡生，震动了整个天下。先是储备着大量江淮赋税的河阴转运仓被奸人放火焚烧，再是东都地区出现了多个无恶不作的黑恶团伙。更耸人听闻的是，就在天子脚下，竟发生了宰相遇刺案！当朝宰相武元衡，作为极力主张削藩的主战派，早就被不臣的节度使们视为眼中钉，在一次寻常的上朝途中，他竟当街落得身首异处的结局；同时，另一位准宰相御史中丞兼刑部侍郎裴度也被刺客重伤。不久之后，洛阳方面又侦破了一起未遂的特大谋反案，还有贼人摸到了唐陵加以破坏，让皇室大感蒙耻。

种种迹象和证据表明，近期多起大案的幕后黑手，正是想通过制造恐慌，迫使朝廷撤除对淮西攻势的藩镇同盟。为首者正是平卢淄青节度使（治郓州，今山东省东平县）李师道，与成德节度使（治恒州，今河北省正定县）王承宗，这充分说明他们对朝廷如今的铁腕作风相当恐慌，同样唯恐世袭罔替的传统不再，才做出此类狗急跳墙的行径。

为表自己不平叛镇，决不罢休的决心，宪宗锐意授拜尚未伤愈的裴度为宰相。起初，面对藩镇们当前日益猖狂的挑衅，宪宗仍是一忍再忍，以免陷入多线作战。然而，成德节度使王承宗却得寸进尺，不顾朝廷的好言相劝，依然多次在边境制造骚乱，终于迫使宪宗不顾群臣反对，还是于元和十一年（816年）正月在河朔开辟了第二战场，发动北方六镇兵力讨伐成德！

现实再次狠狠地向宪宗的宏愿泼下一盆冷水，元和十一年六月，淮西战场失利，官军在文城栅（今河南省遂平县西南）中了叛军的诈败之计，以同样方式遭受继慈丘后的又一重量级惨败，能征惯战的高霞寓仅以身免。经此一役，不但坐实了文城栅的"铁城"外号，之前官军动辄夸大而经不起仔细推敲的一连串捷报，更是被战败无情地扒下伪装，现出了难堪的原形。这无疑引发了朝野的另一场地震：以宰相韦贯之及翰林学士钱徽、萧俛为首的官员们纷纷呼吁罢兵停战！

幸有裴度的鼎力支持，宪宗咬牙顶住了舆论压力，坚持对淮西继续用兵，再将铁城之败的主要负责人高霞寓、李逊双双罢免贬官，由荆南节度使袁滋、河南尹郑权二人分别接掌节钺。

由于袁滋乃儒生出身，朝廷特地为他调配了大将阳旻担任唐州刺史、行营都知兵马使充当副手，但袁大帅显然辜负了中央的苦心，他闹出的洋相，将让宪宗更加瞠目结舌。袁滋来到唐州，当即撤去了岗哨和斥候，严禁士卒随意踏入淮西地盘。同时，当吴元济包围了文城栅东北的新兴栅，袁滋作为正义一方的官军主将，竟卑躬屈膝地乞求对方撤兵！吴元济当然非常爽快地答应，带着轻蔑的神情离开了，从此不再把袁滋放在眼里。

这要归因于朝廷的消息不够灵通：袁滋的老家本就在蔡州朗山（今河南省确山县），先人坟茔都在敌占区境内，在他担任山南东道节度使时，淮西吴少阳曾特地为他修葺祖坟，还专门给袁氏的亲属们安排了一官半职，两家可谓结下了善缘。袁滋作为一个潜在的"罢兵派"，半年里不仅毫无作为，反倒多次上疏请求休战，这让宪宗勃然大怒。

十一月末，枢密使梁守谦奉皇命来到淮西前线，留任行营监军，先发放大量委任状及金帛，为李光颜、乌重胤等人加封散官，又代皇帝严厉训斥诸将作战不力的行为，恩威并施。北线战场虽有李、乌二将拼死奋战，但名义主帅韩弘却早有养寇自重的念头，磨起了洋工，淮西战事的发展，仿佛将重走一遍贞元年间的老路。

袁滋肯定不能再用，一想到继任人选，天子就愁容满面。自开战以来近两年，从严绶、高霞寓到袁滋，朝廷在西线已经连换数任主将，却都表现得出乎意料的差劲，可谓一蟹不如一蟹，极大损害了朝廷的声威，大唐当下就没有其他靠得住的忠臣良将了吗？

人人都能看出，西线主将一职宛如一块烫手山芋，稍有不慎就会影响到仕途发展。但还是有个足够勇敢的家伙毛遂自荐，主动上表请求领兵，为国分忧。

这个人就是李愬，字元直，结衔有金紫光禄大夫、太子詹事、闲厩使、宫苑使等，其父便是德宗朝三大名将之一，立下收复长安等不世功勋的西平郡王李晟。对宪宗来说，这是个既熟悉又陌生的名字：说熟悉，除了李愬出身名门外，他娶了德宗的外孙女魏国夫人韦氏（即宪宗的姑表妹）为妻，算得上是皇亲国戚；说陌生，单看李愬的履历，此前虽历任坊、晋等州刺史，政绩也十分卓著，但干的都是文职，从未有过军旅经验。让此人带兵打仗，宪宗难免心存疑虑：他能行吗？

天子也曾听说，虽然李愬本人擅长骑射，不堕父风，但让他早年声名大噪的却并非武力。因生母早逝，李愬自孩提时代起，就由父亲的侧室晋国夫人王氏一手养大，王夫人对李愬视如己出，尽心照顾。王夫人去世后，李晟因她不是正妻，就让诸子穿缌麻孝服表示心意，只有李愬号啕大哭，不愿仅仅服缌，最后父亲允准他穿斩缞丧服，尽了亲子之孝。不想亲丧一年后，贞元九年（793年），老父李晟也去世了，李愬和诸兄弟中最仁义孝顺的弟弟李宪一同在墓旁立下草庐，为父守孝。毕竟李愬有官在身，德宗皇帝听说后，派人规劝他们回府尽孝，但仅过一夜，李家兄弟又光着脚去了父亲墓旁，德宗知道无法强求，便允许他们服满丧期。李愬的孝心有目共睹，从此被时人大加称道，成为长安城中的道德标杆。

无论是李愬的操行品质还是地方治绩，在同辈中皆显过硬，唯独从未展现过的军事水平，让宪宗有所犹豫，毕竟朝廷在淮西投入了太多，败多胜少的官军再也经不起任何一场大败，否则没法向群臣交代。此时，宰相李逢吉亲自出面力荐李愬，使宪宗下定决心放手一搏，起用这位名将之子，升李愬为检校左散骑常侍，继任唐随邓节度使，并贬黜了袁滋。

坦白来说，不光是宪宗心存死马当活马医的想法，李逢吉的举荐实则也暗怀鬼胎。因为这位宰相明面上也是反战一派的代表，他之所以肯卖力荐举一向没有太多交情的李愬，无非是认准了李愬一介文人必败无疑，好为自己掀起下一场反战的风潮做铺垫罢了。

但对李愬来说，为了国家，这场战争他必须全力以赴，直到取得最后的胜利。

元和十二年正月，李愬抵达唐州，眼前的场景差点让他两眼一黑，正因在前几任主将的"英明领导"下连遭几场大败，军营内外氛围十分低迷，官军上下宛如霜打的茄子。这样无精打采的军队，如何能敢打仗、打好仗呢？再往深了想，万一闹起兵变，后果不堪设想。

李愬想好了，要先重振士气，遂对那些来迎接他的人慷慨发话："天子知道我怯懦软弱，能够忍受耻辱，因此让我来安抚大家。至于行军打仗，那就不是我的事了！"军士们连年征战，困苦不堪，心里难免会有积怨，听了新长官的这一番话语，无不备感宽慰，心情自然舒展多了。

接下来一段时间内，李愬并没有闲着，他确实履行了自己的诺言，在营寨中频繁走动，四处安抚并亲自照顾伤员和病号们，丝毫不摆长官的架子，又遣散军队中的倡优乐伎，从不宴会游乐。如此一来，虽然李愬暂时绝口不提打仗的事，但军中无人不对这位厚道的将领感恩戴德，开始发自内心地期盼能为他效力。

有人劝说当务之急应该是整肃军队，李愬才道出了自己的真实意图："你说的这些，我并非不明白。只是先前袁尚书（袁滋）专门用恩惠来安抚贼寇，才遭到轻视；现在淮西人得知我走马上任，一定会加强防备。我正是故意要让他们看到我军防务松懈，使对方觉得我同样懦弱懒惰，从而放松警惕，如此这般，我施展谋略的机会就来了！"

果不其然，一听说官军的新动向就是毫无动向后，淮西军一致认为，这位新节度使就是个还不如高霞寓、袁滋的绣花枕头，因此彻底不把名望尚浅的李愬放在眼里了。这招攻心计可谓一石二鸟，既以身作则，凝聚官军意志，提升自身威信，又隐藏了真实意图，用别出心裁的"保护色"迷惑了叛军，可在素无远见的吴元济眼里，这只不过是去一袁滋，复生一袁滋也！

留心观察战场动态的李愬还注意到，随着淮西越发轻视西边的唐州一线，用来抵抗官军的精锐部队也多数集中于北线郾城（今河南省漯河市郾城区）一带，李光颜等人为此鏖战多时，而且这个趋势还将持续下去。此外，官军兵力分散于淮西彰义军的四面①，始终难以合力歼敌，时间拖得长了，战事势必以虎头蛇尾的方式结束。

思前想后，一个非常大胆以至于暂时不便告人的想法，在李愬的脑海萌生：剑指淮西腹心，端掉蔡州的治所汝阳！中国军事史上最经典的奇袭战之一即将展开。

---

① 东、南两面即光、申二州，官军同样败多胜少。

心战为上

不服王化的淮西军人何以抵抗得如此顽固？这就要从十多年前的一个阴谋说起。

贞元末年，吴少诚挫败朝廷军队后，拿出所谓从官军帐中索得的一捆书信示众，声称："朝廷公卿已经叮嘱了官军主帅，攻下蔡州之日，要拿我们淮西将士的妻女给他们当奴婢！"淮西将士本就民风彪悍，经过这番煽动，无不对朝廷痛恨切齿。多年过去，在这片土地上长成的人，终于养成了只知节度使，不知有天子的思想境界，持着守土之心，更将官军视为异族别类。

通过一番妥善安抚，李愬收获了西线官军满满的信任和拥戴，军队士气空前高涨，甚至出现了请战的呼声。见时机已到，李愬一反常态，开始安排军事部署，并向朝廷请求增兵。将领积极请战是宪宗乐见的，经朝廷特批，李愬得到了来自昭义、河中、鄜坊三镇的两千步骑援军。

元和十二年二月初七，李愬派出巡逻的十将^①马少良在一场遭遇战中，打了对方一个措手不及，生擒淮西捉生虞候丁士良。战果虽说不大，但足以解恨了，这丁士良正是吴元济麾下的一名骁将，向来让官军吃了不少苦头，众将士见了这位老熟人，纷纷咬牙切齿，恨不得生剐其心，狠狠出口恶气！

李愬答应了，命人脱下丁士良的上衣，厉声斥责此人，准备并对他实施酷刑。万没想到，这个汉子毫不屈服，眼神依然坚毅，脸上也没有露出半分畏惧。李愬大感惊奇，直言道："真是个顶天立地的大丈夫啊！"当即下令为丁士良松绑，决定免他一死。

见李愬如此，原本沉吟不语的丁士良总算出了声，掏心掏肺地说："大人，在下原本不是淮西士卒，只是贞元年间隶属安州时，在战斗中成了蔡人的俘虏。但吴少诚却释放又重用了我，所以我为吴氏尽心效命多年。而今，我再一次力竭被擒，本以为必死无疑，您却放了我一条生路，请准许在下竭

---

① "十将"并非指十个将领，也并非某一特定官职，而是河朔三镇地方军制中低级武将的官职名称。每一员十将统率左、右厢共十位将头，所掌兵力多时可达千人。

尽心力，来报答您的大恩大德！"

李愬连忙扶起丁士良，将衣服器具归还给他，委任他为捉生将，继续负责侦察搜索的业务。很快，丁士良将成为李愬完成丰功伟业的第一个重要帮手。

淮西毕竟不算什么富庶军镇，却要凭靠区区三州之力，来招架朝廷大军长达两年多的攻势，终于露出了疲态。在战火的无情摧残下，境内军民的生计日益困苦，不少百姓被迫寻觅菱角芡实，捕捉鱼鳖鸟兽来充饥，但也很快吃光了。

在成规模的人相食现象爆发前夕，无可奈何的吴元济为减轻粮食压力，索性放任百姓投奔官军，禁令一开，就有五千余户民众重新姓了李。面对乱涌的难民狂潮，李愬不但大方接纳，不区别对待原在敌对阵营的军士，而且一旦听说降者有父母在家或是尚未下葬的，就发放粮食布帛，暂放他们回家，并说："你们都是天子的子民，可不能丢下亲戚孝义啊。"此言一出，见者感动，闻者落泪，淮西人"老死不闻天子恩宥"的成见，也逐渐被李愬的一片赤诚融化了。

决心报答李愬的丁士良，越发认定自己跟对了人，打算为新长官献上一份大礼："文城栅的守将吴秀琳手握三千兵马，宛若敌军左臂，牵制官军良久（高霞寓的铁城大败尤为突出）。我方之所以屡遭痛击，不敢迫近，正因吴秀琳有个好谋主陈光洽。那陈光洽虽勇猛善战，但不够沉稳，总喜欢亲自接敌，就让我为您先擒拿此人，等吴秀琳孤立无援，他自然会投降！"说到做到，二月十八日，骁勇过人的丁士良一战生擒陈光洽，将其带到李愬面前。

三月二十八日，为向吴秀琳表示诚意，李愬不顾丁士良合伙设下圈套的可能性，冒着万箭穿心的风险，亲自来到文城栅受降。见李愬单骑前来，已失去智囊出谋划策的吴秀琳当即举城出降，跪倒在李节帅的坐骑前，此时，距丁士良归顺还不到两个月。随着一番对吴秀琳的好言安抚，曾让官军吃过大亏的淮西"铁城"真的不战而降了，李愬的过人胆识展露无遗，也再一次证明了他"疑人不用，用人不疑"策略的正确性。

紧接着,李愬以文城栅作为跳板,分兵四出,大肆横扫蔡州腹地。从三月末到五月中,官军先后占据或攻破了吴元济老巢汝阳县外围的多个据点:马鞍山、路口栅、嵖岈山、冶炉城、白狗栅、汶港栅、西平、楚城、朗山、青台城,等等。兵锋最远触及真阳(今河南省正阳县)境内,距汝阳不到百里,给吴元济带去了不小的震慑。

　　不过,当这道巨大的弧形包围圈正逐渐织成时,吴元济却无暇去消化李愬的一系列小动作,因为在他看来,北方传来的噩耗更为致命。自去年年底起,两军在北线围绕着郾城展开了恶战,李光颜等人不负厚望,多次大败淮西叛军,终于迫使郾城陷入绝境,在四月初归降了官军。

　　郾城失陷,意味着官军可经汝水直抵汝阳,这让吴元济第一次感受到了死亡的威胁。淮西少主没经太多思考,火速把身边的亲信和绝大多数守军投入洄曲(今河南省漯河市沙河、澧河汇流处下游),将最精锐的万余人交由猛将董重质①率领,把守北面的最后一道防线。果然,有进无退的董重质部形同一只困兽,迸发出惊人战力,屡挫李光颜和乌重胤的攻势,双方很快再陷僵局。

　　五月中旬,由于久而无功,反倒徒增巨大的财政压力,朝廷只好再罢河北行营,停止了对成德王承宗的讨伐,将力量集中在一个拳头上,专心对付淮西。到六月初,眼看日子越来越难过,叛变士卒的数量与日俱增,吴元济选择上表谢罪,表示愿意归降!

　　虽然得到天子免死的承诺,但吴元济后知后觉地发现,自己竟然指挥不动手下的军头了:董重质、凌朝江、李祐、李宪、王览、赵晔、王仁清等淮西将领,在外长期各自为战,又异口同声地否决了投降之议。就连吴元济想从军中索取战马的请求,也被董重质一口拒绝,见始终无法脱身,他只好坚定了抵抗到底的决心。

　　至于汝阳防务空虚、淮西人心不齐等内情,李愬暂时还不知,直到一位

---

　　① 既是吴少诚的女婿,同时也是吴元济的谋主。

知己的到来。

李愬非常重视搜集情报，也一如既往地相信真诚的力量，每当有淮西将士前来归降，他一定会亲自询问对方，好生安抚。原先官军中有一条极不人道的规定：如果有人留宿淮西间谍，一经发现，全家处死！李愬到任后取消了严苛的禁令，反而提倡善待谍者，化敌为友的效果立竿见影，敌军间谍们感念恩义，反过来主动献上情报。如此一来，李愬对淮西的山川险要、兵力分布自然掌握得越发透彻。

对叛军那些有才干的将领，李愬更是不计前嫌，大力重用。李愬所部入驻文城栅，原守将吴秀琳被委任为牙将，有勇有谋的副将李宪（和李愬弟弟同名）也被收入麾下，并改名李忠义。

得知李愬计划对吴元济实施"斩首行动"后，吴秀琳适时提供了一个锦囊："李公如果想要袭取蔡州，在下是无能为力，但我知道谁能帮上大忙，这件事非李祐不可！"这个李祐，驻守于汝阳西北的兴桥栅，是淮西军中鼎鼎大名的悍将，武勇甚至远超丁士良，常让官军叫苦不迭。

很快，消息灵通的李愬就打听到了，在五月二十一日这天，李祐将前往兴桥栅以西的张柴村收割小麦。为了拿下这个货真价实的狠角色，李愬心生一计，召来厢虞候史用诚（唐初突厥裔名将阿史那社尔五世孙），告诫他说："到时，你就带着三百名骑兵埋伏在树林间，再让人在林子外面挥舞旗帜，假装要焚烧麦田。李祐一向轻视我军，必率轻骑前来驱逐，你发动埋伏，一定给我生擒了他！"史用诚依计行事，一战就将李祐活捉。

李祐的仇家数量和个人能力成正比，导致几乎无人不想杀之而后快，因此得知俘虏了李祐，官军大营再一次炸了锅。不同于丁士良的入伙，李愬这次顶住了全军上下的好几轮压力，才保下李祐，当众为他松绑，以宾客礼节相待。李愬心里太清楚了，眼前这个家伙人人喊杀，这正好说明他确有不同凡响的价值。

李愬不顾旁人的劝告，继续礼遇李祐和李忠义，并向他们和盘托出袭击蔡州的想法，一起谋划。李愬看重李祐掌握的情报，更是十分欣赏他的韬略，原本的死敌竟逐渐成了一对知己。李愬对李祐尤为开诚布公，甚至做到了同吃同住，二人在帐中秘密商议军务时，经常通宵达旦，不许其他人打扰，有人在帐外偷听，还会听到李祐因感激涕零而发出的哭声。

怎奈，因李祐之前实在杀伤了太多官军，现在李愬越是对他优厚，将士们就越是不满，每双盯着李祐的眼睛似乎都要喷出火来。将领们频频担忧李祐制造事端，各军每天发来声称李祐是奸细的文书，虽然这些报告声称信息源自敌方情报人员，李愬仍一概不予理会。

这一年夏天，河南地区的降水量尤其丰沛，连续多天淫雨霏霏，将战地灌成一片泽国，自然无法出兵，有好事者还把天公不作美，怪到李愬不杀李祐的头上。时间长了，李愬也担心军中积压太多不满情绪，不利于作战，又忧虑谣言要是传到天子那儿，一旦朝廷下令诛杀李祐，自己将束手无策。李愬真的着急了，握着李祐的手流泪道："难道是上天注定了我不能平定淮西吗？为何你我二人相知得如此深切，却还是堵不住悠悠众口呢？"

思前想后，李愬决定先下手为强，事先暗中上表天子，说明实情，并一再告诫宪宗："如果真的杀了李祐，淮西之事将无法成功了！"接着，李愬自导自演了一出大戏，公开宣布为了顺应军心，他狠心做出一个艰难的决定：把李祐装进囚车，押解到长安，由天子处置！

只要有利于平叛事业的推进，宪宗当然乐意唱这一出双簧，他欣然下令释放李祐，准其回到李愬身边。既然天子发话了，众将士自然不敢再发半句牢骚，李愬有了底气，对李祐的信任有增无减，又理直气壮地委任他为六院兵马使，负责统领最精锐的三千名亲卫牙军，让他名正言顺地成了无可取代的头号心腹。

重光未竟

战争拼的也是双方经济实力，淮西之战毕竟持续了三个年头，朝廷的财政频频亮起红灯，在横征暴敛的压力下，民间百姓也是不堪重负。趁着免除河北行营的劲头，以宰相李逢吉、王涯为首的罢兵派再次抬头，以师老兵疲为由，踊跃主张停止淮西战事。

面对种种争议，不愿功亏一篑的裴度没有多言，只是向宪宗表明心志，决意亲自奔赴淮西，督军前线，赢下这场战争！元和十二年八月初，裴度辞别了天子，以宰相身份兼任淮西宣慰处置使，又物色了马摠、韩愈、李宗闵等一批才俊充当同行僚佐，雷厉风行地奔赴郾城，淮西官军欢欣鼓舞，士气为之大振！

"现在，蔡州城中的精锐已全被调往洄曲西境，只剩一些老弱市民和伤残士卒留守，我军可以趁其空虚，将其一举拿下，等各地守将获悉有变，吴元济早就成了我们的俘虏！"几个月前，听了李祐这一席话后，李愬越发确信奇袭的可行性，半年来，他也一直在寻求合适的战机。

早在五月底，李愬对袁滋的老家朗山发起了一次攻击，但随着淮西援军入场，之前好不容易找回一些信心的西线官军，又尝到了一次不小的失利。李愬不怒反笑，大喜道："这正中我的下怀！"让惆怅又恼恨的将士们很是不解。不过从那以后，李愬又招募了一批多达三千人的"突将"敢死队，天天亲自训练，却并未投入到平时的战斗中。只有李祐、李忠义等寥寥数人知道，在不久的未来，这些勇士将化为猛刺蔡州心脏的一把利刃。

九月二十八日，李愬又把视线瞄向汝阳的西北方，盯上另一重镇吴房（今河南省遂平县，平定吴元济后此地改名遂平）。一批相当迷信的将领们劝说："看了皇历，今天是大凶之日，请大帅慎重！"李愬却认为："我军兵力较叛军少，正面作战则会捉襟见肘，只能出其不意。对方同样认为今天诸事不宜，不会加强设防，这正是我们的机会！"果然又被李愬说中，他亲自出马，竟然凭借小股兵力轻松拿下了吴房外城，斩杀叛军千余人。

见其余人等据守内城，李愬有意不慌不忙地撤军，吴房守将孙献忠不出意外地上钩，率领五百精锐骑兵冲出内城，怒吼着追击上来，誓要吃掉这队唐军！一些官军被这架势吓得惊慌失措，打算拔腿就跑，只见李愬依旧保持着沉着冷静，跳下马来，坐在胡床上，发出掷地有声的死命令："胆敢退却者，一律处斩！"众人知道，李愬从来不开玩笑，只得回头拼死奋战，射杀了孙献忠，总算杀退敌军的攻势。当大家都认为可以乘势攻克吴房内城时，李愬却淡淡说了句："这并非我的计策。"随之放弃这个唾手可得的战果，返回了大营。

十月初八，李愬悄悄派出了掌书记郑澥，前往郾城的总司令部，向裴度通报了谋划已久的方案。裴相国英雄所见略同，当场给予这一计划极高的认可："战事已经到了不出奇兵不能取胜的地步，李常侍①真是想出了一个精彩绝伦的谋略啊！"

李愬得报，环顾大帐中的李祐、李忠义等人，拍板定案：成败荣辱，在此一举！

七天后，元和十二年十月十五，李愬发起了一次突如其来的行军，除了马步都虞候史旻等少数人留守文城栅以外，全军倾巢而出：李祐、李忠义二将率领三千突将为先锋，李愬本人与监军宦官率领三千牙军充当中军，素有才名的唐州刺史李进诚率三千人殿后。这支近万人的队伍方向十分明确，目的地却成了个谜，作为一军上将，今天的李愬格外沉默，没有多说半句话，仅仅强调："只需一直向东进发！"但此番阵仗之大，让所有人都预感到将有大动作。

军队弥漫着奇怪的氛围，东进六十多里后，抵达了张柴村（即先前生擒李祐之地），一行人迅速解决战斗，将这里的淮西守军悉数斩杀，占领了营垒。四野已全被黄昏笼罩，李愬随即宣布休整用餐，众人不约而同地认定，张柴村将是此行的终点。然而，李愬不久再度下令，要求全体整理马具，又分出五百名义成军留守，阻隔朗山方向可能来的敌军，再派丁士良率五百人北上，截断洄曲及其他方向的桥梁通道。待布置停当，李愬跃马扬鞭，在夜色中奔出张柴村的栅门，发布了进击的指令！

将领们不明所以，急忙前来向李愬请示目的地，等到的却是一个难以置信的答复："我意已决，攻下蔡州，活捉吴元济！"此言一出，诸将不由得面面相觑、惊慌失色，监军宦官甚至发出凄惨的哭声，不住地号叫："果然

---

① 李愬加官为检校左散骑常侍。

中了那李祐的奸计啊！"李愬不听，也不容违抗，下了死命令催促出兵，此刻天降暴雪，寒风呼啸，将夜幕下的李愬衬托成一尊威严的神像，将士们只好硬着头皮上了路，但内心都认为恐遭不测。

午夜时分，雪越下越大，暴风甚至撕裂了数面旗帜，无论军士还是战马，都在刺骨的寒风中举步维艰，一路上接连有人经不住苦寒，冻僵倒在了山谷林间，有多达十之二三的人再也没能醒来。除了天寒地冻的考验，未知的前路更是袭来一股恐惧，重重压在一行人的心上。自张柴村朝东南方向出发，沿着这条险峻狭窄的山道行进七十里，就是蔡州的腹心之地汝阳城，自从吴少诚反抗朝廷以来，官军已有三十余年没踏上这条道路了。风雪交加，夜半临渊，此次行军的凶险已经到了顶点，若非全体将士舍生忘死，怀着有进无退的决心，根本无法成功。

汝阳城位于汝水南岸，又名悬瓠城，正因该段汝水环绕城池，形如一个倒悬的葫芦，从而得名。吴元济正在大宅中呼呼大睡，沉浸在他的美梦里，至于城内的守军们，心底本来就倚仗有朗山、吴房等周边据点作为屏障，更无法料及如此恶劣的天气，竟能为李愬所用，当然只能静候一行不速之客从天而降了！

一行人咬着牙穿出了山口，当悬瓠城的高大影子浮现在不远处，宣告这次噩梦般的行军总算到了尽头。当时，距城北汝水的两三里处，有一片长宽各数百米的鹅鸭池，池中芦苇丛生，栖息着一大群野禽。李愬决定善加利用，命人进行驱赶，用野禽的叫声很好地掩盖住了行军的声响，大军于是在十六日的凌晨时分顺利抵达汝阳城下，守军没有发觉一点动静。

李愬一声令下，熟悉城内守备情况的李祐、李忠义用斧头在城墙上砍了出坑坎①，率先登上了城头。李祐等人将仍在睡梦中的守军送去了另一个世界，只留下巡夜人，让他依然照常打更，从而大开城门，将大部队放行，很快又如法炮制进入了内城。直到鸡鸣声起，大雪渐停，李愬已经进了吴元济的外宅。

---

① 唐代城垣多为夯土筑成。

宅邸的主人很快被几声惊呼吵醒了："大帅，不好了，朝廷大军到了！"吴元济睡眼蒙眬，仍躺在床上，笑着招呼："不过是俘虏和囚犯们又在闹事，等天大亮，老子就把他们全杀了！"传话人显然不想让吴元济睡回笼觉，很快又来报告："全城已经失陷了！"吴元济开始有些恼了，起身来说："这一定是洄曲子弟回来，找我索求冬衣了，何必大惊小怪！"

来到院子中央，吴元济真切地听到外面发令："常侍传话！"而响应号令的竟有将近万人之多。年轻的节度使这才察觉到了不对，开始慌乱惊呼道："这，这是个什么常侍，竟然能闯到这里来！"他忙率身旁为数不多的亲随，登上了最后一道防线牙城，拼死抵抗。

当时，洄曲一线仍有董重质率领精锐万人固守，李愬知道，这是吴元济最后的希望了。为了瓦解吴元济的反抗，以及争取董重质的归降，李愬再使一招攻心计，亲自拜访城内的董氏府邸，情真意切地安抚他们，又请董重质的儿子带着书信奔赴前线，晓谕其父。见到儿子，董重质明白了一切，明白后方已经失陷，长叹一声，单骑南下归降了李愬，同样得到了李愬的优待。

董重质已降，吴元济及其余党的心理防线又垮了一大半，虽然牙城的守备比较坚固，但正如李祐所言，对方手上毕竟没有什么能战之军，沦陷只是时间问题。李进诚等人很快攻破了牙城外门，占领军械库，夺取所有军械铠甲，叛军再无招架之力。

仅仅一天之后，李愬发动了总攻，纵火焚烧牙城南门，意想不到的是，那些对吴元济的苛政不满多时的百姓们纷纷前来为官军助阵，投掷柴草，加大了火势，即便是城内的叛军想要救火，也瞬时被官军的乱箭逼退。烈火很快烧毁了南门，望着滚滚浓烟，直到这一刻，走投无路的吴元济才真正确认大势已去，只好在城头请罪投降，乖乖被李进诚拿下。

元和十二年十月十八日，曾在河南猖獗一时，搅乱大半个北方的淮西叛首吴元济，终于被李愬装进了囚车，押解长安。申州、光州境内的淮西军队两万余人闻讯，全部不战而降；洄曲一带的万名叛军精锐，自董重质投降后再无斗志，纷纷解甲投降了李光颜。十一月初一，宪宗亲临兴安门，在百官道贺声中接受了献俘，时年二十五岁的吴元济先是被献祭宗庙社稷，后被带到独柳树下斩首示众，诸子被杀，为他的累累罪行付出了应有的代价。

淮西三州就此平定，胜利实在来之不易，这一天距正月李愬抵达唐州已有十一个月（当年有闰五月），距战争全面打响将近三年，距离吴氏开始割据，已有三十年之久。伴随着元凶授首、蔡州光复，将元和中兴的篇章推进到一个小高潮，诗人们热情洋溢，纷纷恭贺宪宗皇帝的丰功伟绩[①]，同时大力称颂李愬的神机妙算[②]。

就在李愬占领了蔡州城后，他命军队驻扎在鞠球场，静静地等待裴度的到来，此外没有多杀一人，凡是吴元济的昔日僚属以及侍从，李愬一概恢复原职，使他们不生疑心。裴度率领洄曲降卒进入了汝阳城，李愬全副武装，在道旁亲自向他行礼，裴度正准备避让，李愬轻轻说道："淮西民众一向冥顽不灵、凶狠好斗，不懂得上下尊卑已经几十年了，希望相国借着这个机会，给他们留下深刻印象，了解到朝廷的威严！"裴度欣然接受，心中赞叹李愬的深思熟虑。李愬不动声色，替裴度树立了威信，在二人恩威并施下，淮西三州很快恢复了秩序，军民对朝廷心服口服。

显然，李愬是有大局意识的，他刻意不与裴度争功，未在蔡州多加停留，很快率部北返文城栅。但诸将心里堵着太多疑团，忍不住向李愬发问："起初您在朗山战败却不忧愁，在吴房取胜却不乘势夺城；冒着风雪而不愿停止行军，带着孤军深入敌境而不畏惧。这都是为什么呢？"

李愬娓娓道来："朗山失利，敌军就会轻视我军，从而不作防备。吴房之战时，一旦要执意攻城，那么对方便会逃奔汝阳，合力坚守城池，不如继续留下吴房，分化敌军的力量。那天有狂风暴雪，叛军自然无法用烽火取得联系，知道我军行踪也无从谈起。既然孤军深入了，我军人人当然殊死搏斗，所向无前！如果仅仅因为一次小胜就沾沾自喜，因为一场小败就忧心忡忡，把自己搅得心神不宁，哪里还有机会建立功勋呢？"众人皆服。

当年十一月，宪宗论功行赏，破格提拔李愬为检校尚书左仆射，兼山南

---

① 忽惊元和十二载，重见天宝承平时。（刘禹锡《平蔡州三首·其二》）
② 和雪翻营一夜行，神旗冻定马无声。遥看火号连营赤，知是先锋已上城。（王建《赠李愬仆射二首·其一》）

东道节度使（唐随邓三州恢复建置），李愬就这样跻身大唐宰相行列①，同时晋爵凉国公。

不久，天子又令韩愈撰写了《平淮西碑》，用来称颂有功人员的勋绩，然而碑文很快遭到毁弃。宪宗派已故宰相武元衡的爱婿，也就是翰林学士段文昌重新撰写，第二版的《平淮西碑》应运而生。此事引出了众说纷纭的一桩公案：韩碑何以被弃？

一说，在原先的碑文中，因韩愈将平定蔡州的贡献几乎全归功于裴度，引起李愬的极度不满，李妻魏国夫人韦氏看在眼里，亲自入宫向皇帝抱怨，于是天子下令重新撰文。此外，还盛传另一个富有传奇色彩的说法：李愬的亲信将领石孝忠看见韩碑"厚此薄彼"的内容后，怒上心头，竟将石碑推倒毁坏，又格杀了一位羁押他的看守。事情传到了长安，宪宗怒不可遏，想杀死这个狂徒，但在知悉缘由后，不但释放了石孝忠，还用段碑取代了原来的韩碑。

宪宗真的会仅为了一介妇人或是武夫之言，就淘汰韩碑吗？除了韩碑过于主观片面，一味强调裴度督军的作用以外，恐怕背后还有更深层次的原因。宪宗既然发现了李愬这个大才，自然打算继续重用，就在元和十三年（818年）五月，朝廷移李愬镇守凤翔②，表现出宪宗希望派他从吐蕃手里收复陇右的意图。为了倚重以李愬、李光颜为代表的将领勋臣，皇帝也需要舍弃"不合时宜"的韩碑来拉拢人心，激励他们为国效力。

平定淮西极大提高了朝廷声威，比如之前一直是"硬骨头"的成德节度使王承宗，在惴惴不安中选择了裂土归顺。不过也有"头铁"的，平卢淄青节度使李师道虽然坐立不安，但最终还是出尔反尔，执意违抗到底。讨伐淄青很快被提上了日程，朝廷将发动宣武、魏博、义成、武宁、横海数镇发起攻击，由于李愬的兄长武宁军节度使（治徐州，今江苏省徐州市）李愿突发疾病，宪宗决定让李愬坐镇徐州，承担从南方对淄青镇施加压力的重任，因

---

① 使相即节度使兼宰相，虽无在朝执政的实权，但名义上仍属于官方认可的宰相。
② 中晚唐的凤翔节度使往往兼任陇右节度使。

此改任西北没能成行。

元和十三年七月上任徐州后，李愬请皇帝卖了他一个面子，董重质原本作为吴元济最重要的谋主，将要被判处死刑，经李愬恳切请求，董重质免去一死，来到武宁军和老同事李祐一起为李愬效力。李祐和董重质，这两位得到李愬庇护而不死的淮西降将，在未来十几年里将成为大唐不可多得的良帅，平叛御敌屡建功勋，不过眼下他们急需的也正是战绩，以报效李愬的知遇之恩。

时任武宁军兵马使的李祐尤其卖力，先是协助李愬击败三千敌军，拿下兖州（今山东省兖州区）境内的鱼台（今山东省鱼台县），后攻破两万叛军，攻克了另一重镇金乡（今山东省金乡县）。李愬率武宁军同淄青叛军大小交战十一次，生擒敌将五十余人，俘虏、斩杀数以万计，李祐和董重质都立有大功。

元和十四年（819年）二月，李愬所部再向东北方推进，攻克了沂州境内的丞县（今山东省枣庄市南），与魏博田弘正、宣武韩弘、义成李光颜几路人马对郓州的李师道形成了合围。仅仅几天后，李师道遭部将兵变被杀，淄青镇宣告平定，随之被朝廷一分为三，这意味着自从唐代宗广德年间以来，大河南北藩镇跋扈自专的日子成了一段历史，"元和中兴"达到了高潮！

可惜花无百日红，想要根除唐后期的藩镇顽疾，非一两代人力所能为也，仅靠武力镇压和金钱收买，愈演愈烈的土地兼并、骄将悍卒等深层社会矛盾并未得到妥善解决，大唐王朝这一次的中兴局面，注定了会像流星划过一般短暂，成为唐人记忆中的一场泡影。不久宪宗去世，由于朝廷处置失当，自长庆元年（821年）秋季起，河朔地区再度大乱，卢龙、成德二镇相继发生兵变，其中，在平定淄青时和李愬建立了战友情谊的原魏博节度使田弘正，在成德节度使任上遇害，同时罹难的还有其僚佐、家属等三百人。

就在一年前领命接替田弘正，以期替朝廷牢牢控制住魏博镇的现任节度使，正是李愬。当噩耗传来，他悲愤万分，一身缟素，来到大营中高声动员："魏州（今河北省大名县）上下之所以能够归顺朝廷，得到富庶安康，这全是田公多年的功劳啊！正是因为他的仁德恩惠，天子才让他镇守成德，可如今北人胡作非为，竟敢如此残害田公，真当我们魏博军没有勇士了吗！诸君的父兄子弟都曾深受田公恩惠，你们说，该如何报答他呢？"话音刚落，三军无不失声痛哭。

李愬又让人转交佩剑和玉带，赠予成德军猛将、深州刺史牛元翼，勉励他说："当年，家父正是用这把宝剑立下赫赫战功，我又带着它平定了蔡州。今日成德叛乱，我把它赠予足下，希望您奋力讨平叛贼！"牛元翼回复说："我将血战到底，死而后已！"后来他确实做到了这点。

仿佛天不佑唐，就在李愬打算亲自出兵，为昔日战友田弘正报仇雪恨，为这来之不易的太平消弭一切不和谐的音符时，他突发疾病，再也无力处理军务。李愬只好接受了现实，被送往东都治病，短短两个月后，一代名将撒手人寰，含恨而终，年仅四十九岁。就在半年后，魏博也爆发了兵变，从此直到唐朝覆灭，朝廷再也没有恢复对魏博、成德、卢龙三镇的实质性统治。

二十多年后，为了追念元和朝的贤臣名将，唐宣宗以裴度、杜黄裳、李愬、高崇文四人配享宪宗，李愬得到了对于人臣而言最崇高的荣誉，这或许能让他在另一个世界感受到些许慰藉。

纵观淮西之战，李愬展现出了他不同凡响的主见，完美发挥出了他擅长运用权谋和心理战的优势。他敢于制订偷袭蔡州这一大胆的计划，更重要的是，为了实现这一终极目标，李愬做出了相应的努力。不同于前几任唐军主将直接进攻的方略，李愬采取了以柔克刚的策略，先是善待降卒、重用降将，来逐渐分化、瓦解敌军，后通过以弱示人，慢慢将敌方引进自己设下的圈套中，最后使出一招"黑虎掏心"，让敌军再无还手之力。其用兵可谓环环相扣、收放自如，不可谓不深谋远虑，当得起"兵权谋家"的评价。

兵权谋家之

马燧

平乱专家·中唐名将

乱世英豪起

天宝十四载（755年）年末，唐代历史进入一个尤为动荡的时段。

安禄山在一个月前兴兵作乱，横扫大河南北，一举攻陷洛阳，天下陷入多事之秋。时任范阳节度副使，被留在老巢幽州（今北京市）坐镇后方的人，是跟从安禄山多年的副手光禄卿贾循。随着常山（即恒州）太守颜杲卿起兵反正，贾留后也迎来了一位不速之客。

此人正是常山郡派来的说客，他自告奋勇，秘密潜入了幽州境内，一见到贾循便规劝道："安禄山忘恩负义，倒行逆施，即使占据洛阳，也终究会落败灭亡。贾公如果杀掉不愿归附朝廷的将领，举范阳郡（今北京市）归顺，倾覆逆党巢穴，可就是建立了不朽的功勋啊！"贾循从叛，本就有被裹挟的意味，所以他深以为然，一旦范阳反正，安禄山自然沦为丧家之犬，平定这场叛乱指日可待。

可惜，贾循虽然认可了此举，却迟迟没有开展具体行动，很快走漏了风声，叛军骨干韩朝阳领命，马上借机缢杀贾循。安禄山的死党向润客接掌幽州军队，稳定了叛党后方局势，颜杲卿的使者随即遭到追杀，慌忙躲入幽州西山，所幸得到了隐士徐遇的藏匿救助，得以免祸。

这位虎口逃生的壮士并没有消沉下去，在未来的四十年里，他将成长为大唐王朝举足轻重的一颗将星，并用后半生将平叛事业进行到底，此人正是马燧。

马燧字洵美，出身扶风马氏，他身形伟岸，气度不凡，年轻时就有投笔从戎之志。马燧第一次展现过人的洞察时局的能力，是在与诸兄弟读书时，他曾放下书卷感叹："天下将要兴起战端，大丈夫应当建功立业，拯救苍生，怎能到老只是一介儒生呢？"遂改习兵书战策，并精通此术。

马燧的二哥马炫，本被时人视为名儒，但他仿效魏晋隐士孙登，一度隐逸于苏门山，不应官府多次征辟。也许是受到了弟弟的感召，目睹国家有难，马炫同样选择了出仕，被一代名将李光弼辟为节度掌书记，谋划军中事宜，兄弟二人先后加入平叛，成了一时佳话。

几乎在光复范阳的行动失败同时，常山郡也在叛军猛攻下陷落，马燧并未放弃，避难月余，就抄了小道南奔平原郡（即德州，今山东省德州市），加入另一位颜氏英杰颜真卿主导的抗敌大计。由于敌我实力悬殊，马燧后来又被迫撤往魏郡（即魏州）。

河北全境很快落入敌手，马燧的身影再度出现，已是安史之乱初平的多年后。宝应二年（763年），因为泽潞节度使李抱玉的举荐，马燧被委任为河中府下辖晋州的赵城（今山西省洪洞县赵城镇）县尉。

持续八个年头的天崩地裂虽已平息，但黎民向往的天下太平却没有到来。

战后，唐廷除了要应对河朔藩镇割据、吐蕃侵扰频仍、国家经济凋敝等乱象，在平叛中起到关键作用的回纥，也演变成了一大祸害。回纥倚仗增援立下大功，又看透了唐廷衰微，遂在两国协约进行绢马贸易后，常常强迫用劣马交换大量绢帛。唐廷内忧外患，本已财政拮据，又不愿再树新敌，只好拖欠对方的债款，回纥由此成为往后几十年最大的"债权国"。唐代宗时，回纥人跋扈专横到了极点，甚至敢在天子脚下为非作歹，肆无忌惮地在长安闯关劫狱，朝廷对此却只能姑息忍让。

当时，回纥大军在登里可汗的带领下，将由河东地区北上回国，然而这批军队所过之处，无不惨遭劫掠，沿途州县的供给稍不如意，他们便肆意杀人，无所顾忌。一时人心惶惶，以至于在回纥军队快抵达辖区时，李抱玉虽已安排好了给养，却发现无人敢负责招待事宜。下属们畏惧枉死，个个推托不去，唯独马燧主动请缨，打算给蛮不讲理的回纥人一个下马威。

马燧先用重金收买了回纥军中的大首领，与对方约定不得劫掠，对方大喜之下也没多想，赠予马燧一面旗帜，说道："如果有违反命令的人，您可以自行处死。"马燧特地找来一些死囚，充当自己的仆役，稍有违令就当即杀死。不知内情的回纥人相顾失色，惊觉马燧是个狠角色，连忙约束手下，免得因为被揪了小辫子送命，马燧的这招杀鸡儆猴，让回纥军队收敛了不少。

继郭子仪、李光弼两位主将后，唐军在仆固怀恩统领下平定安史之乱，加上仆固氏和回纥联姻，功勋和权势都达到巅峰，其动向自然成为一大焦点。马燧因招待回纥事件得到李抱玉的进一步赞赏，又适时提出了一个大胆的想法："仆固父子自恃有功，对内扶植田承嗣、李宝臣、李怀仙、薛嵩等河朔藩帅，对外结交回纥，一定会有窥视河东、泽潞的野心，请您严加防备！"

当时，仆固怀恩的朔方军行营驻于汾州，而回纥在河东道的胡作非为，已经引起泽潞节度使李抱玉、河东节度使辛云京等本地实权派的不满，后者对仆固怀恩的憎恶也随之加重。不出马燧所料。仆固怀恩陷入功高震主的怪圈，在朝廷和河东的百般猜疑和排挤下，矛盾一触即发，广德二年（764年），仆固怀恩举兵叛乱。

其间，马燧干起了老本行，奉李抱玉之命前往相州（今河南省安阳市），试图劝说相卫节度使薛嵩放弃支援仆固怀恩。经过马燧的游说，薛嵩权衡利弊，决定拒绝参与叛乱，断了河朔藩镇联动仆固氏的可能性，事态得以避免扩大，没有演变为另一场安史之乱。

其后多年，马燧在李抱玉的提携举荐下，先后担任郑州、怀州、陇州、商州（今陕西省商洛市）等地刺史，无论是防御吐蕃还是安抚民众，马燧都取得了不俗的治绩，为此得到代宗皇帝的青睐。

大历十年（775年）二月，河阳突然爆发兵乱，长官常休明被驱逐，马燧在年底被天子钦点，上任河阳三城镇遏使。次年三月，河阳军再度哗变，在监军冉庭兰的有力协助下，马燧才将乱军彻底平定，得到了喘息之机。

伐叛识奸谋

大历九年（774年）正月，汴宋节度使（治汴州）田神功病故，其弟曹州刺史田神玉自动继任，充当汴宋留后。

按照惯例，一镇节度留后要想得到转正，需要朝廷的一纸诏令，加上田氏兄弟历来有功于国，且田神玉也响应朝廷的号召，发兵参加了对魏博的讨伐，于情于理都可以正授节钺。但朝廷显然心怀忌惮，不愿河南也潜移默化地形成异姓割据，遂有意暗中延缓了这一项处理，以至于大历十年五月田神玉去世时，仍然只是留后。

汴州霎时陷入无主状态，几天后，代宗迅速就近委任信得过的永平军节度使（治滑州，今河南省滑县）李勉，打算由他来兼任汴宋镇，将管内八州（汴、宋、曹、濮、郓、兖、徐、泗）牢牢掌握在朝廷手中。

不料，汴宋都虞候李灵曜率先发难，他虽只是三把手，却生了当一把手的野心，杀死了位在其上的兵马使孟鉴，和河北的魏博节度使（治魏州）田承嗣勾结，打算引为外援，叫板朝廷，图谋走上割据一方的道路。李灵曜果然拒绝朝廷对他的濮州刺史任命，代宗不想把事闹得更大，无奈承认李灵曜的留后之位，又派使节前往抚慰。

安史之乱后，由于河朔藩镇割据，令唐廷失去大半财赋来源，推动了经济重心的南移，汴州的枢纽地位，也伴随着江淮经济崛起，在中晚唐进一步凸显。基于这点，当上留后的李灵曜，也越发骄横霸道，不仅打算仿效河朔藩镇，把治下八州的刺史、县令全部安插上自己的党羽，还悍然拦截运河，劫下从江淮运来的公私贡赋。李灵曜意在逼迫朝廷让他转正，可在朝廷看来此举就相当于扼住了自己的咽喉命脉，代宗无法继续坐视不理，在当年八月宣布讨伐汴宋！

除了河阳三城节度使马燧，淮西节度使（治蔡州）李忠臣[①]、永平军节度使李勉都被钦点加入平叛序列。此外，淮南节度使（治扬州，今江苏省扬州市）陈少游、平卢淄青节度使（治青州，今山东省青州市）李正己见其中有利可图，也都积极出兵。

平叛伊始，形势朝着对朝廷有利的方向发展。宋州（今河南省商丘市）刺史李僧惠不仅是汴宋兵马使、摄节度副使，也是李灵曜的心腹智囊，但经过牙门将刘昌声泪俱下的一番劝说，他决定拉上其他将领，一同向朝廷示

---

① 即安史之乱时期的平卢兵马使董秦。

忠。李僧惠反正后，向雍丘（今河南省杞县）叛军发起进击，意味着李灵曜失去了本镇的有力支持，还要面对从不同方向来的官军攻击，形势非常不妙。

九月十一日，得知李忠臣和马燧的部队就在郑州扎营，李灵曜拣选了八千名锐士，番号名为"饿狼军"，放手一搏。这些猛士视死如归，就如同目露凶光的狼群张开了血盆大口一般，大张旗帜，扑向官军，爆发出骇人的战斗力！

联军没想到李灵曜主动出击，且攻势凌厉，竟被打了个措手不及。众人慌忙向西溃退，行至荥泽才站稳脚跟，清点下来，淮西军队的逃亡率更是高达十之五六！这些逃兵一贯目无军纪，沿途打家劫舍，郑州官民苦不堪言，纷纷向东都洛阳逃亡。局面乱作一团，李忠臣也开始慌了，认为这仗打不下去了，遂下令焚烧庐舍，打算撤回本镇。

作为主力的淮西军若贸然撤离，这场平叛注定将虎头蛇尾，朝廷恐怕也要被迫承认李灵曜的割据。关键时刻，马燧站了出来，坚决反对撤军，义正词严："我军以正义之师讨伐叛逆，何必担心不能战胜贼寇，为何要放弃建功立业的机会？"他拒绝一道撤离，严令坚守营垒，还向李忠臣要求，由河阳军担任先锋。李忠臣这才冷静下来，开始集结败卒，官军声威得以重振。

接下来的一个月内，马燧时常率领河阳军冲杀在最前头，接连击破李灵曜的"饿狼军"，勇冠诸军。联军进抵汴州的治所浚仪县城，淮西军驻于城南，河阳军驻于城北，永平军驻于城东，连战连胜，等到陈少游的前锋抵达，又会师一处，在城西大败李灵曜。十月十九日，联军将汴州城包围起来，李灵曜固守城内，不敢主动出击，把最后的希望全部押在了盟友魏博镇头上。

魏博节度使田承嗣出身安史叛将，窃据河朔十余年，历来桀骜不驯。就在去年，朝廷发起七镇大军讨伐魏博，起初形势大好，却被狡黠的田承嗣分而化之。代宗只好赦免其罪，田承嗣越发轻视傲慢，公然结盟李灵曜，图谋将大河南北都化作名为藩臣，"实如蛮貊异域"的割据地带。

得知李灵曜受困，田承嗣派出最得力的侄子田悦，由他率两万（另有说法为五千或三万）精锐南下救援。田悦的动作不可谓不迅速，从白马津渡过黄河后，他先于曹州（今山东省曹县）境内击败淄青游军，又在滑州匡城（今河南省长垣市）大败永平、淄青联军，永平军将刘洽、杜如江、尹伯良等人全吃了亏。魏博军乘胜逼近汴州，在距城北数里处扎营，摆出里应外合的姿态。

匡城一役，田悦杀伤永平军接近半数；汴州城北，李忠臣尝试带领淮西、淮南、宋州联军进攻，竟然也被田悦这个小辈击破。魏博军队气势如虹，直到田悦这一生的宿敌马燧出现。

李忠臣已然把马燧视为军中最靠得住的人，失利不久，他就连忙向马燧求助。马燧考虑到，官军新败，田悦一定会放松戒备，遂决定打对方一个措手不及。

十月二十二日深夜，就在魏博大营鼾声四起时，四千名河阳军士，以及淮西将领李重倩率领的数百名轻骑兵仍却十分清醒。他们突然冲进了魏博军营，驰骋纵横，用杀意将对方的睡意瞬间搅得稀碎，数十上百名魏博军人几乎是在睡眼蒙眬中掉了脑袋，营内顷刻间陷入大乱。

马燧和李忠臣一听到动静，马上击鼓高喊，率领主力杀入营地。先前如狼似虎的魏博军，现在却不战而溃，只有做鬼的份儿，被砍了十之七八，尸首遍野，不可胜数！至于田悦，现在要想的不是如何向叔伯交代，而是确保有命回去，他单骑脱逃，狼狈地离开了这个伤心之地。

得知魏博兵败，李灵曜的天也塌了，他大开城门，在夜色中朝着北方逃去，打算逃往魏博避难，但坐骑终究不如田悦的快。才第二天，刚抵达滑州东南的韦城，李灵曜就被永平军将领杜如江擒获，和魏博战俘一并被押送到长安，斩首示众，汴宋之乱宣告平定。

汴州投降后，出现了一个令人不解的情形，作为在平叛中起到至关重要作用的功臣，马燧却没有和其他友军一样率部入城，而是驻扎在城西的板桥，不久后就回了河阳。

原来，虽然贼首已擒，但马燧凭着敏锐的洞察力判断出，汴州可能将再度经历一场权力争夺的风暴，他必须尽可能远离这个旋涡中心，以免受到无辜的牵连。李忠臣平素凶横而暴戾，马燧依此推断他一定会贪图功劳。因此，他决定暂不进入汴州城，在某种程度上可以看作是他主动将所有的功劳让给了李忠臣。

马燧对人性的洞察与把握已然达到炉火纯青的境界，这一次也不出他所料，各路人马进了汴州后，李忠臣果然图谋独占全部功劳，为此和有反正之功的李僧惠多次展开争吵，最后甚至找机会将其杀害。李忠臣对刘昌同样暗藏杀机，幸亏后者早有警觉，适时逃脱了。李勉本是被朝廷正式任命的汴宋节度使，在目睹李忠臣的手段后，他也不敢在此长留，迅速返回滑州。

但也没必要太为马燧叫屈，一来他本不贪恋军功，二来虽然淮西军霸占汴州，李忠臣也凭借此功封为郡王，却也不是最大赢家。战后，汴宋镇随即被瓜分，忠于朝廷的永平军得到宋、泗二州，而淄青军更是趁乱拿下曹、濮、郓、兖、徐五个州，大发横财，二者怎么说都比淮西要捞得多。至于横行不法的李忠臣，他依旧故我，其贪婪残暴最终引发下属的强烈不满，侄子李希烈借机率众将他驱逐出境，李忠臣只好孤身投奔长安，汴州再度划归永平军下辖。

大历十四年（779年）五月，唐代宗李豫离世，闰五月底，马燧得新帝德宗的旨意，移镇河东节度使，这是他首次担任节帅。去年年初，回纥深入河东进犯，唐军在百井（今山西省阳曲县北）告败，损失了万余（另有说法为千余）士兵，骑兵力量骤减，装备器械也不够精良，马燧到任后，呈现在他面前的是一支弱旅。

就在几个月前，堪称一代奸雄的魏博节度使田承嗣老死，遗命由他最器重的田悦继位。起初，田悦自知根基不稳，遂一改父辈的骄横态度，向朝廷表现出非比寻常的恭顺，同时积极揽纳人才、礼遇贤士，暗中积累自己的实力。

在天下人对年轻的节度使表达赞美之时，唯独马燧洞悉了其野心勃勃的一面，多次上疏陈明魏博一定会反叛的理由，并建议朝廷预先加强防备。当时朝廷正处于新旧迭代之际，尚未充分重视马燧的建议，但马燧已然预见，不久后官军与魏博必有一战，他要做的就是未雨绸缪。在接下来的一段时间里，马燧着力强化军备，以提升河东军的战斗力，为决战积蓄力量。

马燧先是征召了太原境内的将领、官吏，以及牧马仆役，从中拣选了数千人补为骑兵，又专门开辟校场，通过数月的教习，成功将他们培养成一批训练有素的精骑。在制造铠甲时，马燧特别要求工坊做成长、中、短三种规格，以适应军士的身形，使他们进退自如。此外，马燧还让人制造了一批多功能战车，这些战车上绘有猛兽的图案，在行军时用来装载器械、辎重，以减轻军士的负担；当军队驻扎时，战车则可作为营阵，在险要之处还能防备敌军突袭。

坐镇太原两年，马燧带出了三万激昂慷慨的雄兵。他还提拔了张建封、李自良等文武贤才，委以重任，齐心将河东军铸成了一支骁勇善战、器械精良的劲旅。

前功终尽弃

野心家们到底没有"辜负"马燧的预期，建中二年（781年）五月，在共同利益的驱动下，魏博节度使田悦撕破了伪善的面具，联合淄青节度使李正己与成德节度使李惟岳，三大军阀兴兵抗命，用铁腕来反对朝廷收回河朔藩镇世袭罔替的权益。

在多年前薛嵩死后，田承嗣从薛氏子弟手上夺得了相州、洺州（今河北省邯郸市永年区），朝廷则由北向南把控了邢州（今河北省邢台市）、临洺县（今河北省邯郸市永年区临洺关镇）、磁州（今河北省磁县）三地，作为昭义军（治潞州）在太行山以东的一块飞地，也是通向河朔的桥头堡。

田悦想以太行山势划分边境，自然把昭义军的山东辖区视为必争之地，对将佐说："邢州、磁州宛如一双眼睛，直插我们腹部，不可不取！"魏博兵马使康愔领命，率八千人包围邢州，别将杨朝光带一万人（又记五千人）进抵位于磁州、临洺之间的邯郸（今河北省邯郸市）西北，他们的目标是切断来自山西的昭义援军。田悦则亲自率领三万兵马，猛攻洺水南岸的临洺县。

昭义告急，朝廷不敢怠慢，命神策行营兵马使李晟，会同昭义军节度使李抱真、河东节度使马燧几路人马，火速前往河北平息内乱。这也正是检验河东军战斗力的好机会，马燧接到指令后，率领步骑两万人南下潞州会师，奔赴战场。

在官军东上吾儿峪，通过滏口陉挺进河北前，马燧派使者给田悦送去了一封示好的书信。出乎田悦意料的是，文中措辞谦恭温和，甚至有点卑微，这不禁让他深信：马燧这老家伙，已被魏博牙兵吓破胆了！田悦因此中了骄兵之计，越发轻慢，不再对援军加以戒备，同时拒绝了魏博老将邢曹俊驻兵嶂口的提议，使得八万官军一路畅行无阻，于七月初东出太行，顺利抵达了邯郸地区。

当时，临洺守将张伾、邢州刺史李洪等人应付魏博围攻，已经苦苦支撑了近两个月。为了鼓舞士气，张伾甚至将女儿精心打扮一番，然后带到将士面前说道："诸位坚守城池，真是万分辛苦了！我家无余财，就把女儿卖掉，权当是供应大家一天的费用吧！"众人感动落泪，发誓死战到底。但临洺小城弹尽粮绝，不是单靠凝聚人心就能挡住敌军的，城破之日指日可待。

张伾焦头烂额，让人制作了巨大的纸鸢（为保万全，应当不止一只），在上面写上大字，大意是："如果三天内不能解围，临洺的民众将死无葬身之地！"然后将之放飞。田悦命人射下纸鸢，却还是有"漏网之鱼"飘入了官军的视野，马燧由此认定，是时候向对方摊牌了。魏博派来交涉的几批使者都被马燧斩首，官军随之击溃了魏博在邯郸的部队，并且射杀了敌将成炫之。此时田悦方才如梦初醒：自己被马燧骗了！

魏博将领杨朝光驻军邯郸西北的双冈多时，已在东西两侧竖起军栅，马燧就率领李抱真、李晟各部，专门在两道军栅之间扎营，使其不能相互策应。就在当天夜里，东侧军栅的叛军竟迫于官军压力，放弃了营垒，直接撤向田悦所在的临洺，马燧趁势占据东栅，安置辎重。

田悦原本拟了一条自认高明的对策：让杨朝光坚守营栅，以此消磨官军的力量和斗志，等到主力部队在数日内攻克临洺，先犒劳三军，再掉头南下，携新胜之威大败官军。可眼下双冈的军队太不争气，令田悦感到不安，于是调整了对临洺的攻势，分出五千名成德援军支援杨朝光，又于次日由他亲率一万人马，杀向了双冈。

马燧对河东将领李自良、舍利葛旃等人下了死命令："如果让田悦过了双冈，定斩杀尔等！"作为马燧麾下头号战将，李自良深知马燧所言非虚，因此全力以赴，与叛军展开殊死搏斗，成功将田悦逼退。马燧见状，当即命人焚烧满载易燃物的车辆，并将这些车辆推向杨朝光的军栅，一时烟炎张天，各部趁着火势蜂拥而上，一通乱杀。此战官军大获全胜，阵斩杨朝光，生擒了另一位魏博大将卢子昌，共计斩首五千余级，俘虏八百余人。

五日后，官军进抵临洺。为了激励三军，马燧在军中立誓，宣布如果取胜，就用私财犒赏将士，全军上下无不斗志昂扬。不久后，田悦倾巢而出，两军共十余万人展开了决战。马燧亲率精锐，扼守阵形要冲部位，双方激战一百余合，官军更是抱着必死之心肉搏，终于大败叛军。魏博、成德联军被斩杀一万余人，被俘九百人，官军获得了三十万斛军粮和大量器械铠甲。田悦收拢残部，再度上演了一出夜奔大戏。临洺告捷，康愔对邢州的包围随之解除。

德宗皇帝大喜，特地下令赏赐全军，由朝廷出资五万贯钱作为军赏，不久又任命马燧为魏博招讨使。

灰头土脸的田悦不甘心失败，聚拢了两万多名残兵败将，在洹水县（今河北省魏县西南旧魏县）稳住了阵脚，同时向友镇求援。成德李惟岳抽调了三千人，而淄青的李纳①毕竟家底雄厚一些，派大将卫俊率一万人（另有一种说法是八千人）前去援助。

此时马燧也率大军南行，进抵磁州和邺县（即古邺城，今河北省临漳县西南）的交界地区。过去几个月，官军在成德、淄青的各个战场都取得了不小的进展，建中三年（782年）正月，马燧经过一番休整，决定对田悦发起总攻，上疏朝廷请求增援。河阳三城节度使李芃已攻克卫州（今河南省卫辉

---

① 李正己不久前去世，其子李纳继位，同样未得德宗承认。

市）的新乡、共城二县，接到命令后，他包围了卫州的治所汲县，迫使其守将投降，随即率主力北上，同马燧会师。

在从磁州到洹水的必经之路上，田悦留下大将王光进驻守长桥（今河北省临漳县东）一带，又在渡口修筑了月城，使官军无法通过漳水。马燧早已想好对策，他在数百辆马车上装满土袋，再用铁链相连，把车辆沉入河底，以此阻遏水流。加上正逢寒春，只要水势稍微缓和，官军就能轻易蹚过漳水。至于长桥的王光进部，马燧根本不打算和他纠缠，全军直奔田悦大营而去。

当时，魏博大军驻扎在永济渠以东的洹水县，淄青军列于其东，成德军列于其西，三镇部队首尾呼应。田悦听说官军粮草短缺，于是开始坚壁清野。马燧反其道而行之，就在临行前，下令全军每人只带十天的口粮，李抱真和李芃都表示不解："我军缺粮，又深入敌境，这是什么意思呢？"

马燧似乎早就猜到有此一问，把自己的盘算娓娓道来："缺少粮食，更适合速战速决。兵法有云，在战场上要积极调动敌人，而不能被敌人牵着鼻子走。如今三镇军队相互策应，闭门不战，正是想要耗尽我军粮草，消磨我军士气；如果分兵攻打淄青或成德的部队，我军兵力分散，未必能够击败对方，反而会在田悦来援时，陷入腹背受敌的境地。兵法又云'攻其必救'，只要我们猛攻对方必须营救之处，他们一定会主动迎上来，到那时候，请诸位看我大破贼寇！"

应马燧之令，很快永济渠上搭起了三座浮桥，接下来的几天里，官军频频发起挑战。田悦果然高挂免战牌，不出一兵一卒回击，反而是人数最少的成德军慑于官军威势，担心被马燧一口吞掉，主动要求并到了魏博军中。

与此同时，田悦认为火候已到，认为马燧第二天肯定还会再来挑战，于是安排了一万人作为伏兵，准备打对方一个出其不意，但这一次田悦又要失望了。马燧凭着与田悦几次交手的经验，加上对细枝末节的分析，预判到了田悦的打算，不但没有踏入田悦的陷阱，反倒在心里编织了一张布满杀机的大网，等待着对方自动送上门来。

半夜时分，马燧突然让全军起来用餐，待军士吃饱后，指示全军趁夜沿洹水寻找渡河位置，直奔田悦的老巢魏州而去，同时下令，一旦听到敌军的动静，就立刻停下列阵。马燧还留下了一百名骑兵，留在大营中击鼓吹角，并准备好柴草和火种，他要求这些骑兵在大军全部出发后就停止发出声响，藏匿起来，等待适当的时机完成最终的任务。

此举很快惊动了叛军。听说官军已经走了十几里，田悦大感不妙，因为一旦魏州失守，一切都将无法挽回！情急之下，田大帅的理智再度出走，当即拉上淄青、成德盟军倾巢而出，跨越三座浮桥，急速追向官军。近四万人乘风纵火，擂鼓摇旗，吼声如雷，火光映红了水面，人影叠叠。直到严阵以待的官军出现在他们的视野中。

马燧安然坐在阵中，他已命人清除掉百步以内的杂草荆棘，开辟出了一片阵地，又挑选了五千名敢死队员，担任前锋。等到田悦的联军抵达，附近已无物可烧，火势很快减弱，士气明显低迷不少。马燧看准时机，联合李抱真、李芃、李晟各部对叛军各个击破。田悦受到重挫，正准备率军掉头返回对岸，却发现三座浮桥全化作了灰烬！

原来马燧此前所言"必救"便是指魏州，他借机设下了一个诱敌深入的计策，顺带断了田悦的后路。显然，他的计策非常成功。

叛军慌不择路，被逼到河里淹死者不计其数，尸首堆叠，连绵三十余里。此战，马燧斩叛军两万余人。魏博大将孙晋卿、安墨啜战死，三千魏博军士被俘。至于淄青军和成德军，本是好心想拉友军一把，却落得个全军覆没的下场。长桥的王光进闻讯，也连忙投降。

田悦没想到，马燧的"过桥费"实在高昂，竟让他付出如此惨重的代价，但靠着过硬的逃跑技能，他再次逃出生天。田悦收拢败兵千人，绕路直奔魏州而去，等他抵达城下，却吃了个闭门羹。原来，守将李长春认为经此惨败，田悦大势已去，于是生了投降朝廷的想法，坚决不肯为旧主放行。田悦无处可躲，如无意外，当晚官军就能把他活捉了！

然而李长春等了一夜，没等来他望眼欲穿的官军，只好开门放人，窝了一肚子火的田悦立即将他斩杀。通过一场精彩的演讲，田悦让城内军民重拾对他的信心，并起用老将邢曹俊，又及时修缮了城防守备，等到马燧大军在十多天后赶到，也只能望城兴叹了。

那么，在田悦被关在城外的关键一夜，官军究竟有什么变故，导致白白错过大好时机，让后人不禁为此扼腕叹息？此事马燧是要负重大责任的，这也是他人生中的一大遗憾。

之前，李抱真因为私怨，想杀死怀州刺史杨鈇，杨鈇投奔河东，得到了马燧的庇护和求情，李抱真大为恼怒，开始对马燧不满。说来，李抱真还是马燧恩主李抱玉的堂弟，但在讨伐田悦期间，二人的意见却偏偏经常不一致，关系迅速恶化。矛盾在临洺之战后扩大化，当时，马燧获得田悦留下的大量军粮，让河东军分了大部分，却只分少数给兵力上占优的昭义军（李晟的神策军当时也隶属其中），李抱真虽然没有当场发作，但心里的火山已经彻底喷发了。

交战期间，魏博骑兵一度杀到马燧面前，李抱真对此视若无睹，幸有李芄出手搭救。等到马燧要追击田悦，李抱真又和他闹起别扭，提出要独当一面，拒绝与河东军平分功劳。倒霉的李长春到死都不知道，在他紧闭大门迎候官军时，官军的主将们却正在一座佛寺里争论不休，以致田悦捡回一命，得到重整的机会。

官军抵达之后，他们开始采取行动断绝魏州的水源，城中人心惶惶，但接下来几个月，情势却急转直下。虽然成德军的李惟岳为兵马使王武俊所杀，但封赏时后者仅被封恒冀都团练观察使（治恒州），为此耿耿于怀。同时，平叛有功的卢龙节度使（治幽州）朱滔也非常不满所得利益，加上田悦暗中煽动，朱滔和王武俊最终决定：背叛朝廷，合力支援魏州！

建中三年五月初，田悦倚仗援军就要到来，派康愔率两万人（另有说法为一万人）出西门背城一战，结果又被马燧大败。田悦恼羞成怒，竟然不放败军入城，叛军被踩踏而死者无数。

作为酬赏，德宗给马燧加了宰相衔。然而，大军久攻坚城却迟迟没有突破，让皇帝十分担忧。两位主将不和的消息，也早就传到了朝廷，为此天子多次派出中使调解，可惜见效不大。马燧和李抱真互相推脱观望，拒绝协同作战，甚至不愿见面商谈，导致战事毫无进展。可叹，二人都是忠于唐室的名将，关键时刻却在大局观意识上掉了链子。

不久前，王武俊向南进逼赵州（今河北省赵县，隶属朝廷新任的深赵都团练观察使康日知），李抱真听说后，打算分兵两千人回援邢州。马燧怒火中烧："残敌尚未铲除，正应齐心协力，李抱真竟忙着防守自家地盘，难道我就活该独自战死在这儿吗！"于是他也打算率军返回河东。

李晟连忙相劝："李尚书①是因为邢州和赵州接壤，所以回防，这么做确实没错，您如果在这时候一走了之，天下人会如何评价？"在李晟的调和下，马燧单骑前往昭义军大营，向李抱真解释昔日误会。为表诚意，马燧提议让新近归降的洺州隶属昭义军，让李抱真的副手卢玄卿担任洺州刺史，并兼任魏博招讨副使。礼尚往来，李抱真欣然接受，并提出与马燧共享神策军的战力。虽然铸成大错，但二人总算冰释前嫌，可以一致对敌了。

六月二十八日，朱滔和王武俊的五万（另有说法为三万五千）大军抵达魏州，在城北的惬山安顿下来，田悦备好酒肉出城迎接，魏州将士欢呼雀跃。两天后，天子指派的援军也到达了，正是朔方节度使李怀光所率含神策军在内的步骑一万五千人，马燧在气势上不甘示弱，特意以最盛大的军容来迎接朔方军。此举令朱滔以为官军将要发起袭击，于是立刻排兵布阵。

朔方军有大唐当世战斗力首屈一指的精兵强将，数十年来立下无数汗马功劳。这一代的节度使李怀光，是深得中兴名臣郭子仪器重的老部下，但在此次与叛军的对阵中，这员沙场宿将却犯了错误。

李怀光立功心切，也忠心耿耿，可惜有勇无谋，他见叛军营垒尚未完工，想立刻发起进攻。马燧对李怀光的想法不敢苟同，提议先让援军休息一阵，等待敌方露出破绽后再行动。毕竟将士们从关中直奔河北，长途跋涉将近两个月，尚未得到充分休整，李怀光此举完全没有考虑手下将士的体力和心力。然而，李怀光并未采纳马燧的意见，他认为机不可失，倘若让敌军成功安营扎寨，将对战局产生不利影响。因此他决定立即率朔方军出战，从惬

---

① 即李抱真，因洺水之功升任检校兵部尚书。

山西面攻击朱滔部。

同样堪称天下雄兵的卢龙军，在朔方军的铁蹄下，也得往后稍一稍，被杀退了千名步卒，朱滔狼狈后撤。然而，官军们争先恐后拥入营垒，夺取敌资，在财货的诱惑下，渐渐不成阵形。此时的李怀光未加制止，他骑在马上，手执缰绳，正观赏着这一切，竟然不禁面露喜色。

忽然间，自斜刺里杀出一阵黑色旋风，将官军拦腰切为两段，来者正是王武俊及其部将赵琳、赵万敌等人所率的两千精骑，朱滔有了底气，掉头重新投入战场。未加休整的朔方军已是强弩之末，在两支强大敌军的夹击之下陷入溃乱，他们忙于躲避兵刃，相互践踏，更多的人被逼落水，溺死于永济渠中。南北三十里间，尸首堆积如山，甚至连渠水都不再流动。这下轮到李怀光仓皇鼠窜，本不得已参战的马燧、李抱真等部也连忙收兵，各回各营。

当晚，叛军在永济渠边加班加点，筑起大堤，将渠水引入本已干涸的王莽故河，第二天时，水已有三尺深了。如此一来，官军的粮运和退路就要断绝，马燧大惊，只好暂时向现实低头，派人用谦恭的态度知会朱滔："昨天是我不自量力，才要同诸位交手。王大夫的英武善战海内皆知，天下无敌。希望五郎好好和他商量，放我们回去，我一定奏明天子，请求他把河北事务全部委托给你！"

马燧深知朱滔心胸狭隘，嫉妒王武俊的战功，因此有意刺激对方。果不其然，王武俊坚决不同意放人，但朱滔坚决不愿采纳，而是坐视官军西行，没有发起追击。没想到官军蹚过深水后，马燧立刻翻脸，并未如约撤军，而是继续屯驻魏州西南的魏县。朱滔悔恨不已，连忙向盟友道歉，王武俊一言不发，脸色铁青，自此对朱滔怀恨在心。

几天后，朱滔、王武俊、田悦也来到魏县东南，与官军隔河对阵，从七月一直相持到十月。十月底，朱滔接受田悦等人的建议，要掀起一阵仿效先秦的复古狂潮，意图在名义上摆脱叛臣的身份。

建中三年十一月初一，魏县城中尤为热闹，被推为盟主的朱滔称大冀王，田悦称魏王，王武俊称赵王，不在场的李纳称齐王，加上后来称帝的朱泚和李希烈，史称"四王二帝之乱"。四王虽然表面上仍尊唐天子为正朔，没有更改年号，实则一如古时战国七雄，同朝廷分庭抗礼。

淮西节度使李希烈同样有心割据，很快同四王搭上线，被推为天下兵马都元帅，大肆侵扰河南、江淮地区。时间进入到第二年，唐廷及时调整策略，主攻威胁更大的淮西镇，马燧等人则依旧在魏县负责牵制河朔势力，直到一场惊天之变上演，将平叛大军的节奏再次打乱。

名将的黄昏

建中四年（783年）十月初，长安爆发泾原兵变，德宗被迫逃难，流落国都西北一百五十里处的奉天县（今陕西省乾县），成为继玄宗、代宗后又一从长安出奔的天子。朱滔之兄，原卢龙节度使朱泚被乱军拥立为帝，领兵猛攻皇帝所在奉天小城，史称"奉天之难"。

噩耗传出，河北的唐军将领相对痛哭流泪，只能暂且搁下河朔战事，勤王救驾。李怀光火速入关，马燧和李芃各自返镇，李抱真退守临洺，最终，有赖浑瑊、韩游瑰等将士在城中拼死抵抗，奉天终于等来李怀光这根救命稻草，朱泚被迫撤回长安，德宗这才得以脱离死地。

马燧回师后，也派出行军司马王权、大将秦朝俭及儿子马汇等人，率五千精锐分道勤王，并在中渭桥大破叛军，又给奉天送去了大量物资。但这批军队并未参与李晟主导的收复长安之战，而是被召回了太原。依马燧所想，天下骚乱，他担心北方的回纥人趁火打劫，所以兴建工程，引汾水在太原三城周边形成塘泺池沼，并主张在兵力上能省则省，方能保晋阳这片龙兴之地无虞。

朝廷很快晋封马燧为北平郡王，赐河东"保宁"军号，马燧并未居功自傲，其后还推辞了兼领新近归降的军镇，但君心难测。德宗对武将群体的猜疑与日俱增，在他眼里，马燧让勤王军队回防，没有倾力收复京城的种种表现，简直就是观望自保、首鼠两端的军阀作风。再联想到官军之前讨伐田悦功败垂成，德宗不由得对马燧心生嫌隙。

但不管怎么说，兴元元年（784年），在德宗发布罪己诏，做出重大妥协的前后，形势朝着对朝廷有利的方向发展。先是李抱真成功策反对朱滔心怀不满的王武俊，作为利益交换，朝廷听从马燧的建议，将深州（今河北省深州市）、赵州划给王武俊，李、王二人很快击败卢龙、回纥联军，本有称霸之心的朱滔自此退守幽州，于次年郁郁而终。魏博也遭遇了一场变乱，田悦被心怀不满的堂弟田绪（田承嗣之子）杀害，由于魏博实力大衰，田绪听从幕僚的建议，继续在名义上尊奉唐廷。当年五月，李晟收复长安，朱泚败死，结束了他大半年的皇帝梦。而就在王武俊、田悦、李纳得到德宗赦免，心照不宣地取消王号后，李希烈却僭号称帝了，但他对江淮的几番猛烈攻势都被官军一一化解，淮西军的生存形势每况愈下，李希烈也在两年后被部下毒杀。

这场规模并不亚于三十年前安史之乱的"四王二帝之乱"总算落下了帷幕。

时人一致认为，如果不是李怀光的救兵及时赶到，奉天已破，德宗必将沦为朱泚的阶下囚。但谁也没想到，由于君臣之间猜嫌日深，和当年的仆固怀恩如出一辙，李怀光最终也走上了功臣反叛的不归路。现代也有学者认为，正是因为神策军的一把手李晟在德宗默许下，出于为朝廷打压卧榻之侧的朔方军，多次妨碍李怀光的军事行动，导致对方心生反意。

兴元元年七月中旬，德宗做出最后一次尝试，遣使前往河中府（即蒲州，今山西省永济市）安抚李怀光，但对朝廷不满多时的朔方将士一拥而上，杀死言辞刚直的使者孔巢父，彻底撕烂了这层窗户纸。八月，德宗分别委任马燧、浑瑊为讨伐李怀光的东、西两路行营副元帅，此外华州（今陕西省渭南市华州区）镇国军节度使骆元光、渭北节度使唐朝臣、邠宁节度使韩游瑰各部也先后抵达前线。

本来，李怀光在河中府的北面遍布心腹，由他的妹夫要廷珍守晋州，将领毛朝扬守隰州，将领郑抗守慈州（今山西省吉县），不料被马燧一一派人说服，纷纷归顺。九月十五日，马燧率三万步骑攻打绛州，先是分兵攻取夏县、稷山、龙门等地，使绛州陷入孤立无援，最终在十月二十七日攻克了绛州外城，刺史王克同和大将达奚小俊弃城而逃，内城随之陷落，李怀光的势力范围只剩下了蒲、同二州之地。

到了第二年夏天，即贞元元年（785年）的六月之前，马燧军已经取得了节节胜利，先后攻下闻喜（今山西省闻喜县）、夏县、万泉、虞乡、永乐、猗氏（今山西省运城市临猗县）、宝鼎等地，尤其是在河中西北的陶城一役，官军射杀叛将徐伯文，斩敌一万余人，沉重打击了对方的气焰。接着，马燧分出兵力，亲自渡过黄河，和驻扎在同州（今陕西省大荔县）一带的浑瑊等军在长春宫会师。

战事到了紧要关头，朝廷马上就要赦免李怀光的消息却不胫而走，闹得长安满城风雨。

朱泚之乱才刚刚安定不久，境内又连年遭遇旱灾和蝗灾，需要用钱的地方太多，国库已经接近枯竭，无力支撑庞大的军费开销。加上灞水和浐水将要断流，长安城中的水井几近干涸，朝廷经费最多只能多支持七十天。度支物资难以为继，又因平叛的开支用度都由朝廷承担①，非但致使马燧大军被迫顿兵安邑长达数月，也引得京城议论纷纷，是战是赦，德宗本人为此犹豫不决。

听说流言蜚语，马燧立即在七月初入朝，当面向皇帝陈述不能赦罪的理由："李怀光凶恶悖逆太甚，一旦赦免，朝廷将再也无法号令天下！"不料，德宗却答复道："恐怕只有爱卿不宜斥责人家吧（惟卿不合斥人）。"天子是在埋怨自己救驾不及李怀光卖力？还是因为自己曾和李怀光并肩作战，担心平叛出工不出力？短短一瞬，马燧想了很多，冷汗直流。

偏偏一旁的李晟来了句："望陛下准臣自备物资，臣愿亲率两万神策军，独自讨伐李怀光！"意识到李晟的用意，马燧狠狠瞪了一眼对方，按捺住心中的怨气，撂下一句狠话："希望朝廷再支持大军一个月的粮食，我定能为陛下平定叛逆！"德宗只能继续相信马燧，为此下诏裁撤不必要的人员

---

① 即"食出界粮"常制。

和开销，但马燧、李晟这对老战友的关系也产生了裂痕。

疆场前线，另一位主帅浑瑊同样愁容满面，这位骁将老于战阵，却被卡在长春宫一年有余。其间，官军又曾在沙苑被大败，即便邠宁节度使韩游瑰的援军投入战场，仍未取得更大突破。

同州的长春宫矗立在地势高耸的强梁原（即朝坂）上，始建于北周，此处三面悬崖，东临黄河，与蒲州隔河相应，历来是易守难攻的战略要地。当年无论是李渊进取大兴，还是李世民经略东出，都曾把长春宫当作前沿基地，而今李怀光安插的叛将徐庭光手下虽然只有六千精锐，却也正是依托着有利地形，多次击败了浑瑊的攻势。

马燧回到行营，已是八月初了，他向诸将分析："不打下长春宫，就无法继续对付李怀光。然而长春宫地形险峻，防守戒备也甚是严密，我们如果执意攻打它，必定耗费大量时日！"对已经下了军令状的马燧而言，眼下的一分一秒都十分宝贵，既然动武行不通，就只能另辟蹊径了。不入虎穴，焉得虎子，马燧又做了一个大胆的决定："是时候由我亲自前往劝导他们了！"

长春宫的守军简直不敢相信双眼，官军的主帅马燧竟单枪匹马，径直行至城下，呼唤来人相见。徐庭光一向对这位英雄敬佩有加，率领将士列阵，齐刷刷向马燧下拜。马燧当即认定，这批叛军的内心已开始屈服，劝降的希望很大，为进一步验证自己的想法，他和缓说道："老夫从朝廷前来，你们应该向着西方接受朝命。"徐庭光等人果然又转而向西下拜，以示向天子敬礼。

马燧趁热打铁，继续展开晓之以理、动之以情的攻势："各位都是朔方军的将士，自从安禄山作乱以来，你们为国献身，建立至高功勋，已有三十年了，为什么要突然背弃祖先，叛离天子，做出这种诛灭家族的打算？如果大家听我一句劝，不仅可以免去灾祸，而且可以谋取富贵！"见城上众人缄默不言，马燧使出了必杀一击，索性敞开自己胸前的衣襟，大声说道："既然各位不相信我的话，那就赶紧放箭射杀我吧。"

此举一出，包括徐庭光在内的众人无不伏地痛哭，长春宫守军们长久以来的郁结，在这一刻终于得到了释放。这些朔方将士原本无意作乱，多是受到了李怀光的裹挟，又得不到朝廷的体谅，一直处在两者的夹缝中过活，马燧的坦诚相待宛若一场甘霖，将他们感动得一塌糊涂。马燧看出了他们的难处，连连安慰："这些罪行都是李怀光一人所犯，你们无罪，只管坚守城池吧，不要出来就行了！"守军异口同声，答应不再和马燧对着干。

确保背部不会遇袭之后，马燧留下镇国军节度使骆元光看守，同浑瑊、韩游瑰等部绕过长春宫这处硬茬，向东北方向进发，陆续扫清河西的叛军据点。八月初十，官军抵达了焦离堡（今陕西省合阳县东），守将尉珪很识时务，立即携两千人出降。时下，长春宫以东的河西地区基本全部易帜，徐庭光越发没有坚守的理由，骆元光见机行事，派人发起招降，孰料又生了一段插曲。

也许是骆元光曾为大宦官骆奉先养子的缘故，徐庭光恰又带有强烈的民族歧视，对本是安国粟特人出身的骆元光心怀蔑视。他不仅命人厉声诟骂，还让部下装扮成胡人，捎带骆元光的祖先加以嘲谑，极尽侮辱之能事，在城头扬言："我们只向汉将投降！"骆元光十分无奈，只好劳驾马燧回来一趟。

八月十一日，马燧从焦离堡回到长春宫下，徐庭光终于开门投降。马燧没有兴师动众，只带着寥寥数人骑马入城，对众人一一慰问安抚，丝毫没有展露出猜疑，守军为此深受感动，高声呼喊："我辈今日总算变回朝廷子民了！"就连之前没能强攻下长春宫的浑瑊，也对马燧的这一招攻心降敌大为敬服，不禁对僚佐有感而发："起初，我自认马公用兵和我相差无几，但很好奇他能屡屡击败田悦，如今观看他行军料敌，才知道我远不如他啊！"

马燧重新进抵焦离堡，当夜，叛军太原堡的守将吴同弃城逃跑，部众全部投降，引起位于河西的河中府西城一片惊慌。河中士卒们自相惊扰，一会儿叫嚷："西城的部队已经穿上铠甲了！"一会儿高呼："东城守军已经进入戒备状态！"眼看马燧率领八万大军渡过了黄河，河中叛军们再也无心恋战，不一会儿，就纷纷将旗号改为"太平"二字。

目睹降旗飘扬，李怀光知道军队已然失控，他无计可施，只好自缢而死。谁能想到，曾多次击破外敌，还为勤王护驾立下大功的名将，竟以一介反贼的身份惨淡落幕。李怀光的长子李璀忠于朝廷，但因父子亲情左右为难，在杀死两个弟弟后，他也随即自杀。

贞元元年八月十二日，朔方大将牛名俊砍下李怀光的首级，出城迎接官军，持续了长达一年多的河中之乱宣告平定。城中守军尚有一万六千人之多，马燧仍旧采取宽大处理，仅斩杀叛将阎晏、吴冏等七位顽固分子，其余被李怀光胁迫的人员则一律赦免。从在京城辞别天子，到平定河中之乱，马燧仅仅用了二十七天，若非马燧施展攻心之策，不可能在这么短的时间内妥善完成任务。

马燧如此得力，用实际行动表明了对天子的忠心尽责，总算让君臣之间的关系有所缓和。马燧回到长安后，得德宗赐宴，被迁为光禄大夫，兼任侍中相衔，回军太原时，德宗又赐予他《宸扆》《台衡》两篇铭文，并接受马燧的请求，亲自为之题额，可谓是荣宠至极，一时风光无两。

然而，马燧即将陷入敌人精心设计的圈套中，并为此付出几乎身败名裂的代价。

贞元二年秋季以来，吐蕃开启新一轮的入寇，频频侵扰西北地区，长安为此一度戒严，当年冬天，在吐蕃大相尚结赞的率领下，西戎铁骑甚至攻破了盐州（今陕西省定边县）、夏州（今陕西省靖边县北白城子）、银州（今陕西省榆林市）、麟州（今陕西省神木市）等地。应邠宁节度使韩游瑰的请求，德宗命镇国军节度使骆元光、陈许兵马使韩全义联合率军夺还盐州，马燧同样接到指令，进驻石州，降服摇摆不定的河曲六胡州，并把这些降人迁至代北地区。

转过年来，吐蕃军队损失了大量牲畜，粮食补给又没能跟上，又听说唐军的马燧、李晟、浑瑊三将都会有大动作，这让屯驻鸣沙（今宁夏中宁县东北）的尚结赞忧虑不已，连忙派遣使者向唐廷求和，但在德宗那儿吃了钉子。此前，马燧已被任命为绥、银、麟、胜等州招讨使，将与骆元光、韩游瑰、李晟、浑瑊等部一同进击吐蕃，但关键时刻，他却听信了尚结赞归还土地的承诺，于是留驻石州，不再渡河进逼，反而还向朝廷建议答应请和。

吐蕃一向言而无信，时任凤翔节度使的李晟强烈反对讲和，韩游瑰还提出了收复河湟的想法，马燧却因先前嫌隙，联合同样和李晟闹不和的宰相张延赏，一起高唱反调。敌军处于劣势，德宗起初也不愿放过报仇的机会，但马燧失去了理智，竟带着吐蕃来使论颊热从河东入朝，和张延赏争相强调议和的好处。德宗看中了联合吐蕃对付回纥的可行性，于是改变主意，不顾李晟等人的异议，开始谋划会盟，祸根就此埋下。

马燧入朝后，尚结赞部也从鸣沙安然离开，一直以来，这位吐蕃大相对唐廷名将们心怀忌惮，并提出："唐之名将，唯有李晟、马燧、浑瑊而已，此三人不除，必是我国大患。只要解决他们，唐土自然可得！"借着提出议和，一条堪称"一石三鸟"的奸计，在尚结赞的脑海浮现出来。

既然决定要与吐蕃言和，李晟这位主战派也就不适合继续留在前线了，以免影响两国和睦。德宗听从张延赏的建议，将李晟召回长安，虽然加授他为太尉、中书令，但罢免了他的实权。最让尚结赞头疼的李晟，从此被夺去兵柄，成了个吉祥物，吐蕃人的阴谋悄然间达成了三分之一。

贞元三年（787年）闰五月十九日，是唐蕃两国会盟的日期，地点则定在了原州（今宁夏固原市原州区）的平凉川（今甘肃省平凉市西北），就在朝会上，德宗还向诸位宰相自夸："如今两国讲和休战，这是国家之福啊！"也正是同一天，缔结盟约之际，潜藏在盟坛附近的数万吐蕃伏兵四起，对防备不足的唐朝使团进行了一场大屠杀，担任会盟使的浑瑊仅以身免，判官韩弇、监军宋奉朝等五百人被杀害，会盟副使崔汉衡以下的官员将领等千余人被俘，史称"平凉劫盟"，朝野大震。

尚结赞又别有用心地放回了马燧的侄子马弇等人，且声称："当初，如果马侍中渡过黄河，我们就要全军覆没了！请和能够成功，全赖他从中出力，如今我们又怎能扣留他的子孙呢？"德宗又惊又怒，再度对马燧失去了信心，对他心怀嫌恶，但念其有大功，并未加罪。

至此，尚结赞"假会盟，真阴谋"的奸计几乎得逞，不仅先后离间了李晟、马燧和德宗的关系，还俘虏了大批唐廷高官，可谓空手套白狼，非要说有什么美中不足，就是没能生擒浑瑊。

六月初五，马燧升任司徒，但和李晟一样，被剥夺了河东节度使的兵权，张延赏也惭愧恐惧，借病告假，在一个多月后就去世了。马燧因小怨而失公心，又误判形势，最终酿成了平凉劫盟，导致他从政坛上的巅峰跌落到谷底，这也成了他一生中最大的污点。

在马燧的最后岁月里，德宗仍在表面上给予了他极高的尊崇。贞元五年（789年）九月，马燧和李晟早已冰释前嫌，一同在延英殿接受了皇帝的召见，并享受到了图像凌烟阁的待遇。李晟在贞元九年的八月逝世，当年冬天，马燧一次入朝时，德宗忽然对他说："往日您都是与李太尉一同前来，如今只见到您，朕不免感到非常悲痛啊。"君臣二人哀泣良久，马燧不复昔日的英勇矫捷，在退后时竟因腿脚不便，跌倒在地，德宗和宦官亲自将他扶起，送到阶下。

不过，疑心与日俱增的德宗实际非常留意重臣之间的交往，甚至下令金吾卫专门监视侦察，全部上报给皇帝，直到贞元十四年才取消这一特务制度。据说，如果马燧和李晟的府上偶尔没有传出声乐，宫中就会派来中使询问："大臣今天怎么没有奏乐呀？"马燧的孙子出生后，德宗亲自为孩子赐名为"继祖"，私下里却对旁人笑道："这名字还有'以索系祖'，用绳索来约束他爷爷的意思吧！"可见，德宗对马燧的猜忌从未减轻。在如此种种夸张的监控和敲打下，马燧晚年的内心感受大概并不能舒服到哪去。

贞元十一年（795年）八月十七日，一生智勇双全，功过参半的名将马燧去世，享寿七十。

德宗虽然追赠马燧为太尉，还表示为他辍朝四天，但从追谥一事来看，他对马燧的不满直到对方去世仍未消除。因为，原本太常寺为马燧拟了谥号"景武"，恰和杨素、李靖两位顶级名将的谥号相同，规格相当之高。但德宗却以唐太祖李虎谥"景皇帝"为由，将马燧的谥号定为"庄武"①。

作为一员沙场经验丰富的战将，早年投笔从戎的马燧不同于泛泛武夫，

---

① 上一位得此谥号的，是北魏末年以敛财斗富闻名的章武王元融。

儒士出身的他极其擅长分析。他有高超的洞察力，能够准确把握未来战局以及天下形势的动向，从而做足万全的准备。而在具体用兵方面，他虽然不如李晟、浑瑊那般武勇，但更注重揣摩人心，曾精准地预判了李忠臣、田悦、朱滔、徐庭光等人的内心所想，并做出相应措施应对，巧妙化解可能产生的不安全因素，对敌人而言，这是一位很可怕的对手。

不同于李晟、浑瑊的后裔儿世显贵，随着德宗明里暗里的打压，马氏家族在马燧死后迅速衰败，直到湮没无闻，过了数十年，马燧的孙子里甚至有沦为乞丐者。昔日荣光早已不再，当年丝竹盈耳的马氏故宅，早在贞元年间就被宦官们强占，改建成了皇家的"奉诚园"。晚唐时节，每当文人墨客经行此处，透过墙角的一处缺口，窥见蒿草荆棘丛生的内景时，无不唏嘘万千。

兵权谋家之

王式

儒生靖难·晚唐名将

新旧更替

大和二年（828年）春夏之交，唐文宗李昂的心态比任何时候都要焦灼。

从去年八月就开始打响的河北战事，是李唐当局最受关注的一大热点。为宣示不容侵犯的权威，唐廷足足动用了七路大军，讨伐企图割据的沧州横海军叛首李同捷，河朔大地战火复燃。

本来单凭横海军这点单薄的家底，纵使李同捷死鸭子嘴硬，也双拳难敌来势汹汹的官军，迟早扛不住群殴。可就在这节骨眼上，魏博与成德两家老牌死硬派藩镇突然介入，拖长了整场战事的节奏！

眼见战争旷日持久，有增无已的巨大开销，让朝廷深感焦头烂额。天子眉头紧锁，不禁心生担忧：难道这一次，昔日德宗皇帝对军阀妥协的历史，又要重演了吗？

幸运的是，这个瓶颈期比较短暂，魏博节度使史宪诚经过儿子一番哭谏，仍旧响应号召，积极平叛。但此战仍然拖到了第二年，最终沧州投降，李同捷的首级被传至长安，才总算为这场战争画上一道休止符。

虽说朝廷经过一番波折，取得了平定横海的战果，却改变不了河朔三镇复叛、中兴成果付诸东流的一系列严峻现实。这就是后元和中兴时代的模样，王朝的诸多痼疾——地方藩镇专横、内廷宦官弄权、朝野朋党倾轧——已接连浮现到台面上来，大唐终是无可奈何地迈入了暮年。

晚唐，一个更加纷乱复杂的问题时代，正悄然到来。

忆往昔元和名将，李光颜与李愬已于数年前离世，横海之战前后，乌重胤和李祐也相继病逝。大唐可堪重用的将才，如鸟散花落一般，逐渐凋零殆尽。

天下长久不能宁定，正是用人之际，谁堪当帝国未来的名将？

问题青年

早在河北战火方炽时，天子脚下的长安，也爆发了一场惊动上层建筑的科场事故。

且说自德宗以来，历经顺、宪、穆、敬、文共六朝，数十年间宦官势力掌兵监军，渐成尾大不掉之势。坊间甚至长期流传一则重磅消息：英明神武的宪宗皇帝，正是死在这群阉人的手下！

而本案最大嫌疑人——手握神策军兵权的右军中尉王守澄，则凭借拥立穆宗、文宗两位皇帝，擅权跋扈将近十年，贪赃枉法、卖官受贿都是家常便饭，群臣多是敢怒不敢言。

可大唐自建朝两百年来，从来就不缺有胆识的人。

大和二年三月底，文宗登上宣政殿，亲自视察"贤良方正直言极谏"制科考试。就在这百余位儒生里，有一人挺身而出，在策论中洋洋洒洒数千言，实施精准打击，将宦官们骂得狗血淋头，痛斥当时人人心知肚明，却不敢直言的阉竖专权之弊病。

骂得实在是太过狠辣。要问此生姓甚名谁？敬宗宝历二年进士，幽州刘蕡是也！

本届的三位考官冯宿、贾𫗧和庞严，都是一时名士，读完刘生的文章，也无不嗟叹："即便是晁错和董仲舒，针砭时弊也不过这个水平！"但这几个人很快冷静了下来，毕竟谁也不敢贸然充当出头鸟，拿自己的仕途和性命开玩笑，只能昧着良心，忍痛给刘蕡亮起了一排"红灯"：对不起，你落榜了！

没有想到，这一次的正义之音不但有了回响，更激起了千层浪。

考官们违背了为国选才的初衷，此事一经曝光，长安的士人界一片哗然。谏官和御史们饱含热泪，撸起袖子，表示要与黑恶势力大干一场。宰相们则别无他法，只好顶着权宦和群众两边的压力，能拦一个是一个，企图平息此起彼伏的舆论乱流。

还有一位叫李郃的中举士子，向皇帝进言："刘蕡落第，我辈侥幸登科，又岂能恬不知耻？"更不惜提出请求，希望把自己的授官推让给刘蕡，用来表彰刘同学的忠直敢言！

当然，该项提议没被通过，除了不合规矩外，更重要的原因，是文宗示弱了。这一次，面对宦官们的淫威，年轻的天子空有恭俭求理之心，却深感势单力孤，终是没有勇气去直面梦魇。

而被宦官视为问题青年的刘蕡，仕途也被断送，余生鲜有起色，落得"英俊沉下僚"。但后人没有忘记他，毛主席就曾写诗赞颂："千载长天起大云，中唐俊伟有刘蕡。孤鸿铩羽悲鸣镝，万马齐喑叫一声！"

大和二年的这场贤良方正科，中第士子共有二十二人。其中不乏知名人士，比如不久前考中进士的大才子杜牧，比如后来都官至宰相的裴休、马植、崔慎由，知名度低一些的则有郑亚，他的儿子是后来传檄天下，击败黄巢的晚唐名相郑畋。这些才俊，多被世人视为未来的国之栋梁，平步青云指日可待。

但问题青年却并不止刘蕡，还有一人，同样在人群中显得尤其格格不入。

说起他，在后世的知名度远没杜牧、刘蕡那么大，在当时又是个饱受争议的问题人物。可在不远的未来，他却成了朝廷非常倚重的一代儒将，将要建立的勋业，也是同年们所不能及的。

众所周知，儒和将这两个群体，早在先秦时期就已存在，但二者合一为"儒将"，这一概念的产生，以及最早的文献记载，则要在晚唐才出现。直到后晋编修《旧唐书》，将刘仁轨和裴行俭这些楷模称为"儒将之雄者"，"儒将"一词才正式在二十四史中登场。北宋初年，朝廷编纂类书《太平御览》，其中的《兵部·儒将篇》，首次将历代儒将事迹汇编成集。

需要说明的是，从唐代到宋初之间，人们口中的"儒将"，并非一定得是科举进士出身的文人，一些自身文化素质较高的武将，也担得起这一称谓，比如功勋卓著的中兴名将李光弼。

大唐从不缺经天纬地的儒将，裴行俭、郭元振、韦皋等前辈，都是其中的佼佼者，世人也把"文武一体"的杰出才华视为荣耀。但鉴于后来文人掌兵多败绩，仅仅数十年后，就有人批判了晚唐儒将群体。

这位没有留下姓名的评论家认为："自宣宗大中年间起，唐廷往往把兵事视为凶兆，同时又视若儿戏，常常交给一些文人负责，这个做法由来已久。诸如卢潘、薛能等人，那些平日里宽衣博带的儒将，在庙堂上既拿不出可行的方略，在地方上又看不起武人。可他们一旦遭遇敌情，穿上了戎装，还不是马上就露怯了！"

"无论是韦昭度讨西川，还是张浚伐太原，几次由文官负责掌兵的削藩行动无不告败，这不恰恰证明，论打仗，行伍出身的武将才是一把好手，至于那些酸腐儒生，统统要靠边站！"

他提及的薛能，是晚唐自诩诗文天下无敌的著名诗人，此人曾留下颇显狂傲的一联："儒将不须夸郤縠，未闻诗句解风流。"这么一个不羁文士，最终为自己的傲慢付出了代价，死于兵变。

看吧，这就是所谓的手无缚鸡之力，傲慢且又不自知！

后人把儒将贬得一无是处，诚然有他的道理，可就在乏善可陈的晚唐儒将中，确实有个例外，他就是本篇主角——晚唐最后一位可堪重用的儒将王式。

王式，生于中古时代的望族太原王氏。他的父辈都是进士出身，伯父王播两次当上宰相，父亲王起则博览群书，是个学者型官员，深得几代天子敬重，官至尚书左仆射①。加上王起还有其他人不具备的优势，有担任了四届科举主考官的光荣事迹，可谓桃李满天下，被后生们尊为"当代仲尼"。

由于晚唐史料多有缺轶，在王式父亲是谁这件事上，在正史上的记载似乎比较混乱：《旧唐书》记王播是王式之父，而《新唐书》却记王起才是王式的父亲。得益于李宗闵为王播撰写的神道碑铭文，我们可以确切得知：王式的生父确是王起，只因王播无子，王式和弟弟王冰后来才被过继给伯父，唐人笔记也更多采用了这一说法。

---

① 本也是相职，但唐后期已无实权。

因此凭着伯父的权势，加上生父能被比作孔圣人的底蕴，王式体会不到，也没必要去体会刘蕡这些寒门子弟考取功名之艰难。打一开始，他就借父辈门荫，轻易得了个太子正字的九品出身。可身为宰相之子，这点品秩还是太低微了，和没入流差不了太多，于是乎镀金——考上制科混个功名，就非常有必要了。

众所周知，虽然李唐在隋代基础上确立了科举制，但其公平仍要打不小折扣，到晚唐，科场上的人情关系往往更加重要，甚至超过了考生自身的才学因素。就说王式，他成长在一个学术气息浓厚的家族，本身有真材实料，还有父辈们的人脉加持，自是波澜不惊地通过了大和二年这届制举，仕途更上一层。

由于在官场上一度遭受重大打击，王播晚年一改正直清明的作风，开始随朝局形势摇摆，交好宦官，得以二次拜相。王播也因此遭舆论唾弃，更被批评为"奸邪"，和斗重山齐的弟弟王起形成了强烈反差。

不巧的是，在这一点上，王式就像极了他的伯父。

史载王式年轻时就"巧于宦"，也就是说，他在做官这件事上很有天分，算是善于钻营取巧那一类型。有多会来事呢？具体而言，王播去世后，王式作为他们这一辈的老大，主动进取，通过与当红宠臣郑注交好，很快搭上了权宦王守澄的这根线，再怎么说，一笔也写不出两个王字嘛。

也许是王起老来得子的缘故，王式这个儒家子缺少严苛管教，生性放达，不但以好酒贪杯为乐，还经常出入长安著名"红灯区"平康坊。一次，王式亲眼碰见贼人持剑要杀他，所幸逃过一劫，才有所收敛。

除了拜宦官码头以外，其实王式并没有干什么出格的事。然而，有些宽于律己而严于待人，又犯了红眼病的所谓清流雅士，却不这么看了。每当私下谈及这个醉公子，他们总免不了拿他跟刘蕡做一番对比，言语中对王式满是嘲讽。刘蕡慷慨激昂的仗义执言仍在世人耳边回响，因此对王家这块略有微瑕的白璧，人们自然少了一些宽容。

虽然喝得烂醉，王式内心却比任何人都要清醒。家族本支在父辈这代好不容易发达，他明白身为长子的责任，为了门望不衰，做出一些牺牲是有必要的，即便要抛弃尊严，结交阉竖。

骂便骂罢，今朝有酒今朝醉，人皆不知我独醒！

江湖沉浮

大和九年（835年）十月，在重振皇权一事上走了不少弯路的文宗，终于迫使一代权阉王守澄下台，并用一杯毒酒送他上了路。

取而代之的朝廷掌门人，是郑注和李训这对新贵。后台没了，但这场政坛地震对王式并没有产生太大的影响。原因很简单，不仅郑注是老熟人，宰相李训也是王起的门生。

所以李训掌权后，特地将王起从地方召回朝廷，打算援引为宰臣。既然李训要借用老师的声望，当然不会拿恩师之子怎么样了。何况郑、李二人都是靠依附王守澄发迹的，只不过现今反咬一口，翻身做主罢了，谁也别说谁更崇高。

如无意外，王起便能够顺利拜相，可这个世道实在变得太快，让所有人都措手不及。

就在王守澄死后一个月，震惊天下的"甘露之变"爆发。计划将宦官一网打尽的李训，在文宗和郑注都不知情的前提下仓促起事，夺权未遂，遭到了宦官势力的反扑。出离愤怒的宦官们率领神策军，在皇城内外大开杀戒，官员群众近两千人死难，李、郑二人的时代如过眼云烟，文宗再失左膀右臂。经此屠戮，朝列一空，以左右神策中尉仇士良、鱼弘志为首的宦官们重掌话语权，政局面临着新一轮的洗牌，长安又要变天了。

好运又一次眷顾了王氏家族。在进行政治清算时，由于王起的德行一向有口皆碑，文宗和宦官并不打算把他怎么样，只是罢免了他户部的职务，让老人家继续当兵部侍郎。

至于年轻人嘛，恐怕不免就得吃点苦头了。转至第二年（836年），新任御史中丞归融放了一把火，以结交郑注为由，对他的下级，时任殿中侍御史的王式发起弹劾，就这件事，王起也帮不了儿子更多。接连失去了两座官场上的靠山，王式遭遇了人生第一个低谷，被贬到荆州（今湖北省荆州市）任江陵少尹（江陵府副市长）一职。而这一贬的力度委实不小，接下来的整整十年，王式长期辗转外地，难得返回长安一次。

也就在这些年里，文宗的继任者武宗锐意进取，重用李德裕，并提拔石雄、张仲武等新生代名将，先后击溃回鹘、平定昭义，创下久违的中兴局面。至于处江湖之远的王式，朝虽然廷并没有再找他的麻烦，但丰功伟绩也同他无缘。不过可贵的是，远离聚光灯的王式也并未消沉下去，只是低头做事，没有多余怨言。随着时间的推移，人们印象里这个旷达得过了头的贵公子，不知不觉间已经淡出了公众视野。

很多年后，一封家书送到了王式的面前。大中元年（847年）四月，晚唐德高望重的名臣王起，在山南西道任上去世，享年八十八岁，获赠太尉。于外人看来，一代儒宗生荣死哀，这辈子可谓圆满，但对王式而言，这份丧父之痛，自是他人无法感同身受的。伯父和父亲都已去世，这意味着王式的人生路上，再无父辈的庇翼，他该好好为自己做打算了。只是没人料到，这个曾有坠门风的放荡儒生，拭去泪水之后，将凭靠自己的实力，闯出一条名将之路！

守制过后，淡出朝局多年的王式大胆地迈出了向朝廷自荐的那一步，结果还不错。这不光是因为金子早晚会发光，更因为在王式身上看到巨大潜力的掘金者，不是别人，正是有"小太宗"之称的宣宗李忱。宣宗皇帝在历史上以韬晦半生闻名，初登大宝，就撕破前几十年为自保而装疯卖傻的伪装，踢开了看不顺眼的宰相李德裕，准备大展身手，开创一番属于他自己的事业。

不过根据现代一些学者的研究，真正的宣宗实则不曾大加伪装，而是本来就和大宦官们关系匪浅，借此上位。但不管怎么样，他即位后，王式的仕途确实时来运转。据文献记载，最晚在大中四年（850年）年底时，王式已回朝做了秘书少监，还为老资历宦官似先义逸撰了墓志文，此前还曾出任京兆少尹一职。

或许在宣宗看来，一切都是最好的安排，王式的归来恰到好处。有着相似经历的宣宗慧眼识人，可能还掺着一些惺惺相惜，觉得这是个不可多得的人才，决定重用王式。后来的事实证明，宣宗的决定无比正确，这一投资，将让两代大唐天子受益良多。

不久后，王式又被派往河东地区，任晋州刺史一职。这并非宣宗认为王式历练得还不够，而应该是他深知以王式之才，若仅是把他安置在脚下，做个首都副市长，岂不是委屈了他？河东离长安说远不远，说近不近，王式将交出第一份优秀的答卷，从而报答宣宗的知遇之恩。同时，也向世人证明：虽然他走了宦官的门路，虽然他性情放荡不羁，但他同样可以是一个好人，也是一个好官！

王式甫一上任，一场百年罕见的大旱来袭，山西地区严重歉收。在这紧要关头，王式充分展现他出色的行政能力和高速的办事效率，大力整治辖区的邮传驿站，确保消息传播通畅，使得赈灾工作顺利开展。当其他州县多数怕麻烦，不愿接纳流亡百姓时，仅有王式真正称得上是父母官，大开州境，让数千灾民渡过难关。

天灾到来时，对民间往往是一碗水端平的，同样没饶过少数部族"特峨胡"的聚居地。然而，这些胡人却不怀好意，居然对王式的善心打起了歪脑筋，想要乘机进犯，好好捞他一把！

王式早已考虑周全，等待这群危险分子的，是戒备森严的晋州。胡人面面相觑，没有谁敢当出头鸟，只好打道回府，一路上相互转告："新上任的晋州刺史可不好惹，谁要是想不开了，尽管去触这个霉头吧！"

世人从此对王式刮目相看，而宣宗也继续展开对王式的重点培养。

又过了几年，距王式中制科已经整整三十年，他也承袭了生父王起的魏郡开国公爵位，算是朝廷对他多年来政绩的一种肯定和酬赏。但这一次，经过慎重考虑，皇帝决定再交给王式一个更加艰巨的任务——远赴大西南，摆平安南都护府多年以来的乱局！

立新功，交趾扬威

一直以来，安南都护府都是大唐防范强敌南诏国的重要基地与屏障。

但就过去几十年的历史来说，安南（治所交州，即今越南河内市）实属"难安"。其间交趾不仅多次遭到了南诏和其他少数民族部落、王国的侵犯，内部也发生了多起兵变，安南都护们的人身安全，也开始得不到保障。

火上浇油的是，数年前，原安南都护李涿为官贪婪暴虐，又擅自杀害了从南朝齐、梁以来统治一方的世袭酋豪杜存诚，引发群蛮震怒，导致他们一下转投了南诏，频繁侵袭，使安南形势瞬时陷入水深火热。

作为海上丝绸之路的重要站点，交趾本是仅次于广州的商贸繁荣之地，但在现如今，别说是作为赋税重地，有多年没向朝廷按时按量缴纳贡赋，就连自保都已经成了问题。

李涿被贬后，历任都护皆无计可施，安南存亡成了亟须解决的一大难题。

大中十二年（858年）年初，肩负重担的新任安南都护兼经略使王式，从长安出发，不远万里直奔西南，历经数月后，总算经由水路抵达了交州。

初来乍到的王式自是没什么闲情逸致，来领略这从未见过的异域风情，在视察完交趾周边环境后，他紧接着就下达了一条命令：收购木材，越多越好！他要的是一种叫芳木的当地特产，质地十分坚韧，用它搭建的栅栏，能用几十年。为进一步加固城防，王式还在这些芳木墙外挖掘了深沟，城中军民可以用水灌注壕沟，充当护城河。王式还在壕沟外围种下一大片芳竹，这种植物坚硬而且带刺，大大提升了外敌入侵的难度。从北宋到明清，岭南一些地方专门在城外种植芳竹御敌，就是采用了王式当年的老办法。

也许有人会感到疑惑，王式能想到的办法，难道前人都想不到吗？

此言差矣，早在二十多年前，当时的安南都护田群也想过设栅，只不过他和继任者们实在全是一根筋，既要百姓自主出力搭建，又不忘加大每年征收缗钱的力度，结果非但围栏一直无法完成，还闹得怨声载道。

只有王式明白既要办实事，但更要爱惜民心的道理。所以，王式索性从府库掏出一年的税钱，向民间购置苫木，雇工造墙，如期完成了这道周长达十二里的栅栏，其效率和眼界，远非前人可比。

如此一来，敢想敢做的王式由内到外，布置了木栅、深沟、竹林三道防线，交州外城一时固若金汤。但他也知道，只是光靠严防死守，一味当缩头乌龟，往后日子照样没法好过到哪去。

城池是死的，可人是活的，所以王式马上开展了另外一项重要工作：练兵。不过，在正式对安南军开展"医治"前，王大夫不忘分析病情，先行割除军队中危害最大的那颗毒瘤——骄兵悍将。

当时军中有个叫罗行恭的都校，专权已久，前几任都护被驱逐或被杀害，此人逃不了干系。也难怪了，罗行恭麾下有两千精兵，而都护们所能直接掌握的，竟然只有几百老弱病残！不除掉罗行恭，军队断然无法发挥出它真正的作用。王式抽空把罗行恭叫来，一声令下，怒斥其罪过，狠狠杖责一番后，将其贬黜到边远地方。此举一出，全军上下都被王式震慑住了。

但令人不解的是，罗行恭之前那数千护卫，没有一人肯站出来向王式发难。可惜史料没有记载，王式是用了什么办法，让军队乖乖听命于己。王式本应没理由对罗行恭开恩，但就此人没有被杀来看，王式应该是和军队高层进行协商，达成了某种一致，所以他也不能神通广大到把事情给做绝了。

接着，又经过了几轮汰劣存优，加上井然有序的操练，安南军的精神面貌很快焕然一新。

检验成果的机会说来就来，不多时，南诏及群蛮的联军再度大举进犯，距交州城只有半天的路程。

唯独王式不急不躁，气定神闲，只是派去一个胆大的使者，同蛮军首领交涉。一席话无不切中对方的要害，但具体的谈话内容，史书同样没有记载，意味着王式又给后人留下了一个不解之谜。

只有一点是确定的，这招攻心计效果显著，南诏联军来时声势浩大，溜时不声不响，一夜之间悉数撤离。为免唐军发飙，他们还不忘派人回复王式："真对不住，我们只是来追捕叛逃獠人的，绝非要开打！"

不战而屈人之兵，王式是高明的，但作为对手，他就是可怕的。有时，一桩暗局的个中权谋最高明之处，往往在于你猜不透对方的下一步动作时，他实则已经落定棋子，并把你的后路都堵死了。

看到这里，如果仍有人认为，王式不过是一介惯用雕虫小技的书生，那他或许要为没与王生为敌，而感到庆幸。单就这次的行动之前，王式已经打造了一套坚不可摧的城防体系，训练了一支兵精粮足的强劲之师——正是在完成这些工作的前提下，他才能够有底气，成功恫吓住南诏联军，又怎能说只是运气好？

运气固然重要，但在这个人心险恶的蛮荒江湖，如果只依靠诡计，王式也一定是混不长久的。而王式之所以能成为独当一面的名将，还在于他的过人胆魄。

安南之所以连年动乱，还因为当地长期存在一群唯恐天下不乱的危险分子，也就是所谓的地方豪强。直到王式到来，先后顺利整军退敌，让作威作福惯了的黑恶势力不禁慌张起来，于是决定抢先发难。

这群实力不容小觑的刁民聚集到一块儿，全副武装，在一个夜晚包围了交州，擂起战鼓，用威胁的口气大声喧哗："请都护回到北方去，我们自己可以摆平动乱，就不劳您费心了！"

处理完一天繁忙的公务，王式正在府衙吃晚饭，享受难得的片刻闲暇时光，就听到有人劝他出城避祸。嘁，逃避是懦夫和蠢汉的做法，要是出了交州城，不说几时才能回来，能否保住小命都是疑问！

"只怕是我一挪脚步，交州城就要被攻破了吧。"王式还是那么镇定，答复了一句，慢悠悠地用完了晚餐，才不慌不忙地披上战甲，率领左右将佐登上城头。

一声令下，唐军竖立起了大将旗。很快有人就感到慌乱了，对王式此举大为不解。这不是等于将自己的位置暴露给对方吗？万一对方带来什么远程杀伤性武器，这不是自寻死路吗？！

王式笑了笑，没有作答，只是坐上交椅，清了几下嗓子，随即向城下"开炮"，厉声斥责乱民漠视大唐法纪的不道德行为！不愧是御史出身，这一骂就镇住了城下黑压压一片，刚刚还无法无天的乱民们。

本以为这个看似手无缚鸡之力的文弱书生，只要给他几分颜色看，就会像之前都护们一样乖乖就范。没想到要是论嘴仗，这位浑身是胆的王都护才是王者水平！还有个别眼尖的，发现城上已经偷偷布置好了弓弩石炮，正对着自己。胆一旦被吓破了，短时间内是很难恢复的，乌合之众纷纷作鸟兽散。

王式没有向他们发起追击，并非大发慈悲，只因天色已晚，要开展工作毕竟是棘手一些。仅仅到第二天，一经查清乱党的名单，王式就派人把为首者全部逮捕，连口头教育都免了，直接悉数杀头，杀鸡儆猴！事实证明，对这些屡教不改的刁民来说，见了血比什么教育都好使，安南的民间秩序就此转向安定。

打铁要趁热，王式又使了一招离间计，让群蛮闹了内讧，迫使其中的大刺头杜守澄逃亡而死。群龙无首，蛮人也难以闹事了，前人留下的历史遗留问题就此解决。

就在王式短短时间内的治理下，安南都护府重回正轨，恢复了生机勃勃的模样。不但军民安居乐业，周边的占城、真腊等国度，也纷纷主动遣使通好，恢复了友好关系，大唐声威重新响彻南洋！

王式超额完成了天子的任务，为后人树立了典范，可国家实在太需要他，没给他留太多的闲暇。

东南方向风云突变，王式也将在那里，打造军事生涯中最为荣耀的一件巅峰之作。

风波恶，浙东乱起

夕阳无限好，只是近黄昏。李商隐，这位在官场上颇不得志的旷世奇才，已在唐宣宗大中末年去世。而宣宗李忱维持了十余年的"大中之治"，在晚唐的天际投下了最后一抹余晖，业已无法遮掩远方正凝聚翻腾的黑色云浪。

宣宗末年，官僚腐败，民不聊生，作为帝国财赋重地的东南方，更接连爆发数起兵变。虽然它们规模不算大，很快被一一平定，但现状无不在向世人宣告一件冰冷的事实：大唐王朝没落的序曲，已经奏响。

大中十三年（859年）十二月，宣宗去世后仅四个月，唐末农民起义的第一枪打响了。

长期在浙东一带活动的宣州宁国（今安徽省宁国市）人裘甫，竟然带着仅仅百余人，就攻陷了明州（今浙江省宁波市）下属的象山县（今浙江省象山县）！官兵屡战屡败，明州守军畏敌如虎，索性在白天也关起城门来，整个浙东霎时一片骚乱，

该地区的最高行政长官浙东观察使（治越州，今浙江省绍兴市）郑祗德不敢掉以轻心，连忙调出三百人，配合另一支从台州（今浙江省临海市）北来的部队，前往平叛。

按说两支部队凑在一块，少说也有五六百人，对付裘甫那一百人应该不成问题。但计划往往赶不上变化，由于大唐对江南的压榨日深，人心失望，导致叛军的数量正如滚雪球一样倍增，多达千人。交战结果毫无悬念，桐柏观（今浙江省天台县西北桐柏山）一战，官军全军覆没，郑祗德派去的主将一死一逃！

转至大中十四年（860年）正月十四日，裘甫攻陷剡县（今浙江省嵊州市），随即就在城里过上了元宵节，大有直逼浙东首府越州的势头。

当时，两浙地区承平已久，数十年没有大动兵戈，府库里的武器装备破败不堪，完全不能投入使用。郑祗德火速发起招募，可没想到有关部门官员到了这时候，竟还想着贪图营利，导致招来的士卒，全是一些老弱，晚唐吏治的腐败暴露无遗。郑祗德别无他法，竟然病急乱投医，胡乱添油，再派将领三人带着这批用来充数的五百人观光团，企图收复剡县。

叛军完全不屑一战，先是假装败逃，后用常见的半渡而击和决堰之法来对付官军。更让人大跌眼镜的是，庸将们不知是计，就在嵊州西南的三溪交汇处，连同几百官军，一起稀里糊涂做了水鬼。败报传来，郑祗德不禁大惊失色：反贼那边有高人在！这下无论是数量还是质量，都难以取胜了。

此言非虚，在裘甫团伙的高层，谋主首推大将刘暀，论武勇则有刘庆、

刘从简等人，这一集团也可谓是麻雀虽小，五脏俱全。至于裘甫是什么来路，史学界一些方家推测是私盐贩子，这也就是起兵之初，他有足够战力和财力的原因所在。

叛军很快发展到了三万人，形势一片大好，于是裘甫在剡县大开府库，招兵买马，干起了称霸一方的事业。虽然仅自称天下都知兵马使，裘甫却建立了自己的年号"罗平"，还铸了一方上刻"天平国"的大印，从此，就算是正式在江湖上名扬一方了。

至于郑祗德那儿，虽然请来了邻镇浙西、宣歙的强援——宣润弩手，但本地的老爷兵们却出工不出力，临场不是自称有病，就是装作堕马受伤了，让郑大人是气不打一处来，最终未能成行。

越州城中的士民们也不抱太多希望，打点行装，置办舟车，随时准备跑路，浙东乱象"声震中原"。

消息传到长安，新即位的皇帝龙颜大怒，完全无法容忍裘甫自立山头的做法。先帝尸骨未寒，就有如此宵小胆敢放肆，要是不还以颜色看看，朝廷的面子往哪里放！

在历史上，虽然这位唐懿宗素以没心没肺的昏庸形象示人，但他并不愚蠢。即便郑祗德的儿子郑颢是他亲妹夫，但在这种情势下，这等草包无论如何是不能再用了，只得与众臣商议，垂询平叛人选。

宰相夏侯孜是当时为数不多的有远见卓识者，提出了至关重要的一点："叛军能够闹得风生水起，离不开对他们有利的地势，而浙东一带山高水远，地貌地形十分复杂，臣认为只能智取，不可强攻。"

接下来的话，就很重了。"老臣丑话说在前头，在朝武臣恐怕无人可用！"

话说到这，老人家的意思其实很明确了，要想成功平叛，须让一位懂得山地作战的专家带队。放眼举朝，还有谁适合完成这项任务呢？恐怕也只有坐镇安南，有丰富山地作战经验的王式了，专业的事，还得专业的人来干。

"依相国所言，何人堪当大任？"懿宗眉头紧锁，没闲心继续猜谜了。

"安南都护王式，虽是儒家子弟，但他在交州的表现有目共睹，正是威震华夷，远近闻名。臣认为他可担大任！"

没想到吧，今时国难当头，被推举出来平乱的，正是当年被你我嘲谑的那位醉公子！

大中十四年三月初，接到召唤的王式，回到阔别两年之久的长安，朝见新领导懿宗皇帝。这次回来，王式难免有感物是人非，谁能想到，安南之行前宣宗的托付，竟成了君臣二人的最后一别。

与这位新委任的浙东观察使初见，懿宗也不多寒暄了，直接询问平叛方略。王式的答复很简洁明了："只要陛下调拨给我的军队足够多，一定可以破贼。"简而言之，我要人，你得给。

话音刚落，在场的一位大宦官打断话头，酸溜溜地说："要是动员军队，费用太多！"

哼，可真是皇帝不急太监急。王式当即好好算了一笔账："臣这么提议，正是要为国家珍惜物力，节省费用。假如军队够多，破敌自然容易，费用自然节省下来；要是军队太少，破敌反倒困难，时间一旦拖得太久，只会导致贼人的力量日益扩张，到时候，江淮地区的乱民们势必蜂起，互为响应。当下朝廷用度，全靠江淮供应，一旦这条经济动脉受阻，恐怕国家的费用才是要无穷无尽了！"言毕，王式不忘瞥了那位宦官一眼。

增加军费和整个江南相比孰轻孰重懿宗还是拎得清的，扭过头来，对插话的公公斩钉截铁吐出几个字："都听他的！"同时下令让许州忠武军（治今河南省许昌市）、滑州义成军（治今河南省滑县）、徐州武宁军（治今江苏省徐州市）以及淮南（治今江苏省扬州市）这些藩镇，各自派出军队向王式报到，统归王式指挥，奔赴浙东平乱。

裴甫也没闲着，他再接再厉，把目光投向了南方的衢州（今浙江省衢州市）、婺州（今浙江省金华市）等地，但有赖当地守将殊死抵抗，叛军未能得逞。于是，裴甫只好分兵，继续攻略力量较为薄弱的明州、台州地区。不多时，唐兴（今浙江省天台县）、余姚（今浙江省余姚市）、慈溪（今浙江省宁波市慈城镇）、奉化（今浙江省宁波市奉化区）、诸暨（今浙江省诸暨市）等地全部被攻克。最后，裴甫攻下宁海（今浙江省宁海县），将此地作为自己的大本营。

也就在这一期间，裘甫犯了第一个将影响其结局的错误。

叛军每攻克一处，便俘虏平民中的青壮年，却把老弱妇幼残忍屠杀，这一暴行激起了剩余州县的民愤：与其让贼人攻破家门，落得个妻儿不得好死的结局，那还不如拼了！于是，前不久被攻陷的象山，再次改换门庭，叛军却怎么都啃不下来，象山军民的殊死抵抗，也为平叛大军的到来争取到了时间。

王式就要到了！这一消息马上传遍了浙东。裘甫当时正和党徒们一块大碗喝酒，听说唐朝大军正马不停蹄地赶来，领军之人还是那位安南名将，一下子没了作乐的兴致，愁眉苦脸起来。

只有叛军的头号谋士刘暀，保持着清醒的头脑，他认为王式智勇双全，难以阻挡，用不了四十天就会抵达，所以没时间发牢骚了，当务之急是定下应对之策。

刘暀向裘甫建议："应当赶紧攻下越州，夺取粮库，分出五千人固守西陵（今浙江省杭州市萧山区西兴镇）这一重要据点，沿着钱塘江修筑营垒。其次，主动北渡长江劫掠扬州，充实军队力量，重新修筑石头城（今江苏省南京市西北），届时宣歙道（治宣州，今安徽省宣城市）、江南西道（治洪州，今江西省南昌市）一定会有豪杰响应！解决了江东，最后再派刘从简走水路南下，袭取福建地区，从此唐廷最为富有的贡赋之地尽在我手，主公还有何忧虑！"

这堪称是刘暀版的"鲁肃榻上策"，为裘甫提出了割据江东的战略新思路，也许不一定实现，但总比龟缩在浙东一隅强得多。英雄所见略同，刘暀之言和王式所担忧之事，正好不谋而合。如果裘甫一一照办，相当于切断了唐朝至关重要的大动脉，势必引发更大的混乱，让朝廷自顾不暇，叛军就能高枕无忧一阵子。然而，裘甫毕竟只是一个盐贩，自身的狗熊本色这时候也藏不住了。被王式吓得惴惴不安的裘甫，哪还有心思展望未来，于是推托醉酒，明日再议，气得刘暀直跺脚，愤愤退下。

军中还有一位叫王辂的进士，得叛军以礼相待，但不知此人是不是怀着曲线救国的心思，也顺便提出了自己的看法："当今还没到天下大乱，要当孙权，并不可取。不如先效仿东晋末年的孙恩和卢循，裹挟部众扼守险要，形势危急时，还可以逃到舟山群岛避难！"

相比刘晔的积极进取，王辂的建议要保守得多，但结合叛军实力来看，不能说就完全是错的，只能说与雄踞一方无缘了。裘甫没有正面回应，但内心已经做出了选择，在接下来采取了守势。

然而，裘甫既有称霸江东的宏图，也舍不得最初那点甜头，他执着于强攻小城象山，这就是他犯的第二个大错，也是最致命的错误。

天予弗取，必受其咎，裘甫没有意识到，他的覆亡已经进入了倒计时。

而王式将要告诉世人，他，才是这场大戏真正的主角！

平东南，风流云散

与叛军的纵兵劫掠、杀人无度形成了巨大反差，王式非常注重军事纪律。

还没抵达浙东，王式就发现义成军的仪容不整、军纪败坏，于是做出要将其主将法办的姿态，过了几天，又将其释放，从而达到威慑的效果。自此，官军在王式的统领下号令严明，对地方秋毫无犯。裘甫的消极应付，使得王式一路通畅，抵达了西陵，但就在此地，却遇见了从叛军来的请降使者。诸将大喜：难道是裘甫畏惧大军，准备举白旗了吗？

不料，王式一言戳破了对方的诡计："裘甫必不会投降，他只不过是想派人刺探我军动静，并用示弱来让我们心生骄傲，放松警惕罢了！"呵，想在本官面前玩心理战，你裘甫还嫩了点！

"你给我听好了，告诉你家老大裘甫，如果他能把自己绑起来，亲自投降，我倒是能格外开恩，免他一死！"在唐军的讥笑中，裘甫的使者黯然逃去，王式也顺利来到了越州，同郑祗德进行政务交接。

坐镇富庶之地，浙东观察使本是一大肥差，眼下却成了火山口，让郑祗德急得团团转，现在朝廷来人了，他自然是乐见有人来顶替的。郑祗德是要拍屁股走人了，那些磨洋工的老兵油子却还在，但不要忘了，王式可是见了不少世面的，只要他愿意，可以有一百种方法整治他们。

接风酒宴上，王式让诸将宾客一同痛饮，他自己本也是好酒之人，现在却以有要事在身为由，滴酒不沾。这场宴会一直开到夜间，点上了蜡烛，众人继续作乐，王式放了话："现在我来了，叛贼如何能妨碍我们饮酒作乐呢？各位请尽情享乐！"

众人始料未及，第二天的王式就换上了另一副面孔，重新修订军令，严格执行军法。

威德俱施，双管齐下，军中上下对新来的王观察使心服口服，再也没有怯战之人。

王式还是发现了越州的异样，城中不但夹杂着裘甫的间谍奸细，甚至还有不少官员将佐暗通款曲，收容叛军中那些假意投降的将领，用来充当叛军破城之日保全家小的条件！长此以往，官府的计划和暗语，在叛军那里都不再是什么军事机密。

但要说玩谍战，那裘甫这回可以说是遇上祖宗了。王式暗中查明一切，将那些通敌之人全部施以严刑处理，同时大力整顿出入门禁，加大安检力度，在夜间也加强人手警备，一举就让裘甫失明失聪了！

见招拆招的同时，王式还留意到，平叛队伍中虽然已有宣润弩手和成建制的官军加盟，但唐军极其缺少机动力强、能打硬仗的骑兵，要是能有一支骑兵，打起仗来就事半功倍啦。办法总比困难多，王式打听到江淮有一些被发配的吐蕃、回鹘俘虏，精通鞍马骑射，当即要来名册进行筛选，最终得到一百多人。

自打从西北来到南方，这些异族人就被军吏们当成囚犯对待，穷困至极，吃不饱也穿不暖。王式到来后，当即下令宴请他们，给予厚赏，又接济其父母妻小。目的就是让他们知道，从今以后，自己作为国家军队中的一员，背后有大唐撑腰！

对于这百余少数民族兄弟而言，这份礼遇无疑是雪中送炭，他们无不感动得热泪盈眶，发自肺腑地高呼：定尽心竭力为王将军效命！随后，王式又向朝廷要了两百匹骏马，并用同样的办法，征得了几批流落越州境内的吐蕃、回鹘族人，如此一来，骑兵问题便迎刃而解。

这就不得不提到另外一个人，他就是推荐了王式的宰相夏侯孜。

虽然懿宗把指挥大权交给了王式，却仍旧忧心忡忡，唯有夏侯孜对王式充满信心，请皇帝也把心放在肚子里。而老相国也并没有给王式施加压力，而是去信："你大可专心讨伐裘甫，至于军中需要的粮仗衣物，不管多少，朝廷一定会全力支持！"所以有个好领导至关重要，如果都是裘甫这样的猪上级，那么别说王式能否战胜，要是一旦战败了，事后可能还要被问责。

有宰相大人鼎力相助，王式提出的合理要求一应俱全，除了先前的忠武、义成二镇领命加派人手，就连山西的昭义镇也派来了援军，先后抵达越州。

清理完门户，增补完人手，先期的准备工作已就绪，王式要开始对裘甫出招了。

第一步，王式令各州县大开粮仓，专门赈济穷苦百姓。有人十分不解，向主帅提出忠告："贼寇还没消灭，我军正需粮食，不该用于他途。"王式的嘴角微微上扬，说道："这就不是你能明白的了。"

第二步，王式专门选了一些平时表现得非常懦弱的士卒，让他们骑上战马，却分配很少的武器，去充当侦察兵。底下人虽然不解，但也不敢多问，只是请求设立烽火台，收集叛军远近多寡的情报。王式婉拒了这个提议，且同样没有回答原因。

第三步，王式接受了叛军将领洪师简、许会能的投降。得益于王式威名远扬，叛军中不少人都生了弃暗投明之心。王式来者不拒，经过一番整顿，他有这个自信，量叛军也翻不出什么水花来。当然，王式也是精明的，将他们的部众编入前锋，说难听点，就是当一回炮灰，同时承诺为他们请官求赏。

大中十四年四月下旬，王式兵分两路，宣布出师。

东路军由宣歙将领白琮、浙西将领凌茂贞各率本部，昭义将领韩宗政带领地方民兵，共计一千人组成，由将领石宗本率刚出炉的骑兵队充当前锋。王式命令这批队伍从上虞直扑奉化，目的在于围魏救赵，化解象山之围。

南路军的任务也很艰巨，义成将领白宗建、忠武将领游君楚、淮南将领万璘领命，各率本部南进。王式吩咐他们：不管剡县，先直扑台州、唐兴一带，会合当地民兵拔掉叛军据点，减轻东路军的压力，最终目标不变，就是拿下叛军巢穴宁海，活捉裘甫！

最后，王式还要托付一下紧要之处。

"大家听我号令，不可强攻险要，不可焚烧民居，不可滥杀冒功！至于那些被迫做了贼寇的百姓，应当鼓励他们投降，所有俘虏概不过问，全部释放！"

"我也知道你们在关心什么，叛军的金银财宝，只要你们取得，就归你们了，官府不会过问！当然，也不要因为哄抢，让自己人闹得不愉快！"三军闻言，无不振奋。

既照顾了民心，也照顾了军心，大家都有利可得，王式是当之无愧的心理战大师。

接下来的一段时间，首先是南路军所向克捷，接连攻克叛军据守的沃州寨、新昌寨，大败叛军骨干毛应天，攻克唐兴。至五月中旬，南路军进一步深入，在海游镇（今浙江省三门县）再破叛军，甚至把对方逼得躲到了甬溪洞（今浙江省天台县东）中。

唐军将领们不禁笑出了声，难道以为躲起来，就拿你们没办法了吗？遂将这一带全部封锁起来，就算打不死，也要饿死你。叛军不是天兵天将，终究熬不了多久，过了一星期后只好发起突围，遭到南路军的迎面痛击，只得钻回洞去，不敢再冒头了。

甬溪洞战后不久，南路唐军又攻破了叛军将领刘平天的大营，接着发起十九次攻势，竟然提前完成任务，一举端掉了裘甫的大本营宁海！

气急败坏的刘暀痛斥裘甫："当初如果采纳我的建议，拿下越州，怎会落得今天这般下场！"还不够解恨，他又将王辂这些进士一律斩首，破口大骂："坏我大事的，都是你们这些身穿绿色官服的青虫！"虽然王辂已死，但裴甫和刘畋也不得不照他之前说的办，准备逃到海里去了。

一切尽在王式掌握之中，如果连这一层都想不到，他就不是王式了。"贼寇走投无路，又缺少粮食，一定会向大海逃窜，那样的话，恐怕就不是几个月能解决的了！"所以，王式早就派出联防舰队，在沿海一带巡逻搜捕，又让人紧急封锁了入海口，为的就是断掉裴甫后路。

入海无门，丢下近二十艘战船后，裴甫只得带着万余人，退往宁海西南的南陈馆。而东路军此时已经化解了象山之围，自然不希望一直是南路军吃独食，很快杀向南陈馆，大败裴甫，斩首叛军数千人。

但很快出现了一个奇特的现象，路面上竟然堆满了名贵的丝绸布匹，令唐军士卒一个个眼冒金光。也许裴甫的诡计适用于多数人身上，但东路军的昭义大将一眼看破了这点手段，放狠话说："谁要是敢看一眼的，就地斩首！"见延缓唐军的目的没有达到，裴甫只好继续死命狂奔。

但追着追着，裴甫在眼皮底下突然失去了踪迹，让唐军一下子摸不着头脑。

其实答案很简单，裴甫既没往东跑，也没往西跑，而是选择了第三条路——黄罕岭（位于四明山、天台山、天姥山之交会处）。先前两路大军宛如一把张开的剪刀，双刃分别从南面唐兴、东部宁海两端，扎进了叛军的势力范围，而黄罕岭山区恰好正处于中间，穿过此地，便是剡县了。

其实王式同样料到了这点，他认定裴甫面临夹击，一定会选择中间那条路逃跑。只可惜唐军兵力不足，无法加派人手驻守黄罕岭。不过，裴甫也只是负隅顽抗罢了。没过多久，王式命令东路军和南路军在剡县集合，发动最后的总攻。

六月十二日，唐军完成了对剡县的包围，但未能马上攻克。在得到唐军准备断绝水源的消息后，裴甫发起凶猛的反扑，两军在三天之内共交战八十三个回合，双方都打得筋疲力尽。

在城中派出使者，请求投降时，唐军上下大喜过望，准备受降收兵。唯独王式再次力排众议："诸位切不可中了贼寇的缓兵之计！对方只不过还剩最后一口气，我们不可掉以轻心，胜利近在眼前了！"果然，裴甫又出击了三次，无一场得手。

服了，不光是裘甫彻底被王式打服了，刘暀、刘庆也都服了。在六月二十一日这天晚上，以裘甫为首的几位骨干成员带着一百余人，出城投降。到了此刻，沉着冷静的王式仍不敢马虎，他们刚离开城墙数十步，唐将李行素抓住了机会，切断对方的退路，将其一举擒获，剡县也随之出降。

王式并不想给这伙作恶多端的家伙好果子吃，两天后，刘暀、刘庆等二十余名叛军要员全被腰斩，至于裘甫这个大头，则被戴上枷锁，押往长安。至当年八月，裘甫被斩于东市狗脊岭。王式也随之得到了皇帝的重赏，就此坐上唐懿宗初年帝国名将的头把交椅。

声势浩大的裘甫之乱，就这样被王式平定了，从王式抵越到降服裘甫，只花了两个多月时间。

对于这场叛乱的意义，史学界通常认为，它可以看作是十五年后黄巢起义的先声，虽然唐廷解决了这起大难，却挽救不了国家持续下沉的颓势。当然，将逆转历史大势的希望寄托在寥寥数人身上，自然也是太不现实的，王式就算再高明，也无法预言日后将会发生什么。

浙东之战结束了，但开仓放粮、不设烽火台，以及用弱兵当斥候这些看似摸不着头脑的措施仍旧让唐军将领们颇为费解，于是在越州的庆功宴上将领们纷纷求教。

王式放声大笑，如今大幕已落，是时候揭晓谜底了，且听逐条剖析。

"首先，叛军把粮食聚在一块，无非是引诱饥民投奔。我们早一天济灾，民众自然不会加入叛军与我们为敌。而且各县没有军队驻守，与其让粮食落入贼寇之手，还不如分发给百姓！"

"你们想，烽火台存在的意义是什么，当然是催促援兵。那既然我们的全部兵力，已经都用来出征，再燃起烽火的话，又拿什么救援呢，白白使民间惊扰罢了，不如舍弃。"

"至于最后一点，如果派军中的勇士们去侦察，这些人可能会自恃武勇，与贼人奋战，白白送死。要是这样子，我们又怎能知晓对方的行踪呢？"

每一条都有理有据，无懈可击，王式思维之缜密，堪称出神入化。席间，叫好称快声不绝于耳，将佐们无不对王式崇拜得五体投地："我们的思虑，实在是赶不上将军您啊！"

可见，在王式设下对策前，他一定是想好了利弊得失。作为晚唐不多见的谋将，王式的过人之处，不仅在于他能提前预料敌军的动向，更在于他往往能想到常人所不能想到的。王式擅长抓住细微之处，透过细小的缝隙，洞穿战事全局，诸如发放粮食、派出弱兵、不点烽火台等措施，虽然这几项平定浙东的关键举措看似寻常，但真正能做到这一点的，往往是那些善于思考的人，这也是兵权谋家"以奇用兵"的"奇"字所在。

至懿宗咸通三年（862年）七月，徐州武宁军节度使温璋被驱逐，朝廷急需一位堪当大任的继任者。有平定安南、镇压裘甫的显赫功绩，王式自然入了皇帝的法眼，武宁军也迎来了它历史上最铁腕的一位节度使。

王式上任不久，便设下一场鸿门宴，将为祸徐州数十年的银刀、门枪、挟马等都共数千人一举歼灭，使得武宁军安生了一段时间。不久，王式再次被召回了朝廷，所以很可惜的是，这场斩草除根行动并不彻底。叛首银刀都仍存在漏网之鱼，就像秦末时期的刘邦一样，流窜在山野间，并在数年后加入了著名的庞勋兵变，甚至成为那场大乱的重要力量。

因此，后世有些"事后诸葛亮"就认为庞勋之乱的爆发，王式也是要承担主要责任的。

这可实在太冤枉王式了，作为经验丰富的老将，他深知军心的重要性，为什么一定要在徐州制造如此血腥的杀戮，刻意引起地方动荡呢？原因只有一点，那就是不得已而为之。

骄兵现象，是中晚唐一个半世纪以来，普遍存在于全国藩镇的一大弊病，终唐一朝，都没有能够解决这个社会难题。在中原地区，尤其是徐州武宁军业已延续了几代人，多次发生节度使被骄兵赶走的事情，偏偏武宁军又扮演着江淮运路上的重要枢纽角色。为了确保东南财赋的输送顺畅，唐朝是绝不允许它被异己势力占据的。王式自然很清楚这一紧要关节，虽然手段十分不仁义，但如果他不采取铁血镇压，则不足以整治为祸多时的兵痞。

唐僖宗乾符初年，晚唐一代传奇名将王式，在长安于左金吾大将军任上去世，享年七十左右。

　　回顾他这一生，虽有年少轻狂不羁时，但上不负于朝廷，下无愧于百姓，总算是功德圆满。他大器晚成，智勇双全，擅长将权谋融入军事，尤以平定浙东裘甫、徐州悍卒两次动乱，确保国家经济动脉无虞，延续了李唐数十年国祚。直到以王仙芝、黄巢为首的民变爆发，终将唐朝的东南半壁搅得天翻地覆，从此一发不可收拾，山河破碎。

　　王式活跃在唐朝末年大崩溃的前夜，目睹了唐帝国的乱象丛生，即便假设他多活一些年，也注定挽救不了李家天下的颓势。没有目睹更大的战乱，没有亲历长安城的易主，这或许也是王式最大的幸运吧！

兵形势家之

李靖

名将传说·初唐名将

同姓成仇

大业十三年十一月十一日，在隋朝大兴城街头，一批犯人将被公开处刑，迎来人生最后的结局。为首者是西京的两位隋朝留守将领——左翊卫将军阴世师、京兆郡丞骨仪。

之前，李渊晋阳起兵的消息传来，阴、骨二人马上大肆逮捕在关中地区的李氏宗亲，不仅焚毁李家的五庙，甚至掘了李家的祖坟！当唐国公的大军打到城下，见大势已去，二人还准备将收押起来的李渊家人悉数斩杀。虽然在旁人劝说下，不少李家旁支逃过一劫，但李渊特别喜爱的第五子，年仅十四岁的李智云还是死在了屠刀下。

唐军攻陷大兴，李渊最先要处置的，就是这批愚忠的官员们，不杀，难解心头之恨！

阴世师、骨仪等人对尽忠隋朝无怨无悔，没有言语，人头相继落地。轮到下一人时，对方却突然高声大呼："唐公！你口口声声说为了平息天下暴乱才兴兵，为了私怨斩杀壮士，这就是您成就大业的做法吗？"如雷贯耳的话语响彻整个刑场，此人当即引起了李渊的注意。

是谁在此大放厥词？同样留意到这个奇人的，还有李世民。李世民对这人早有耳闻，如今在刑场上一见，果然不同凡响，为此也连忙向父亲为此人求情。因为刚刚那一吼，李渊也被对方的昂扬发言撼动了，于是决定卖儿子一个面子，留下这人的性命，将其释放。

谁又能说，大难临头时再挣扎一下，一定就不好使呢？靠着这个方法，远在八百二十多年前，犯了军法的韩信，在刑场上被夏侯婴留了下来，为西汉王朝立下了不朽功勋；近在一百十几年后，偷羊被抓的安禄山，在受刑时被张守珪保了下来，但后来却给大唐带来了无尽灾祸。

眼前这个被李渊和李世民饶了一命的人，一样不同凡响，因为，他的姓名叫李靖。

在民间传说中，托塔李天王可谓是妇孺皆知、家喻户晓的神仙形象了。无论是《封神演义》中大义灭亲的陈塘关总兵，还是《西游记》里手托宝塔，掌管十万天兵天将的天庭元帅，都早已深入人心。而这一切的历史原型，就是大唐开国名将李靖。

李靖，字药师，是雍州三原（今陕西省咸阳市三原县）人，关陇豪门家庭出身，可以说是含着银汤匙出生的。他的祖父和父亲都做过北朝的高官，而且家里还有个知名度不亚于李靖自己的亲舅舅，灭陈统一南北朝的隋朝名将韩擒虎是也。

年少时期，天赋异禀的李靖就通晓史书典籍，不过相貌俊秀、身材魁梧的他，心里始终装着建功立业的豪情壮志。他是对亲朋好友这么说的："大丈夫遇到对的时机，就应该凭借功名，博取富贵，何必只做一个雕琢文章的儒生呢！"

李靖是有夸耀的资本的，就连舅舅韩擒虎每次和他讨论完兵法，都不由得感叹一句："可以一起谈论孙子、吴起兵法的，只有我这个好外甥了啊！"另外，隋朝的几位名臣，比如杨素和牛弘，都非常看好这个年轻人。尤其是向来恃才傲物的杨素，这位隋朝头号名将，出将入相的佼佼者，还一度拍着自己的椅子，笑着对李靖说："年轻人啊，你最后是要坐在这里的！"

评价非常高，现实却有落差。到了隋炀帝大业末年，年近五十的李靖，却只做到一个马邑郡丞，以李靖的年龄和资历来看，并不算得到朝廷特别的重用。

关于李靖早年仕途不顺，笔者认为，很有可能是受了家人的牵连，具体来说，是因为他的舅舅和哥哥们摊上了大事。在隋文帝末年时，李靖的三舅韩洪，一次带着李靖的二哥李端（字药王）等人抵御突厥来犯时，在恒安镇（今山西省大同市）吃了闷亏，死伤大半，为此韩洪和李药王都得到除名的重罚，直到大业年间才有起色；至于李靖的二舅韩僧寿，也在大业年间一度犯事，遭到了除名。这还没完，就在杨玄感造反时，韩擒虎之子，也就是李靖那个"有父风"的表兄弟韩世谔，还充当了叛军的大将，每场战事都冲在最前面。

如果再联系一下隋炀帝晚年，他对李姓家族高度猜疑，再加上"罪及亲属"的处罚方式，李靖能做到郡丞也许都算是皇帝格外开恩了。至于官职想升到更高，事业想有更大起色，除非立个能入皇帝法眼的功劳，不然的话，那就是高粱秆儿拴骡子——拉倒吧。

仕途受挫，并没有浇灭李靖的热忱，很快他在马邑郡丞这个位置上，发现了一个建立功勋的契机——时任太原留守的李渊。虽然李渊表面上仍然尊奉朝廷，但通过长期的观察，李靖看出来了，在李渊频繁招兵买马的背后，还潜藏着一个不可告人的野心，他一定会举事，最后倾覆隋朝！

自己人微言轻，也没有足够的实力直接同李渊对抗，李靖只好决定前往江都（今江苏省扬州市），当面向炀帝告发李渊的不轨之事。为掩人耳目，李靖还使了个伎俩，特意把自己关在囚车里，宣称犯了重罪，要送到江都处置。虽然一路没人起疑，但无奈当时兵荒马乱，道路阻隔，才行进到关中附近，就发现南下的路已经走不通了。

同时李靖也想清楚了：即便自己可以安然无恙地抵达江都，那李渊也早就反了，皇帝这杯远水，也解不了近渴啊！既然这样，不如直接前往大兴城，一同守卫西京。这就有了开头的一幕，而根据史料分析，虽然一笔写不出俩李字，但李靖是结结实实地深入参与了对李渊宗族的戕害。

虽然放过了这个杀子仇人，但李渊的心里始终还留着一个不小的疙瘩。

大唐初建，李靖做了岐州（今陕西省宝鸡市凤翔区）刺史，但麻烦很快就找上了门——有人举报李靖谋反。李渊先是表现出了充分的震惊，随即派御史审查，不忘嘱托："一经查实李靖有反意，你可以自行处理，不必上报了！"言下之意很明确，李渊不希望李靖是被冤枉的！

这位没有在史书上留下姓名的御史，一眼就看出来了，这是有人在栽赃陷害。幸好，这是一位富有正义感的官员，设法洗清了李靖的所谓罪名，使得李药师又逃过了一劫。那么谁是这起事件的幕后黑手呢？史载"人或希旨"，答案再清晰不过了，这八成就是天子本人的意思！

这是已经称帝的李渊向李靖第一次发难，还会有下一次吗？

使功不如使过

也许是觉察到了父亲对李靖不怀好意的挂怀，李世民为了人才的安全着想，将李靖安排到自己的秦王府中，以三卫（亲卫、勋卫、翊卫）之一的近卫武官身份随从。在武德二年的上半年，李靖还曾跟随秦王李世民征讨王世充，拿下一些战功，得到"开府"勋官的回报。

但毕竟李渊这个皇帝才是老大，只要是他老人家愿意，就可以使出一百种办法来折磨李靖，而且李靖还没有说不的权利。不久李渊下令，让李靖南下协助信州（今重庆市奉节县）总管、庐江王李瑗，负责牵制割据两湖地区的梁帝萧铣，给他一点颜色看看。

当时，讨伐蛮族的李瑗正滞留在金州（今陕西省安康市）一带，被蛮人首领邓世洛搅得头疼，唐军吃了不熟地形的亏，在这一带山谷中多次战败，进退失据。这就让李靖的出手显得更为非凡，他到来后，没有丝毫的水土不服，而是马上定下计谋，接连获得大胜，让数万蛮人连连求饶。

打通了道路，来到信州后，李靖随即沿长江东下，展开对萧铣的作战。但在峡州（今湖北省宜昌市）一线，由于这一带本就山势险峻、水流湍急，加上峡州紧挨着萧铣的老巢荆州，引起对岸安蜀城（今湖北省宜昌市西北西陵峡口南岸）梁军的奋起抵抗。很长时间内，唐军都无法继续向东推进半步，此外萧铣采取远交近攻的策略，和夔州以西的开州（今重庆市开州区）蛮人首领冉肇则搭上了线，使得李靖部一时处于被夹击的局面，情势陷入了胶着。

李渊对前线的战果非常不满意，大怒之下，撤了李瑗的信州总管，改由另一个堂侄李孝恭担任。自家宗室撤职，也就过去了，可对外人的要求那就不一样了，李渊对李靖本就心存芥蒂，再次起了杀心，以滞留不进为借口，密令峡州都督①许绍斩杀李靖！许绍同样爱惜李靖的才能，实在于心不忍，

---

① 都督和总管平级，后来总管一律改为都督。

好在他是和李渊从小一块长大的同学，互相十分友爱，这个特殊身份，还是方便和皇帝说上话的。好吧，既然发小都上表求情了，这个面子不能不给，李渊只好又放了李靖一马。

从关中到三峡，一直有一双眼睛在盯着李靖，当得知自己又在鬼门关溜达了一圈，李靖不禁唏嘘：再不露两手绝的，早晚得被皇帝玩死啊！史书记载的李渊三次要对李靖下杀手，都是因为贵人出手相救，才让他避免早早去见阎王爷。这固然是李靖的魅力在起作用，也是他的好运使然，不过就连李靖自己都会发问：他能这么一直幸运下去吗？就是许绍，也没法一直保得了李靖，剧透一下，武德四年许绍病逝军中，得到噩耗的李渊痛哭不止，想来李靖也应如此。

在这个节骨眼上，一件事情化解了李靖的困窘局面。

武德三年二月，萧铣的盟友，开州蛮冉肇则突然发力，向西攻陷通州（今四川省达州市），随即掉转枪头，于三月再朝东方的信州发起进攻，来势汹汹。新上任不久的信州总管李孝恭拉开阵势与其交战，反而失利。关键时刻，李靖亲率八百士卒，向敌军大营发动奇袭。冉肇招架不住，只得撤退，不料李靖已在他的必经之路设下了埋伏！这回冉肇则不再好运，被唐军一战斩杀，蛮人群龙无首，只得四处奔散，共有五千余人向李靖投降。如此看来，之前李孝恭的不利，也说不定是李靖与其商定的佯败诱敌之计。

这是一场难得的大胜，李渊闻讯，大喜过望，不禁对群臣说："我听说，任用有功之人，不如任用有过之人。李靖果然就是这样！"他还下发了一道诏书，向李靖表示慰劳："爱卿竭诚尽力，功劳特别突出。考察你的忠诚，值得嘉奖，不要担忧富贵了！"大概出于心虚，李渊又亲笔拟就一道敕书，送到李靖手上："既往不咎，那些过去的事情，我早就忘啦！"

既往不咎这种话听听也就算了，但无论如何，李渊的公开表态至少让君臣之间的尴尬关系得到了很大缓和，心知肚明的李靖也能放开手脚，专心对付外敌了。

其后李靖又协助李孝恭，收复通州，攻克开州，斩杀了结好萧铣的另一位蛮族首领，东平郡王萧阇提。到武德四年年初，经过一段时间的考察，李靖写下了十条针对消灭萧铣的计策，由已被晋封为赵郡王的李孝恭上呈给朝廷。李渊十分满意，全部采纳，为了表示支持，他把信州改名为夔州，让李孝恭继续担任夔州总管，同时担任灭梁的主将之位。

虽然李孝恭是李唐宗室将领中的后起之秀，后来也入了"凌烟阁二十四功臣"，但此时的他资历尚浅，军旅实战经验不足，李渊也有些不放心，由谁辅佐侄子好呢？李渊已经有了不二人选。李靖被委任为大军行军总管之一，重点是兼任李孝恭的行军长史一职，李渊还宣布三军事务一并交由李靖处理，从而确立李靖在军中名义上是副帅，实际上是第一领导人的地位。

皇帝点头了，李靖就像当年平陈之前的信州总管杨素一样，也在夔州开始组织起大量的人力和物力，为灭梁做积极准备。有冉肇则这个前车之鉴，李靖认为，巴蜀地区新近归附，人心没有完全安稳，于是建议李孝恭，将巴蜀各地的蛮酋子弟全部召到夔州来，留在身边量才任用。表面看起来是优待擢升，实际是充当人质，从而让群蛮不敢轻举妄动，化解了唐军的后顾之忧。接下来的大半年里，只见江面上接连出现一艘艘新造的战舰，李靖和李孝恭率领水师，日夜进行实战演练，在上游忙得热火朝天。

北方的王世充被平定之际，唐朝业已得到襄州之地，襄州道安抚使郭行方最先向萧铣挑起战端，于武德四年七月底南下，攻克了梁国的郡州（今湖北省宜城市）。等到巴蜀诸路主力会集夔州，李渊在九月底正式下诏，以赵郡王李孝恭为荆湘道行军总管，李靖担任行军长史，统领水陆十二位总管数万兵力，从夔州沿江而下，东伐梁帝萧铣。

除了西线之外，加上其他三个方向，梁国即将遭到唐军的围攻：北路由李靖的老熟人、庐江王李瑗为荆郢道行军元帅，从襄阳南下；南路由黔州（今重庆市彭水县）刺史田世康取道辰州（今湖南省沅陵县），在湖南中部地区进行迂回穿插；东路由原梁国降将、黄州（今湖北省武汉市新洲区）总管周法明领命，扑向了梁国边境的夏口（今湖北省武汉市）。

不过正值九月、十月，汛期来临，三峡地带秋雨滂沱，江水暴涨得厉害。就在唐军的两千多艘战舰即将穿过三峡时，眼看风急浪高，将士们都不太愿意冒着风险东进，纷纷向李孝恭提议暂停行军，等到水势缓和，再继续出发也不迟。

只有李靖一人，力排众议反对道："现在我军刚刚集结，萧铣那边还没反应过来。如果我们趁着江水大涨急速东下，以迅雷不及掩耳之势，直捣对方心腹江陵（今湖北省荆州市江陵县），这就是兵法的上策'出其不意，攻其不备'，对方仓促求援，一时半会也赶不到，萧铣一定成擒！兵贵神速，机不可失啊！"李孝恭很听话，果断采纳了李靖的意见，下令全军即刻出发。

梁帝萧铣果然没有辜负李靖的算计，望着滂沱秋雨，他认为唐军一定不会挑选这个时节来找麻烦，于是不以为然，放松了戒备。抓住这个空当的唐军，很快冲破了梁军的安蜀城防线，顺利地穿过西陵峡，在大军抵达长江北岸的峡州治所夷陵（今湖北省宜昌市）后，前锋也继而攻克了梁军在长江南岸的荆门山（今湖北省宜都市西北）、宜都（今湖北省宜都市）两大重镇。

梁国大将文士弘获悉军报，连忙率领数万军队，驻扎在清江口（今湖北省宜都市北，清江注入长江处），准备拦截唐军。不过，文士弘部的阵势并没有起到震慑的作用，很快遭到李孝恭的迎面痛击，这伙刚被招募起来的梁军一击即溃，阵亡、淹死者数以万计，还被唐军俘虏了三百多艘战舰。李孝恭乘胜追击，推进到江心的百里洲（今湖北省枝江市南）时，二度击败了整军再战的文士弘部，唐军从而驶入百里洲以北的水道。随着宜昌、当阳、枝江、松滋等地投降，梁国江州（今湖北省长阳县西）刺史盖彦举献土，梁都江陵已是朝不保夕。

问题来了，即便是没有心理准备应付唐军，梁军的战斗力也不该退步至此，何以现在不堪一击？在李靖之前的调查报告中，应该阐述了原因，那就是——梁帝萧铣在自掘坟墓。

萧铣本是南梁后裔，那位主编《文选》的昭明太子萧统，就是他的曾祖父。由于血统高贵，加上宽仁大度，萧铣在隋末得到了各路武装力量的青睐，被推举为主，称帝设官，还一度成为南方最大的割据势力，史称梁国"西至三峡，南交趾，北距汉水，皆附属，胜兵四十万"。

但梁国内部的问题也很快暴露了出来，武将们自恃功高，加上手握兵权，已经有把萧铣做空的想法了。内心猜忌的萧铣不甘成为傀儡，情急之下，做了一个在后世看来相当于自废武功的重大决定：大幅裁撤军队数量，让士兵解甲归田，对外宣称加大农业生产，解决军粮问题，实是为了废去诸将的兵权！这个政策一出台，很快激起了大将叛乱，萧铣先平叛将，后杀功臣，仍然改善不了君臣离心的局面。

到了这时，萧铣自食其果，文士弘的新募军队连战连败，数万唐军兵临城下，可江陵城中却仅有禁卫军士几千人。势单力孤的萧铣怎能不慌乱，连忙征召各地勤王，但远水难救近火，长江、五岭以南的军队当然没法飞过来，梁帝如今也只好硬着头皮，发动全部精兵和唐军决一死战了。

江面上的李孝恭摩拳擦掌，打算马上发起攻击，身边的李靖又发话了："对方的军队，都是为了自救才临时拼凑的乌合之众，事前并没有制定军机，难以持久。我军不如在长江南岸停泊，缓个一天，敌军见了一定会分散兵力，要么主动攻打我军，要么退回营寨固守。等到那时，对方士气衰弱，我军再趁其懈怠发起进攻，一定可以取胜。现在如果马上攻打，敌军一定会死命抵抗，楚地军士彪悍勇猛，还是不容小觑啊！"这就是在战略上藐视敌人，但战术上要重视敌人。

然而，李孝恭在前面的胜利中尝了不少甜头，尾巴已然翘得老高，所以这次他觉得是李靖多虑了，遂令李靖留守南岸，自己率领精锐出战。李靖不幸言中，负隅顽抗的梁军爆发出了巨大的战斗力，李孝恭挨了当头一闷棍，只好仓皇逃往南岸。

李靖没有闲着，他瞧见得胜的梁军纷纷跳下战舰，抢掠唐军丢下的物资，人人满载而归，阵列已经不复严整。如《孙子兵法》有言"乱而取之"，李靖瞄准这个机会，率五千精兵再度出击，果然大破要财不要命的梁军！唐军进抵江陵外城，几天后又拔掉了江陵码头，缴获几千艘战舰。

接着，李靖却提出了一个让众人摸不着头脑的想法，要把刚获得的战舰悉数丢到江心，任由它们随波逐流。疑惑不解的将领们纷纷发问："这些战利品正好可以为我军所用，为什么反而要舍弃，白白交到敌人手里呢？"这就是李靖独到的高明之处，答曰："萧铣版图东到洞庭，南至岭南，大批援军正在赶往江陵的路上，我们孤军深入，有进无退，要这些舰船又有什么用呢？现在，我让这些战舰沿江而下，前来的援军一定会以为江陵城破，不敢轻率冒进。就算他们派出斥候侦察，也要十天半月，那时我们早已经拿下江陵了！"

果然，一看到江面上成群的无主舰船，梁国援军们以为江陵完蛋了，消息越传越远，将士的救主之心顿时凉掉一大半，不由得开始考虑自己的后路，全部徘徊不前了。十月二十一日，江陵最后一道防线解除，对百姓还有一点仁心的萧铣，决定不再做无谓的挣扎，开城投降。

进入江陵城，由于作战多日，一些怀恨在心的唐军将领就动了歪脑筋，认为那些抗唐而死的梁军将领虽然丢了命，但罪孽依然深重，应该没收他们的家产财富，分发给将士们充当奖赏。李靖坚决反对这种做法，斩钉截铁说道："王者之师，正应当以仁义为先声！这些将领们为主君战死，都是大忠臣，怎么能够等同于叛逆罪，抄没家产呢？"诸将无话可说。

在李靖的令行禁止下，唐军秋毫无犯，江陵城内井然有序，江南州县闻讯，望风而降。萧铣投降后几天，姗姗来迟的十几万梁国援军来到，确认江陵失守的消息属实后，将士们纷纷卸甲降唐，梁国政权灭亡。押往长安的萧铣，也被李渊下令斩杀，兰陵萧氏从此龙气不再。

灭梁之后，李靖因功被授勋上柱国，晋爵永康县公，得到了来自李渊的大量财货赏赐。同时他又被授任代理荆州刺史，可代表皇帝行拜官之权，负责前往更南方的岭南地区，招抚各部土族豪强势力。在途经长沙一带时，因李靖军纪严明，得到当地百姓的爱戴，人们为了纪念他，就把他驻扎过的港口改名为"靖港"，并且一直流传到今天。

一听说李靖率军翻过越城岭，来到桂州（今广西桂林市），之前挂靠在萧铣名下的李袭志、甯长真、冯盎等地方实力派，纷纷派子弟谒见，表达愿意归附唐朝的诚意。至武德五年夏，李靖凭靠自己的威名和魅力，不动兵戈，为唐朝降伏了岭南九十六州，共计六十余万户。

武德六年（623年），战争阴云再度笼罩在江南地区的上空，早就心怀不轨的淮南道行台左仆射辅公祐，于这一年的七月竖旗造反，在丹阳（今江苏省南京市）建立宋国，自立为帝。

八月中旬，李渊下诏，以时任襄州道行台尚书左仆射的李孝恭为行军元帅，时任岭南道安抚大使的李靖依然担任副帅，让这对老搭档带领主力平叛，李渊自然放心。同时参与围剿辅宋的，还有从远在河北、近在淮南调集的怀州总管黄君汉、齐州总管李 、河南道安抚大使任瑰、舒州总管张镇周、光州总管卢祖尚等人。而且就在九月时，李世民也被任命为江州道行军元帅，大抵位在李孝恭之上，虽然最后秦王没能成行，但不难看出，这次唐军阵容相当豪华，李渊决心已下，要通过一场大战来真正平定江南。

至武德七年（624年）二月初，沿江东下的李孝恭部已攻克江上的鹊头镇（今安徽省铜陵市北），打通了前往辅公祏老巢丹阳的道路，进抵舒州（今安徽省潜山县）一带。东进途中，唐军在当涂（今安徽省马鞍山市当涂县）一带迎来了真正的考验，辅公祏的大将冯慧亮、陈当世率三万水军，驻守当涂西南的博望山；陈正通、徐绍宗率三万步骑（另有说法为两万），驻防当涂东南的青林山，两军形成掎角之势。同时，宋军在长江两岸的西/东梁山（分别位于今安徽省的和县以南和芜湖市北）拉起铁索，横断整个江面，阻隔唐军舰队，又在两岸兴建防御工事，严阵以待。

李孝恭是颇有些军事才能的，他马上派出精锐，尝试切断冯慧亮等人的粮道，制造反客为主的战机。等到宋军受不了挨饿，在夜晚发动大举进攻时，李孝恭又故意睡在大营的床上，一动不动，以安稳军心。但既然唐军远道而来，用拖延战术，极有可能会先拖垮己方，所以在随后的军事会议上，唐军将领们一致认为：眼下冯慧亮的兵力正盛，占据了水路要道，强攻难以攻克；不如直捣丹阳，只要夺得宋军的老巢，冯慧亮等人自然不再抵抗。

这个"一致"的范畴，自然不包括李靖。见李靖没有发言，李孝恭开始询问他的意见。李靖此刻已经识破了宋军的计谋，坚决反对直取丹阳。

"尽管辅公祏的精兵强将多在冯慧亮手上，但他本人在石头城的部伍也不在少数。如果连博望山等地都打不下来，丹阳又怎么能轻易夺取？要是十天半个月都打不下丹阳，届时冯慧亮大军一定尾随而来，我军腹背受敌，就太危险了！"

"冯慧亮、陈正通等人全是身经百战的将帅，内心并非不愿出战，这分明因为辅公祏使计，严令他们通过固守来拖垮我们罢了。我军现在如果出其不意挑战，引诱对方出战，一定可以破敌，只要解决掉冯慧亮，辅公祏自然不是问题，战机唯有在此一举！"

经历了灭梁战争的风风雨雨，李孝恭对李靖心服口服，二话不说就同意了。

就在第二天，即三月十六日，李孝恭先派出赢弱之兵进攻宋军城垒，很快招架不住，冯慧亮和陈正通等人志得意满，果然中计，马上出兵追击，行至数里之外，就撞上披坚执锐的卢祖尚部，被打得大败。李孝恭和李靖乘胜追击，相继攻克梁山、博望山、青林山等壁垒。冯慧亮和陈正通等人见势不妙，趁夜纷纷朝丹阳逃去，唐军一路追击，宋军大溃，在黑暗中被杀死和淹死者数以万计。

辅公祏肝胆俱裂，决定放弃丹阳，向东投奔会稽（今浙江省绍兴市），唐军于三月二十八日占领了丹阳。此时宋军内部军心已经非常动荡，不少人已决定倒戈唐廷，刚逃到常州（今江苏省常州市）的辅公祏察觉了部将的意图，只得抛妻弃子，仓皇带着几十个卫士一路狂奔，又在武康（今浙江省德清县武康街道）被当地百姓围攻生擒，押回丹阳。李孝恭一声令下，辅公祏和其他宋军的死硬分子被尽数斩杀，江南就此平定。不久，李靖担任代理扬州大都督府长史，负责战火过后的民生工作，卓有成效。

李靖先后参与了重大的谋划和指挥，接连平萧梁、定岭南、灭辅宋，是唐朝统一南方实际上的最大功臣，因此就连老冤家李渊也不吝赞扬："李靖专治萧铣和辅公祏，可谓他们的心腹膏肓，就连古代的名将韩信、白起、卫青、霍去病都不如他啊！"

阴山霜满刀

突厥，这个让亲人和同族们吃过大亏，甚至影响了自己前半生的宿敌，李靖终究没能避开。

武德八年（625年）夏，狼群复来，东突厥颉利可汗亲率精骑，号称十几万兵马侵略河北、代北等地，如入无人之境，一路烧杀劫掠。河东不容有失，朝廷马上调集各路部队御敌，其中就有李靖率领的一万江淮猛士，取道潞州北上。但就在当年八月，在太原以南太谷（今山西省太谷县）同突厥一战，由并州道行军总管张瑾统率的唐军全军覆没，由于李靖统御有方，只有他的部队得以保全，张瑾仅以身免，灰头土脸地投奔了李靖。

经过数年经营，唐朝在河东已确立了相对战略优势，所以自武德末年起，突厥人南下的重点方向，也逐渐向西转进到关内道，灵州（今宁夏吴忠市）、原州、泾州等地成了双方攻守的焦点，多年来边境深受其害。就在武德七年时，突厥兵锋进抵陇州，距离长安四百里左右，因此朝廷还一度提出了迁都之议，足见突厥人给关内道带来了前所未有的巨大压力。

武德九年夏四月，时任代理安州大都督的李靖，北上在灵州境内的硖石（今宁夏青铜峡市）同突厥再次展开激战，从早晨一直持续到下午，最终成功将对方击退。由此可见，李靖对抗突厥人的策略和实力不容小觑。不久，李靖便接任灵州道行军总管，统御西线。

就在当年，一连发生了几件大事，玄武门之变爆发，李世民掌握实权，突厥颉利可汗则趁着唐朝政坛剧变，加上有盘踞在西北夏州的梁师都指引，再次兵分两路，大举长驱直入关中，在武德九年八月底兵临渭水，离长安仅有四十里之遥！

面对异族的挑衅，新上台的李世民迫于安稳局面，不得不出了长安西门，亲自来到渭河南岸，与敌进行紧锣密鼓的交涉。两天后，李世民踏上了便门桥，和颉利可汗杀白马立盟，唐朝用交纳大量金帛财物的代价，换得两国暂时和好，突厥随即退兵，是为"便桥之盟"。虽说有惊无险，但在天之骄子李世民看来，这堪称是一次让他每次回想起来，都恨得牙痒痒的"渭水之耻"！

东突厥叩关长安，迫使唐帝低头，在东亚的声威达到了巅峰，但月有盈亏，顶峰过后接踵而至的，往往就是滑坡了。贞观以来，突厥境内碰上百年难得一遇的寒灾，积雪足有数尺之深，大量牛羊冻死，又爆发了连年饥荒，民众挨饿受冻，本就靠天吃饭的游牧民族之间矛盾加剧。颉利可汗却依旧独断专行，宠任汉人谋臣赵德言，大肆加重赋税，触动了突厥贵族们的既得利益。群下无人服气，原本内部维系就很脆弱的汗国诸部纷纷离叛，遂成四分五裂之势。仅在贞观三年这一年里，从塞外以及四夷前来归附唐朝的民众高达一百二十万，其中突厥户口就占了很大比重。

贞观二年（628年），趁突厥自顾不暇，李世民开展了对梁师都这个肉中刺的"拔钉行动"。突厥大举发兵来援，却遭到了唐军痛击，人心浮动的突厥无力再战，只能眼睁睁地看着爪牙败亡。夏州梁师都的覆灭，也标志着长达十年的大唐统一战争至此全部收官。

早在贞观元年（627年），原在突厥汗国统治下的漠北铁勒诸部掀起了一场规模庞大的起义。回纥、拔曳固、阿跌、同罗、仆固等十五部改换门庭，推举薛延陀部为首，联手对抗颉利可汗，接连大破突厥，把阿史那家族赶出了漠北地区。铁勒的军事胜利引发漠北的易帜狂潮，连东方的奚、霫、契丹等数十部也先后请求归降，众叛亲离的颉利不得不偏安于漠南一地。

而更要东突厥老命的是，薛延陀这颗冉冉升起的漠北新星，其首领乙失夷男在贞观二年末遣使入唐，得到了李世民的册封，受拜真珠毗伽可汗，意味着唐朝和薛延陀达成了同盟，突厥从而处于南北两面的包夹中。颉利可汗惊闻李世民和真珠可汗统一战线，大感不妙，连忙低头求和，遣使称臣唐朝，求娶公主，希望大唐给他一个修国婿之礼的机会。

其实早在贞观元年时，眼看有可乘之机，群臣便积极请求出击突厥，但都被一一拒绝。并非李世民愿意死守那个使他蒙羞的盟约，而是实在不愿冒着太大风险向突厥开战。别以为李世民的日子很舒心，在突厥困难的时候，大唐境内同样也很不好过！从贞观元年到贞观三年，仿佛上天要刻意考验李世民一般，连年大旱，关中闹蝗灾，关东发大水，民生十分艰难。所以作为一国之君，没有必胜的把握，李世民暂时不想对突厥出手。

但现在不一样了，见到突厥来使递上的国书，李世民不禁冷笑，这可真是三十年河东三十年河西啊！代州（今山西省代县）都督张公谨①料到了皇

---

① 和张瑾不是同一人。

帝的心意，上书逐条分析东突厥的必亡之因，请求发起进击。李世民决心已定，遂以东突厥汗国不守盟约，一年前出兵支援梁师都为由，向突厥宣战。

至于此战的主帅，李世民同样已有心仪之人，就是之前兼任中书令，现在升任兵部尚书，已完成出将入相这一成就的老友李靖。贞观三年八月十九日，李世民命兵部尚书李靖担任讨伐突厥的行军总管，准备出击。当年十一月，李靖抵达马邑，故地重游，昔日的马邑郡丞，而今已年近花甲，正统领千军万马，准备与自己的宿敌一决胜负！

十一月二十三日，李世民以李靖为定襄道行军总管，代州都督张公谨担任副手；并州都督李 为通漠道行军总管，率右武卫将军丘行恭等人；华州刺史柴绍为金河道行军总管；营州都督薛万淑为畅武道行军总管；幽州都督卫孝节为恒安道行军总管；灵州都督、任城王李道宗为大同道行军总管等。六大总管共计十余万兵力，一律听命于李靖指挥，向突厥发起总攻。战斗最先在西路打响，二十八日，李道宗击败了盘踞在灵州境内的突厥军，长安城内，前线的告捷文书如雪片一般纷至沓来。

此前，颉利可汗的侄子突利小可汗因不满叔父多次征兵，为此兵戎相见，但未能成功。现在唐军要向突厥动手，突利索性就在当年十二月投奔唐朝，引发了突厥贵族的"降唐狂潮"，不多时，颉利的另一个侄子郁射设、荫奈特勤等突厥上层人物紧随突利可汗的步伐，于十二月底接连率部来投，东突厥的实力进一步削弱。

这一回，李靖依然采用出其不意的打法，直扑突厥王庭的所在地定襄（今内蒙古呼和浩特市和林格尔县北土城子）。贞观四年（630年）正月，从马邑出发，经过两个多月（上一年有闰十二月）之久的长途跋涉，李靖先行率领三千精锐骑兵，进驻定襄以南不远的恶阳岭。

寒冬腊月的夜深时分，除了狂风呼啸，飞雪连天，银装素裹的草原上和往常一样平静，直到漫天卷地的喊杀声炸破了这片静谧，唐军一举攻破了定襄城！颉利可汗大惊失色，万万没有想到李靖从天而降，他对手下说："倘若唐军不是倾国而来，他李靖岂敢孤军深入！"三十六计，走为上计，颉利一路向北狂奔，军队早已草木皆兵，一夜之间多次惊扰。最后，颉利把王庭迁到阴山（今内蒙古河套西北阴山山脉）北麓的铁山（阴山山脉中段大青山蜈蚣坝）一带，此地距离通往大漠的碛口（位于今内蒙古巴彦淖尔市东北部的乌拉特中旗）不远，已经临近大戈壁的边界。

颉利虽欲静，而李靖不止，李靖接着打起了心理战，又派出高级间谍，成功唆使颉利可汗的心腹亲信康苏密来投，把颉利搅得郁闷至极。情急之下，手上仍然掌握数万部众的颉利可汗，再派执失思力奔向长安，向李世民请罪，表示愿举全族降唐，并且承诺届时一定会亲自入朝。于是，看似不想断人后路的李世民，派遣鸿胪卿唐俭、左武候大将军安修仁担任安抚大使，北上招抚突厥，同时命令李靖等人率军迎接颉利可汗。

就在不久之前，李靖继续向北推进，和李　在定襄北面的白道（今内蒙古呼和浩特市西北）会师后，又打了一场胜仗。虽然接到了皇帝的命令，不过李靖却认为："颉利可汗虽然战败，但麾下不死心的部众仍有很多，一旦放任其穿越瀚海沙漠，在北方重新得到铁勒诸部的支持，后果将不堪设想。而且沙漠路途遥远艰险，届时我军肯定难以追上。如今，朝廷来使已经抵达新王庭，突厥人一定会放松戒备，如果我军挑选万名骁骑，带上二十天的口粮长途奔袭，一定可以将颉利可汗不战而擒！"对此，李　深表赞同。

不过有人却不同意，当二李把这一计划告知张公谨时，对方产生了疑虑："圣上已经下诏允许突厥人投降，况且我方的使者们还在对方那里，怎么能够进攻呢？"由此可见，张公谨是一位好下属，也是一位好同僚，不过其所想远不如李靖深刻了。试想，拿口头的投降，和成擒的俘虏相比，天子又会选择哪一样呢？

笔者以小人之心度君子之腹，猜测李世民遣使的背后，也有一层不能明说的缘由，但李靖对此却是心领神会："机不可失，这正是当年韩信击破齐国之法，唐俭和安修仁他们的性命，并不值得可惜！"一锤定音，敲定了这个计划。

虽然李靖看上去确实不近人情，但事实上他确实把颉利可汗心里那点"假和平，真阴谋"的手段摸透了。别看嘴上苦苦求饶，但颉利心有不甘，所以才行缓兵之计，想要趁春天来临，草绿马肥之时潜往漠北，图谋东山再起。眼下唐朝使者的到来，正好给颉利喂了一颗定心丸，于是不急着跑了，防备自然松懈下来，而唐俭他们也是在浑然不觉的情况下，充当了李靖的"死间"。

二月八日晚，李靖执行计划，率万余精锐冒着严寒星夜兼程，一路向北疾驰。行进到阴山一带，李靖以迅雷不及掩耳之势，将驻扎在此负责侦察敌情的一千多营突厥人全部俘获，又命令他们紧随唐军，以免给王庭通风报信，颉利的耳目就这样被堵上了。随后唐军进抵铁山，恰逢起了大雾，正是收网的好机会，李靖把重要任务交给了一名中级军官，由他率两百骑兵乘雾突袭。

此人时任匡道府折冲都尉，也是未来大唐的一代超级名将苏定方！苏定方不负厚望，近乎完美地完成了任务，这股先锋部队直到距离牙帐七里处（另有说法为十五里），突厥斥候才察觉到异动，但为时已晚。当这两百多人离牙帐只有一里地时，大雾突然消散，苏定方望见颉利大帐，当即发动掩杀，数十名突厥敌军不明就里地死在了刀下。山谷的宁静氛围霎时被划破，见突厥大乱，李靖率领主力，如猛虎下山一般突入突厥大营，搅了个天翻地覆！此战，唐军阵斩一万余突厥军人，俘虏户口十余万人、牲畜数十万头。

从美梦中惊醒的颉利可汗面如土色，唐军居然两次都玩夜袭这套！他无暇责备对方的违约行为，丢妻弃子，骑着神驹，率领万人朝碛口狂奔，想要通过这里重返漠北。但李靖早已安排李　北上，在碛口久候多时了，逮住颉利当头又是一顿猛打，再度俘虏了五万余口突厥人，欲哭无泪的颉利可汗只能掉转马头，带着仅存的十余名骑兵向西逃窜。这里还要说一下，唐俭和安修仁等人大难不死，在混乱中顺利脱逃，没有成为李靖的"郦食其"。经过阴山之战，唐朝领土拓展到阴山以北漠南一线，十天之后，李世民得到捷报，欣喜过望，大赦天下。

至于昔日威仪非凡，今时形同丧家之犬的突厥大可汗颉利，正逃往灵州西北，投奔为数不多仍效忠于他的突厥贵族，那就是他父亲启民可汗的同母弟、颉利的亲叔叔阿史那苏尼失。苏尼失对待侄子还是相当厚道的，不但收容了颉利可汗，还打算支持他投奔吐谷浑部，图个突厥中兴。但既然已经到了灵州附近，李道宗这个灵州都督就不能不尽地主之谊了，马上带领大军进逼苏尼失部，要求他交出颉利。

颉利听闻军报，带着几名骑兵趁夜逃走，藏匿到山谷之中。苏尼失又怕又气，这个侄子倒是自顾自地跑了，也不知会叔叔一声，万一到时唐军问责，他可担不了这个责任，于是赶忙派人把颉利抓回大营。三月十五日，李道宗的副手、大同道行军副总管张宝相突然率军包围了苏尼失的大帐，阿史那叔侄俩见大势已去，只得全军投降。唐军最终生擒颉利可汗，东突厥汗国灭亡，漠南地区从此再无敌情。

不久，颉利可汗被押送到了长安，贞观四年四月三日，李世民登临顺天门城楼，举行盛大的献俘仪式。在长安官民的注视下，李世民逐条责备颉利，但承诺饶他一命，命令好生安置，展现出了大唐天子的广袤胸怀。也是在这前后，恩威并施的李世民得到北方各族拥护，他本人及其后代大唐天子的名片上，也从此加印了一条闻名遐迩的头衔——天可汗！

灭亡了东突厥汗国，可以说是太宗贞观前期最重要的一件大事。就连不问政事已久的太上皇李渊听说这个喜讯后，也不禁感叹："当年汉高祖刘邦被匈奴围困在白登城，生前尚且看不到报仇；现在我儿能一举剿灭突厥，说明我的托付是正确的，我这老头子还有什么可以忧虑的呢？"于是太上皇在凌烟阁设下盛宴，召集皇帝重臣、宗室公主一起极尽欢乐，席间李渊还亲自弹奏起了琵琶，李世民也伴随着音乐翩翩起舞，一派其乐融融的景象。在贞观八年（634年）的一次未央宫大宴上，李渊还专门请出颉利可汗跳舞，南越酋长冯智戴吟诵诗篇，抚掌大笑："胡族和南越一家，真是亘古未有啊！"

已经六十岁的李靖也凭这次灭国大功，晋封为代国公，聊到定襄之战时，李世民赞扬李靖："昔日李陵提兵五千步卒，还难免投降了匈奴，即便这样，其功名尚且能被载入史册。爱卿凭借三千骑兵深入虏境，攻拔定襄，威震北狄，古往今来前所未有，足以替我报复当年渭水之盟的耻辱啊！"

西海扬国威

　　李靖回朝不久，贞观四年五月底，这位攻灭东突厥的大功臣，竟然遭到了指控。

　　御史大夫萧瑀首先发难，弹劾李靖部队不存纲纪，导致突厥的财宝被乱兵劫掠一空，要求将李靖交给司法部门推勘审理。虽然李世民发话不予追究，但等到李靖觐见时，却当面对他大加责备，李靖大为恐慌，没做任何辩解，只是不停磕头谢罪。过了一会，息怒的李世民才说："隋文帝时的名将史万岁击败了突厥达头可汗，有功但不赏，反而因为小罪过招致杀戮。朕不会和他那样做，我会记下你的功劳，赦免你的罪过。"于是加封李靖为左光禄大夫，赐绢两千匹[1]，还增加他的食邑。

　　这件事过了几个月后，李世民又突然对李靖表示："那时候有人进谗，说了你的坏话，现在我已经醒悟了，希望爱卿不要挂在心上。"又非常大方地赐给李靖绢帛两千匹，还拜他为尚书右仆射，重新担任宰相，地位仅次于当时的尚书左仆射房玄龄。

　　这件事看似是唐太宗李世民宽宏大量，饶了李靖一次，但事实真的如此吗？恐怕不尽然。李靖新灭突厥，有天大的功劳，如果不是有皇帝在背后授意，有关官员何以能胆大到捏造这么一个比起灭国来说，实在不算是什么的罪名，要求严查李靖呢？所以在笔者看来，这极有可能是李世民对李靖的一次敲打，意思就是：别看你立了大功，朕是皇帝，有办法抬你，自然有办法整你！李药师是何等聪明人，他不仅是战场上的兵形势家，同样也看透了皇权的排他性，从李渊到李世民，谁都不是省油的灯，功高震主可是亘古不变的大忌！

　　因此，李靖越发低调做人，以至于每次宰相们在政事堂开会，李靖总显得谦恭谨慎，从不打断他人发话，仿佛不善言谈一样。到贞观八年十一月三

---

[1] 唐朝采取钱帛兼行制度，绢帛等同于货币。

日，李世民同意了李靖以足疾为由，归家养病的请求，赐他特进①，职务、爵位均保持不变，仍允许他可以每过几天来参与一次政务会议②，这也相当于唐朝最初的"同中书门下平章事"宰相使职。

虽然李靖想要回家颐养天年，可大唐边境的心腹大患，他是无法视而不见的，这个敌人就是从东晋十六国以来，统治了青海地区三百多年的老牌"地头蛇"——慕容氏吐谷浑国。虽然在李渊武德初年，唐朝和吐谷浑一度交好，双方还建立了互市贸易，但随着国势复兴，吐谷浑可汗伏允任用重臣天柱王，胃口也大了起来，开始逐年侵犯唐境，严重威胁西北的安全稳定。

吐谷浑得寸进尺，不仅多次进犯，还扣留了唐朝使者，鸿胪寺丞赵德楷。李世民先后十次派出交涉人员，又亲自接见吐谷浑使节，当面为他分析利害，伏允竟然还是油盐不进，一概置之不理。贞观八年十一月十九日，就在李靖开始享受他的退休生活半个月后，吐谷浑再度进犯凉州的军报传来，天可汗终于忍无可忍了：必须灭了吐谷浑！

既要发动大军西征，何人可担重任？李世民思来想去，心里的最佳人选还是只有一个："如果李靖做主帅，那就再好不过了！不过代国公的身体状况，还能打仗吗？"随从侍臣们很快把这个风声放了出去，传到了李靖耳里。李靖请求退休，本就有韬光养晦的意思，眼下大唐正需要他，自是义不容辞，于是拜访房玄龄，主动请缨："靖虽年老，固堪一行！"李世民喜出望外。

当年十二月初，李世民任命李靖为西海道行军大总管，节制管辖五路人马：积石道行军总管侯君集、鄯善道行军总管李道宗、且末道行军总管李大亮、赤水道行军总管李道彦、盐泽道行军总管高甑生，以及执失思力所率突厥军、契苾何力所率契苾军，向吐谷浑发起大举进攻。

贞观九年（635年）三月，唐军会集河湟重镇鄯州（今青海省海东市乐都区），李靖同诸将商议下一步的策略。兵部尚书侯君集和任城王李道宗，

这次都被钦点为李靖的副手，会上侯君集先提出了自己的看法："我方大军已到，贼虏还没有逃往险要之地，正应该选拔精锐，长驱直入，打他一个出其不意，一定可以取得大胜。如果有所拖延，贼虏必定远遁，凭靠山势地形为阻隔，到时候想打也难了！"

其实吐谷浑的实力不算强大，国都伏俟城（今青海共和县铁卜卡古城）也就坐落在青海湖西边，那为什么如此难缠呢？原因就在于，他们控扼了河湟谷地的南北山脉这一地利，加上这伙人实在是太能逃了。凭借山区天险，吐谷浑将进攻的主权牢牢握在手里，但凡东方的军队想要来打，便可依山据守；实在打不过了，就再继续往西逃，直到对方追得精疲力竭，垂头丧气地退兵为止。伏允就是掌握了这一核心技术，当年才能在被隋朝灭国后，很快卷土重来复国，现在的唐军，也是长期被这套牛皮糖式的游击战术困扰着。所以要想一劳永逸，必须把握战机，李靖的想法和侯君集不谋而合，遂下令全军遴选精锐，携带少量粮食，向吐谷浑境内轻装深入。

闰四月八日，李道宗一路在库山（今青海省湟源县西南日月山）遇上吐谷浑军，击败并俘虏四百人，同时探得一个不太好的消息：吐谷浑可汗伏允已经打定主意，准备舍弃国都伏俟城开溜，向西边的沙漠逃窜，而且放起漫山大火，沿途寸草不生，这显然就是针对唐军的疲敌战术。以李道宗为代表的唐军诸将都认为，眼下春草未长，战马疲惫不堪，前方又没有可以喂养的草料，长途跋涉将会非常艰难，不如暂时返回鄯州休整，再图后举。

此刻的侯君集，仿佛扮演了当初征南方时李靖的角色，独自力排众议："各位所言，似是而非。就拿上次我军攻打吐谷浑来讲吧，才刚刚撤回到鄯州，对方就已经进抵城下了，这是什么缘故？就是因为吐谷浑的实力依然留存。我军这次只不过是挫败了他们一次，对方却分崩离析，作鸟兽散，逃走的时候，就连斥候也没有留下，可见人心离散到了何等地步。我们乘机进攻的话，拿下他们，就好比从地上捡起草芥一般容易，现在如若不取，来日后悔莫及啊！"

眼看侯君集越说越激动，口气非常强势，没有给任何人一分面子，李靖从善如流，只是微笑着听完发言，再次采纳侯君集的建议，下定了决心，一定要全歼吐谷浑军！李靖将大军分成南北两路，南路由侯君集、李道宗朝着柏海（今青海省玛多县西扎陵湖、鄂陵湖）进发，北路则由李靖亲自带队，率领李大亮、薛万均、薛万彻、契苾何力、执失思力等将领，要"帮"吐谷浑好好做一次大扫除。

侯君集和李道宗穿过破逻真谷（今青海省共和县西南），翻越了汉哭山（位于今青海省兴海县境内），于五月时，在乌海（今青海省玛多县东北苦海）一战擒获了吐谷浑名王梁屈葱。在两千多里的无人区行军，那可真不是一般人能忍受的，当时虽是盛夏时节，但这一地区仍然遍布积雪，既没有水，也没有草，包括两位主将侯君集和李道宗在内，将士只能吃冰，战马只能吃雪。

在这种艰苦条件下，南军仍能长途奔袭，连败潜藏在这一带的吐谷浑军。南路军最后抵达柏海，在这里北望白雪皑皑的积石山（今阿尼玛卿山脉），又来到星宿川（位于今青海省玛多县星宿海），观赏了一番黄河源头，这才回师。唐宋以来，人们都把星宿川视为黄河之源，直到清代以后，才相继把卡日曲、玛曲更精确地列为黄河正源。

李靖已经年过花甲，仍然克服了高原反应，率领北路军朝着青海湖的对岸奋勇深入，先后在曼头山、牛心堆、赤水源等地（都在今青海省西宁市西北）接连克捷，俘获了大量牛羊，正好用来充当军队的粮食补给。先是南昌王慕容孝俊被俘，再是可汗最倚重的天柱王也被击败，伏俟城的军民们已成惊弓之鸟，当即决定斩杀天柱王这个祸端，举城向李靖投降。此次被唐军俘获的还有二十多位吐谷浑名王，以及五万牲畜。

吐谷浑的国都伏俟城已经得手，但罪魁祸首尚未落网，李靖没有多留，指挥大军对伏允穷追猛打。年迈的伏允才逃到赤水（今青海省共和县恰卜恰河）以西，留驻在黑党项部落（位于今青海省兴海县境内），哪知李靖连一口气都不打算让他喘息，只得拖着疲惫的身躯，继续拼死西奔。千里追击，就这样发生在了两个老者之间，而唐军这一追，甚至已经穿过了阿尔金山山脉，来到且末（今新疆且末县），如果伏允再逃，脚下将不再是吐谷浑的国境。

唐军线报传来，伏允正躲在突沦川（今新疆塔克拉玛干沙漠南缘），准备投奔于阗国（今新疆和田）。是继续追，还是放弃？如果深入从未踏足过的沙漠，势必凶险万分，因此见好就收的论调，在军中甚嚣尘上。有时，坚持就是一咬牙、一跺脚的事儿，有了契苾何力带头冲出去的表率，李靖下令全军出击，杀向突沦川。在无际的茫茫大漠中，水源紧缺是唐军首先需要解决的难题。将士们口干舌燥，生理和心理上都承受着巨大的煎熬，最后不得不忍痛牺牲一批陪伴跋涉千里的战马，靠喝马血来解渴。

苦尽甘来，吐谷浑可汗的行帐宛若沙海中一颗闪闪发光的明珠，总算在苦苦追寻的唐军们眼帘中浮现，伏允被打得措手不及。沙漠一战，唐军斩杀吐谷浑数千人，俘虏了伏允的妻儿，唯独可惜的是，又被伏允这个老泥鳅成功脱逃，不过他的好运气就要用完了。伏允带着百余骑兵开溜，已成事实上的孤家寡人，手下们在见识到唐军的无比强大后，无法继续忍受亡命之旅，索性斩杀了他们的可汗（也有说法为伏允是被迫自缢身亡），将其首级献给了唐军。

贞观九年五月十八日，李靖上表朝廷，报告平定吐谷浑大捷。

三天后，李世民特许恢复吐谷浑国，扶持了亲近唐朝的伏允之子慕容顺为可汗，但仅仅过了十天，慕容顺被不服从他的国人杀死，其仅十岁出头的儿子诺曷钵被拥立，吐谷浑内部派系斗争激烈，再度引起大乱。到了年底，李世民再命侯君集、李大亮等人率军对吐谷浑进行武力干涉，由于上次李靖的军事打击非常彻底，所以在唐军协助下，乱党很快被一一削平。

贞观十年（636年）春，年轻的吐谷浑可汗诺曷钵请求内附，愿奉唐正朔，派子弟为质，吐谷浑从此成了唐朝的附属国。不久，诺曷钵还亲自前往长安求亲，迎娶唐朝宗女弘化公主，为唐平吐谷浑画上了一个圆满的句号。两家关系在二十多年里处得相当融洽，直到唐高宗时，吐谷浑被崛起的吐蕃吞并，亡国的慕容诺曷钵只得携妻投奔大唐，最后终老于灵州，此乃后话。

名垂青史

平定吐谷浑之战，是李靖军事生涯的最后一座巅峰，同时也是他政治心态上的重要拐点。

就在李靖得胜回朝后不久，他又被卷入到大案中，具体来说，是一件子虚乌有的谋反案。岷州（今甘肃省岷县）都督高甑生，原是唐军讨伐吐谷浑的行军总管之一，曾因未能按时抵达指定地点，有延误军机之嫌，遭到主帅李靖的当众严加责备。此人是李世民的秦王府旧将，也是虎牢关之战时的夺马三人组之一，立下了不少战功，本就自恃功高，因为丢了面子，对李靖怀恨在心，竟然串通另一位或许与李靖也有过节的广州都督府长史唐奉义，联名控告李靖谋反之罪！

经过一番彻底审查，真相很快水落石出，高甑生等人得到了应有的处罚，一律被流放到边远地区。有人劝说皇帝宽恕秦府功臣，被李世民严厉拒绝："高甑生违背李靖的命令，又诬告李靖谋反，如果连这种行径都可以宽恕，那还要法律做什么？大唐开国时的功臣太多了，如果赦免高甑生，日后人人犯法，到时如何禁止！朕从没忘记有功之臣，正因为这样，才不敢宽恕！"

皇帝的妥善处理并没能让李靖的心理阴影磨灭。虽然李靖战功赫赫，没被下狱，但假若皇帝完全信任李靖的话，又何必要多出查案一举呢？要知道，在有宵小之徒举报房玄龄时，李世民可是完全不放在心上的，人与人之间的差距还是不小啊。

早在李渊时代，李靖就被多次穿小鞋，接二连三差点被杀，现在已经位居宰辅，还要屡屡遭人指控，随时都有性命之虞。想到此处，李靖的内心是很苦闷和委屈的，可稍有不慎就会落入悬崖，这就是官场的残酷面貌，李靖审时度势，决定不再做那个在钢丝上行走的人，就此闭门不出，杜绝人事，即便是亲戚都很难见到他一面。

贞观十一年（637年），李靖从代国公改封为卫国公，因此世称李靖为"李卫公"①。至于被北宋编入《武经七书》的著名兵书——《李卫公问对》，后世对其真实性众说纷纭，甚至有人认为这根本是伪书。

结合近现代学者们的各种考论来看，"卫公兵法"早在唐玄宗朝前后就已经成书，得中晚唐五代人著书时大量援引，并非北宋时才有人托名写就。可能会让不少人感到可惜的一点是，这部卫公兵法也并非李靖自著，而是唐朝人辑录李靖和太宗论兵的言辞而成，但它很好地总结了李靖本人兵法的精髓，依然是一部了不起的兵书。比如对《孙子兵法》"致人而不致于人"思想的发散，提出"奇正相变""变易主客""指画攻守"，旨在争取战争的主动权，在李靖指挥的战役中都能看到这些策略的运用，其用兵特点正是根据形势，准确地以"万变"应万变。

无论是对内统一战争还是对外扩张战争，无论是水战还是陆战，无论是步兵还是骑兵，无论是实践还是理论，李靖做到了样样精通。通观李靖的作战风格，有如下特点：擅长急速行军，出其不意，攻其不备，不给敌人喘息之机（如对萧铣、东突厥和吐谷浑），这便是"兵形势家"所强调的"雷动风举"；善于造势，料敌制胜，在给敌人制造心理压力（如对萧铣和东突厥）的同时妥善分析形势，尽量避免让己方军队陷入险境（如对辅公祏）。

贞观十四年（640年），李靖的妻子，也就是传说中的那位红拂女去世了。李世民下诏在昭陵定下一处墓园为其安葬，并为李靖预留了坟茔。这座坟墓的形制规格仿照西汉名将卫青、霍去病的旧例，被修建成了铁山和积石山的形状，用来表彰李靖平定东突厥、吐谷浑的功劳。贞观十七年（643年），大画家阎立本领命，绘制了凌烟阁二十四功臣图像，李靖位列其中。

李世民曾将李　、李道宗、薛万彻评定为贞观后期的天下三大名将，李靖何以不在其中？正是因为他淡出多年，而李世民没有明言的心中第一人，其实非李药师莫属。因为就在贞观十八年（644年）时，李世民决定御驾亲征高句丽时，虽然李　、李道宗、薛万彻也将同行，但李世民还是有意请李

---

① 另一位李卫公是晚唐贤相李德裕。

靖随他同去："公南平吴会（辅宋），北清沙漠（东突厥），西定慕容（吐谷浑），唯东有高丽未服，公意如何？"

"老臣当年倚仗天威，立下了一点小功，如今虽是残年朽迈之躯，这把老骨头但愿能有这个机会！陛下如果不嫌弃的话，老臣的病马上就快好起来啦！"李靖诚恳答道。望着眼前这个已经有七十四岁高龄，久病缠身的古稀老人，李世民的眼眶不禁湿润了，最终没有同意李靖随行。

然而，唐人笔记《隋唐嘉话》却对此事有着截然不同的记载：起初李靖是很不情愿从征的，李世民使出撒手锏，举曹魏权臣司马懿的例子来敲打他，迫使李靖不得已跟从，最后因病情太过严重，李靖被留在了中途。对于这个说法，实在是既不符合李靖的行事作风，也和李世民一贯厚待老臣的作风大相径庭，笔者不敢苟同。

贞观二十三年夏五月十八日（649年7月2日），一代军神李靖在家中去世，终年七十九岁。走在李靖之前的，还有高士廉、马周、房玄龄等贞观名臣，故人如风中落叶一般，几乎凋零，李世民大为哀恸，追赠李靖司徒、并州都督，上谥号"景武"。仅在李靖去世后一周，五月二十六日，千古一帝李世民去世，一个时代结束了。

天宝六载（747年），李靖得以配享太宗庙庭；上元元年（760年），李靖和李　一同被列入了"武庙十哲"。在太宗君臣去世近一百九十年后，倾慕贞观君臣风范的唐文宗李昂，从李靖弟弟李客师的玄孙李彦芳那儿，目睹了当年太宗赐予李靖的敕书、手诏等文件，包含相当多的太宗亲笔手迹，木匣中的佩笔，尚能用来写字。

李靖身后，凭借他伟大的军事成就和忠君爱国的精神，得到了上下的一致好评和爱戴。至于李靖的神化历程，恰恰也是儒、释、道三教合流的发展史。他本人或许不崇道①，但从唐初开始，李靖就逐渐被民间神化，"初唐四杰"之一的杨炯，就曾用"开太一之三门，闭阴符之六甲"形容李靖

---

① 从哥哥字药王本人字药师的情况来看，可能宗教信仰更接近佛教。

用兵如神。到了中晚唐，李靖已被传颂成能天降神兵、呼风唤雨的神祇。元代时，想象力永无止境的百姓，终于将李靖和佛教的毗沙门天王相融合，托塔李天王就此出世，后来更是和一个叫哪吒的小孩，产生了一段斩不断的羁绊。

兵形势家之

苏定方

三栖兵家·初唐名将

不白之冤

要问在整个唐朝，哪位一线名将被后世歪曲和误会得最深，可能非苏定方莫属。

晚明万历年间长篇小说《大唐秦王词话》中，苏定方作为汉东王刘黑闼的部将，设伏杀死了罗成，不过此时的他，仍以忠臣面貌示人，后又为尽孝降唐，还算是一位值得敬重的忠良之辈。但到了明末清初褚人获的《隋唐演义》中，作者却刻意安排苏定方先以毒箭射死罗艺，后设计射杀陷于淤泥的罗成，罗氏父子双双殒命于苏氏之手，加上该作又添油加醋，把苏定方刻画成了势利叛主之人，从此苏定方在民间的形象和口碑，就朝着同之前相反的方向狂奔而去。

再到稍晚的《罗通扫北》，苏定方已经沦为小说家笔下的大奸大恶，除了施展毒计害死二罗的戏份不改，甚至被塑造成陷害罗氏第三代传人罗通，阴谋叛乱的反派角色，最后还要落得被罗通俘虏，惨遭挖心的结局！这还不够，就连苏定方的后代也难逃编排，苏麟、苏凤、苏宝同等人，在评书、戏曲中全部成了煽动叛乱的逆贼之徒。

经代代口耳相传，苏定方在民众心中的印象，和他的老上级，那位受百代敬仰，最后成为神仙的李药师相比，反差简直就是天壤之别。这最重要的原因，当然都要归于在明清文学作品里，苏定方是杀害唐军名将罗成的凶手这一设定。然而，此事纯属子虚乌有，因为唐初根本不存在罗成这一将领，就连他的原型之一罗士信，也不是苏定方所杀，而是被俘后宁死不降，遭刘黑闼下令处死。比起虚拟人物"冷面寒枪俏罗成"的美名扬，当今又有多少人知道，在游戏《王者荣耀》中强力角色"苏烈"大叔的原型，恰是那位胆魄过人，平灭三国的盖世名将苏定方呢？

不妨再举个例子，在真实历史上，北宋名将潘美确实要为"杨老令公"杨业之死负很大责任，因此在杨家将的系列故事中，此人每每被刻画成大奸臣"潘仁美"，并不能说全是冤枉。两相比较，战功远超同期任何一位名将，且为唐朝鞠躬尽瘁、至死方休的苏定方，却要无端背负数百年的骂名和抹黑，那简直就是和尚被追着当秃子打，是不折不扣的"莫须有"罪名。

让人扼腕叹息的是，苏定方的前大半生实际上并不顺遂。命运这双巨大的无形黑手，似乎有意要摆弄、锤炼、磨砺这位军事奇才，而这份代价，却是他人生中最可贵的数十年时光。

厚积薄发

苏烈，字定方，以字行于世，是冀州武邑（今河北省衡水市武邑县）人，他生于隋开皇二十年（600年），年岁比唐太宗李世民小一些。

和李世民一样，苏定方的从军经历非常早，隋末天下大乱，盗贼和起义军横行于河北，在看到父亲苏邕肩负起保卫家园的责任，组织数千壮丁守护乡里时，年纪轻轻的苏定方没有畏缩，毅然参战。苏邕病故（一说战死），年仅十八岁的苏定方接过重担，执掌这支部伍，还相继参与了官兵对张金称、杨公卿等义军首领的组织讨伐，在实践中积累了大量的军事经验。归附夏王窦建德后，夏国大将高雅贤一眼看中苏定方身上的才干，非常喜欢这孩子，于是把他收为义子。

到窦建德遇擒被杀，夏国大将刘黑闼在高雅贤、范愿、董康买等人的拥戴下，建立汉东政权与唐为敌，苏定方也跟随义父攻城略地，立下不少战功。起初汉东军连战连胜，势如破竹，但好景不长，高雅贤在不久后的一次战斗中伤重而亡，至武德六年初，汉东王刘黑闼也被唐军俘虏，人头落地，河北就此被唐朝平定。苏定方这次虽然没有被处置，却没有遇到像义父那样的伯乐，只能默默地回到故乡，那一年，他二十四岁。

以窦建德的宰相、左仆射齐善行为例，这等重臣在夏王被俘后，举河北数州之地降唐，随后担任秦王府护军，再无更张之举，到贞观年间已经达到了遍任地方都督的水平。反观小字辈苏定方，先是依附窦建德，后又不识时务地跟着刘黑闼起事，可以说是既有站错队的案底，又无突出的贡献，唐廷自然不会对他产生多大兴趣。直到贞观初年，苏定方才做到匡道府折冲都尉一职，相当于营团级的中层军官。

贞观四年二月，定襄道行军总管李靖奇袭阴山，一举将颉利可汗的剩余部众俘杀殆尽，东突厥汗国随之彻底瓦解。在这次的总攻行动中，李靖看中了苏定方的才能，委任他担任"斩首行动"的前锋。于是乘着浓雾，苏定方率两百精骑突袭牙帐，杀得突厥人鬼哭狼嚎，使敌方乱成一锅粥，为随后抵达的大军取得满堂彩创造了一次绝佳的良机。得胜回朝，苏定方也凭借功劳从匡道府折冲都尉升任左武侯中郎将。

然而非常蹊跷的是，从贞观四年往后长达二十五年的时间里，在这个大唐对外战争频繁的年代，"舞台"上竟看不到一点苏定方的身影。直到永徽六年（655年），才能见到时任左卫勋一府中郎将的苏定方，以副将身份协同营州都督兼东夷都护程名振，渡辽河大破高句丽军的记录。

正当壮年的苏定方，何以销声匿迹这么多年？有学者认为，如果排除史料散佚的可能性，那么苏定方的仕途遇阻，极可能是受到了当年"军纪败坏案"的牵累。即便后来披露，此事本属诬告，主帅李靖也洗刷了冤屈，但比起李药师，苏定方这个无甚声望，加上是敌对降将出身的前锋将就很不幸，依然做了朝廷政情的牺牲品，以至于凭他这一身才能，竟被长期雪藏，没能得到进一步重用。笔者赞成这个看法，毕竟就连李靖都淡出了贞观朝后期的军政界，在朝廷里，苏定方几乎找不到一座可以倚仗的靠山。

直到永徽年间，锐意进取的高宗李治不知通过何种途径，听说了苏定方，并慧眼识英雄，开始起用这位不复年轻，已经五十六岁的老将军，让他参与了高宗朝第一次对高句丽的征伐。不管出于什么缘由，高宗此番起用，使得苏定方不再被埋没，开启了他所剩无几，却最为辉煌璀璨的军旅岁月。对高句丽的战事取得大胜，高宗甚是满意，苏定方也因表现突出，被升为右屯卫将军，晋爵临清县公，总算迈出大器晚成的第一步。

两征天山

而真正让苏定方一战成名的，是接下来对付西突厥的大戏。

太宗贞观后期，西突厥汗国再度陷于分裂，起因是名义上由唐朝册立的乙毗射匮可汗图谋称霸，将触手不怀好意地伸向了西域诸国。不久，与射匮交恶的西突厥另一派大将阿史那贺鲁，率数千帐部众降唐，并协助击溃了亲附射匮的龟兹国（今新疆库车市）。贺鲁先后被封为左骁卫大将军、泥伏沙钵罗叶护①等职务，到贞观二十三年二月，贺鲁特别出任新设立的瑶池都督（都督府治莫贺城，今新疆昌吉州阜康市），被安置在时属安西都护府（时治西州高昌城，今新疆吐鲁番市哈拉和卓堡西南）的庭州（今新疆吉木萨尔县北）之下。

唐朝如此热心，初衷显而易见，是想将贺鲁扶植成一股亲唐势力，由他招抚尚未降服的西突厥各部，共同对付乙毗射匮可汗，朝廷自可趁着西突厥分裂坐收渔翁之利，开拓天山以北地区。

虽然算盘打得叮当响，但这次李世民恐怕是要失望了，因为贺鲁也是个狼子野心的家伙，他不甘当个附庸，于是暗中招兵买马，动静也闹得越来越大。仅仅几个月后，天可汗去世的消息传来，贺鲁认为天赐良机，不再继续遮掩。很快，朝廷接到了庭州刺史骆弘义的示警，贺鲁脱离大唐统治的企图昭然若揭。

贺鲁听从了儿子咥运的建议，暂时先不和大唐撕破脸皮，而是把目光投向了天山以北。永徽元年（650年），羽翼已丰的贺鲁部"脱唐"西进，彻底击败乙毗射匮可汗，兼并了对方的部众，最终在碎叶水（今吉尔吉斯斯坦、哈萨克斯坦境内的楚河）以西的水草丰饶之地千泉（今吉尔吉斯山脉北麓、库腊加特河上游一带）扎根，建立了新王庭，自称沙钵罗可汗。居于碎叶川东、西两侧的突厥十姓部落——左厢咄陆五部、右厢弩失毕五部悉数来

---

① 突厥的叶护类似都督，常以宗室子弟担任。

投新可汗，西突厥再度完成统一，号称胜兵数十万，西域诸国闻风丧胆，纷纷表示臣服。

谁能想到，就在几年前还寄人篱下，事事要看大唐眼色的贺鲁，已经成长为西境独一无二的霸主沙钵罗可汗，比乙毗射匮可汗还威风。而且这位新晋"西域一哥"，已经迫不及待地要小试牛刀，和大唐掰一掰手腕了。永徽二年（651年）春，西突厥莫贺咄叶护，即贺鲁的长子阿史那咥运领命，率处月、处密、哥舒、葛逻禄、毕失五部越过天山，进犯庭州，相继攻陷了金岭城（今新疆天山东支博格达山北）、蒲类县（今新疆昌吉州奇台县）等地，劫掠数千民众而去。

眼下西突厥的复兴，已经威胁到了安西都护府的安全，加上这次赤裸裸的挑衅行为，是可忍，孰不可忍！于是从永徽二年七月起，唐高宗以左武候大将军梁建方、右骁卫大将军契苾何力为弓月道行军总管，发起向西突厥及其附属势力的征伐，至永徽三年（652年）春，唐军在牢山（今博格达山）大破处月部，擒杀亲附贺鲁的处月首领朱邪孤注，沉重打击了处月、处密等部，唐军重新掌握了天山以北东部地区的主动权。顺带一提，处月部就是未来的沙陀部，这位朱邪孤注也正是两百多年后的风云人物——晋王李克用、后唐庄宗李存勖父子的祖先。永徽四年（653年）三月，唐朝废瑶池都督府，又在永徽五年（654年）闰四月，于处月部故地设立金满州、沙陀州二都督府，凭此作为西征的前沿基地。

在解除突厥对安西的直接威胁后，下一步就是对付贺鲁的本部主力。永徽六年五月十四日，即程名振、苏定方在东北战场大胜高句丽军的第二天，唐高宗便调兵遣将：以右屯卫大将军程知节为葱山道行军大总管，右武卫将军王文度为行军副大总管，统领左武卫将军舍利叱利、伊州都督苏海政、行军总管周智度等人，待各路人马集齐，大军就向贺鲁发起总攻！而苏定方回朝后，在加官晋爵的同时，领到了新任务，在大军序列中充任前军总管一职，仍旧扮演着先锋的角色，可以算是人尽其才了。

显庆元年（656年）年初，为昭示此战必胜的决心，高宗登临玄武门，为程知节一行人设宴饯行。而唐军主帅程知节，也就是大名鼎鼎的唐初猛将程咬金，作为当时寥寥无几的凌烟阁功臣之一，已经六十八岁高龄的老将军在战场上的表现可谓雄风依旧。在程咬金的指挥下，至显庆元年八月，唐军先在榆慕谷（今新疆吉木萨尔县北）击破葛逻禄部、处月部，后又大败五咄陆中的突骑施部、处木昆部，还攻陷了处木昆部的老巢咽麴城，共杀死突厥三万余人。

直到当年十二月，大军进抵鹰娑川（今开都河上游）时，碰到了难啃的骨头。在这里，唐军的先头部队遭遇了西突厥汗国的两万余骑兵，唐将苏海政与敌展开交锋，双方打得难分难解，但大为不妙的是，五咄陆之一的鼠尼施部首领率两万余骑兵，突然在唐军的侧翼方向不合时宜地出现并加入战斗，朝程咬金所在的主力部队发起猛攻。唐军仓促应战，一时形势万分危急。

就在战事陷入胶着时，附近的一处山坡上，突然尘土飞扬，战场众人不由得抬头一看，不明数量的唐军正居高临下，借着俯冲之势，高声疾呼，鼓噪而进！这下，轮到突厥军队没有心理准备了，他们不约而同地在脑海中浮现了一个想法：不好，中计了！

从天而降的神兵，如一把利刃直插入战阵，这些不要命的"坏家伙"们挥舞着长枪，左冲右突，势如破竹，极大鼓舞了战场上所有唐军将士的士气。这数万突厥人措手不及，被杀得丢盔卸甲，唐军追击了二十余里才停歇，共阵斩突厥一千五百余人，缴获了两千匹战马，至于其他装备、辎重，更是被丢弃得遍布山野，不计其数。

这批起到了决定性作用，扭转了情况不利局面的五百名唐军，正是在苏定方的率领下。原来，就在唐军遇险时，侦察敌情的苏定方，正驻于十里开外的山头另一侧暂作休整，但不久之后，大军方向扬起漫天烟尘，传来金鼓齐鸣，打破了难得的宁静。苏定方判断，大军一定遭遇了险情，但他手下只有区区五百人，似乎摆在他眼前的路，只有一条可选：现在开溜，也许还来得及！只用不到一秒，苏定方就把这个想法抛到脑后，大敌当前，已到生死关头，险中求胜，尚可有一线生机，焉有退缩避战的道理！苏定方与众将士一齐跨马提槊，义无反顾地冲上了山坡。

鹰娑川之战告捷，正给了唐军乘胜追击、一举端掉贺鲁势力的绝佳机会，但事情却没有按这个剧本演绎，反而朝着崩坏的方向发展。这一切，都是因为苏定方让某个人眼红了，这个人就是葱山道行军副总管王文度。

王文度作为苏定方的同龄人，资历要老得多，早在十多年前对高句丽的战事中，他就担任过程名振的副手。这次征贺鲁他又担任了副帅，自然有趾高气扬的资本。不过现在的情况却不一样了，苏定方这位关键先生的功劳，已然盖过了自己这个表现平平的二把手，军中对他赞不绝口，让王文度妒火中烧：一定要做点什么，绝不能被苏定方盖过自己！

很快，王文度向主帅程咬金建议："现在虽然击败贼军，但我军也有一定程度的死伤啊。为了取胜而贸然将生死置于危难之中，何必要如此行事呢？我们可以将阵形摆成结实的方阵，将辎重放在其中，行进时遇到敌军再马上开战，这才是万无一失的办法。如果轻率出击，一定会招致损伤！"为了不让苏定方再立功，抢自己的风头，王文度绞尽脑汁，他甚至声称自己得到了皇帝的密旨，以程咬金恃勇轻敌为由，要求程咬金将指挥权转让给他。

而更让人不解的是，程老将军居然信了王文度的鬼话，交出了大军兵权，开始任由对方胡来。从这天起，唐军按王文度的指示收拢部队，不再深入腹地，只能身穿铠甲，骑马列成方阵缓慢行进，白白承受劳苦。不多时，士卒疲惫，个个都像霜打的茄子一般，就连战马也饿死了不少。

对这种盲目的自杀式行军，心急如焚的苏定方再也看不下去了，直接跑到程咬金跟前提议："大军远征是为了讨伐敌军，现在反倒止步自守，眼下马饿兵疲，要是遇敌一定失败！都这样怯懦胆小，如何能够立功！而且，您才是圣上钦定的主帅，怎么可能另外派遣副帅专行军令呢，这件事一定有鬼！请您马上把王文度囚禁起来，立即上奏报告朝廷，看他还不现出原形！"如果是几十年前的程咬金，一定会马上答应，可惜年迈的程知节不复当年，失了不少胆色，终归是没有听从苏定方的建议。

唐军缓慢地行进，到了一处叫怛笃城的地方时，这里的不少胡人没有抵抗，马上投降了唐军。王文度却灵光一现，又来了主意："别看他们服软，等我们回师后，必定再次反叛，不如全部杀光，拿走他们的财宝，大家都有得分！"眼看本是正义之师的唐军，临了却要沦落为一支贼寇，苏定方又急了："我们这么干的话，就是自己做了强盗，还说什么讨伐贼人呢！"

看着苏定方气急败坏，却拿自己毫无办法的神态，王文度内心暗爽，哪里愿意搭理他，杀死了这些降人。瓜分这批不义之财时，唯独苏定方一人怎么都不愿意接受，原因很简单，他嫌脏！

分赃完毕，这次西征竟然就虎头蛇尾地结束了，鬼迷心窍的王文度只图一时之快，却把最初高宗定下的"消灭贺鲁"的战略目标全部丢到了天边，即使有再多财宝的收买，也包不住这件军中丑闻。高宗龙颜大怒，判处胆大包天的王文度死刑（后特许免死，削除官爵），程咬金也没有逃过免官的处罚，可惜一代猛将晚节不保。而全程保持清醒，不肯同流合污的苏定方，这一次在人群中格外显眼，得到了公众的一致赞许，虽然没有得到升迁，但高宗心里已经给苏定方预留了一个主帅的位置。

梁建方、程咬金等人的两次征讨，对西突厥汗国造成的打击都只能算是隔靴搔痒，但高宗讨伐贺鲁的决心并没有改变。仅仅两个多月后，显庆二年（657年）年初，唐廷宣布以苏定方为主帅，担任伊丽道行军总管，率燕然都护任雅相、燕然副都护萧嗣业等将领，另征调回纥首领、瀚海都督药罗葛婆闰部下万人，准备发起第三次针对西突厥的远征。同时，命令已归顺唐朝的西突厥酋长阿史那弥射、阿史那步真两个族兄弟担任流沙道安抚大使，在南路负责招抚。

当年年底，苏定方的北路军进抵金微山（今阿尔泰山），再次击败了处木昆部的来敌，迫使其将官率万余帐投降唐军。苏定方当然没有像愚蠢的王文度一般，施以残酷报复，而是好生安抚，并从中抽调出了一千精锐骑兵，跟随唐军西进。而这一次，目标的出现并没有让苏定方等待太久，唐军刚刚经过曳咥河（今额尔齐斯河）不久，就迎面撞上了贺鲁，正率领胡禄屋、摄舍提、鼠尼施、突骑施、处木昆这左厢五部咄陆，共十万人在原野上严阵以待！

而苏定方手下的唐军呢，加上万余回纥部兵，也最多不过三四万人，面对比自己多出一倍的劲敌，当如何是好？看着人数上占劣势的唐军，贺鲁已经喜笑颜开了，一点也不客气地率众径直奔来，大有要把苏定方军团团围住，再一口鲸吞之势，事态处在千钧一发之际！

细密的汗珠渗满了苏定方的前额，毫厘之差，即是生死之分，作为一军之将，他必须比任何人都要冷静！不多时，苏定方沉着地下了指令，将全军分成步军和骑兵两个梯队：令步军据守原野南部，一齐举起长枪，枪尖对外，形成了一堵枪林坚壁；骑兵则由苏定方本人和副总管任雅相等人率领，一同在原野北方列阵。

乍一看，唐军的步兵阵列看着容易对付，于是贺鲁军朝那个方向发起了猛攻，第一次冲击、第二次冲击、第三次冲击……也许，在鳞次栉比的锋利枪林前，战马们不免产生畏惧，下意识地有所躲避，导致突厥人竟然一连多次都无法冲破这堵人墙。

步兵们的咬牙抵抗很快起了效果，一鼓作气，再而衰，三而竭，同样适用于突厥人。眼见对方的士气有所消磨，而骑兵们业已按捺不住了，苏定方料定时机已到，一声令下，同任雅相、萧嗣业等人发动冲击。这一回，经苏定方的精心设计，唐军骑兵再次很好地利用了居高临下的地势便利，从北向南狂飙突进而来，竟然以少敌多，阵斩突厥大酋都搭达干等人，继而杀翻了贺鲁的数万大军！贺鲁大败而逃，唐军追击了三十余里，竟斩杀、俘虏三万人之多！

吸取了前人惨痛的经验教训后，苏定方不敢懈怠，经过一夜的休整，便继续率军追击。在见识到唐军的不要命后，以贺鲁女婿胡禄屋部首领为代表的四咄陆族长纷纷投降，只剩处木昆部首领决定一条道走到黑，带着几百骑兵追随贺鲁，朝着西方一路狂奔。而碎叶川西边的右厢五弩失毕部落，已经听说了大可汗贺鲁崩盘的消息，连忙齐刷刷地派出专员，向正在由南向北推进的阿史那步真、阿史那弥射一行表示投降。

苏定方令萧嗣业和婆闰一齐率领先头部队追击贺鲁，他和任雅相率领刚刚依附的诸部，在后头继续跟进。当时已是深冬，正好天降大雪，平地雪深足有二尺之厚，将士们纷纷请求等待放晴继续行军。然而，苏定方有他必须拒绝的理由："敌酋倚仗积雪深厚，认为我军无法前行，一定会让士兵和马匹休息，我们现在急速追击，一定可以追上；如果稍加延缓，他们将越逃越远，届时将无法追及了。别怕吃苦，要知事半功倍，就是现在！"二话不说，带着大军踏雪行进，昼夜不停，一路招降所到之处的突厥部落，又在双河（今新疆博乐市西南的博尔塔拉河）和阿史那兄弟完成了会师，士气高涨。

此时，苏定方距贺鲁的所在地，已只剩两百里了。原野苍茫，白雪皑皑，这似曾相识的情势，一如近三十年前的阴山之战，苏定方不由得想起故人来，那就是对他有知遇之恩的老上级李靖。现在，苏烈将再续前人没有谱写完的华章，在大唐的军事丰碑上刻下属于自己的一方荣耀！

苏定方令大军列阵，直奔金牙山（今新疆霍城县西北）杀去，那里是贺鲁的行帐所在地。果然，贺鲁认为大雪肯定妨碍了唐军的步伐，所以毫无戒备，正和手下一同狩猎取乐呢。铺天盖地的喊杀声突然传来，瞬时震落了无数枝杈上的积雪，猛虎般的数万唐军在雪中乍现！贺鲁招架不住这一群突如其来的杀星，西突厥军队也又一次遭到了毁灭性的打击，鲜血染红了白雪，共有数万人被唐军斩杀及俘虏，战利品中还包括了象征可汗大位的战鼓和狼头纛。

贺鲁和儿子咥运、女婿阎啜等人虽然逃出了生天，也只能率领余部再启亡命之旅，就在伊丽水（今伊犁河）旁，他们又遭到了苏定方的追击，突厥人仓皇奔逃，许多士兵不是被杀，就是做了水鬼，可谓是祸不单行。侥幸过河的贺鲁父子，带着最后的十几名骑兵连夜窜逃，穿过碎叶川，投奔石国（今乌兹别克斯坦首都塔什干）而去。

已到穷途末路的贺鲁不足为患，苏定方只命萧嗣业率精锐继续追击，让大军就地休整，接下来他还有更重要的事情要做，那就是安抚十姓部落，巩固唐朝在西域的口碑和影响力。军事打击已毕，苏定方并施恩德，先是授意各部士卒返回原驻地，恢复之前的生活秩序，又掩埋尸骨、慰问疾苦，还将贺鲁掠夺的财物牲畜一律送回了各部。突厥人对苏定方心悦诚服，各部辖区也得以顺利地重新划分下来，西突厥就此大定。

人困马乏的贺鲁一行，逃到石国西北的苏咄城时，再也跑不动了，派人携带珍宝入城购买粮食和马匹。不过，苏咄城主伊沮达官对这个"扫把星"已经有了想法，遂假意出城迎接贺鲁，声称要用美酒佳肴好好招待大可汗。贺鲁上钩，成了瓮中之鳖，被伊沮达官活捉，送到了石国。石国的国王鼠匿设同样不愿触霉头，不久后，萧嗣业和阿史那弥射之子阿史那元爽合兵一处，抵达石国郊外时，鼠匿设马上把贺鲁献给了萧嗣业。

显庆三年（658年）十一月十五日，经过数月长途跋涉，苏定方回到长安，把沙钵罗可汗贺鲁押到了高宗面前，在昭陵及太庙进行了献俘仪式。高宗念贺鲁有自责之意，赦免其死罪，次年贺鲁病逝，被特意安葬在灞水之滨，那里正是颉利可汗的墓旁，两位和苏定方都有交集的突厥君王，以这样的方式殊途同归了。

这是高宗朝以来对西突厥第一次真正意义上的全胜，战后，唐廷在原先的突厥故地设置了崑陵都护府和濛池都护府，分别由阿史那弥射、阿史那步真担任都护，二人同时被封为兴昔亡可汗、继往绝可汗。西突厥汗国的灭亡，也意味着大唐王朝不仅控制了天山南北，而且疆域拓展到广袤的中亚地区，西抵咸海，基本上已经达到了极点。也正是凭借平灭西突厥的功劳，首功之臣苏定方升迁左骁卫大将军，晋封邢国公，他的儿子苏庆节也被封为武邑县公。

说来也巧，就在举行献俘仪式十余天后，另一位凌烟阁功臣、唐初猛将尉迟敬德在家中去世。隋唐之际的英豪们相继离世，不禁引人感叹，但正所谓江山代有才人出，时下当红的军界"新星"苏定方，无疑已经跻身高宗朝一线名将的梯队，而让人更惊叹的是，在他人生的最后十年，大放异彩的高光时刻，不止这一次。

老而弥坚

前文说到，唐朝设立了崑陵、濛池两大都护府，对西突厥故地招降纳叛，但两位新可汗的表现，却辜负了李治的期望。阿史那弥射和阿史那步真虽说是族兄弟，但早有宿怨，朝廷让他们共治突厥，大抵也有互相牵制的考虑，不过二人驭下无方、刻薄少恩，很快引起了突厥人的不满。

就在显庆四年（659年）冬天，原属阿史那步真下辖的西突厥五弩失毕中，实力最为强劲的阿悉结部（又称思结部）出手了，其俟斤（部落首领之称）都曼在吞并了邻近诸部后，又唆使疏勒（今新疆喀什）、朱俱波（今新疆叶城县）、谒般陀（今新疆塔什库尔干县）这三个葱岭（今帕米尔高原）以西的小国，一起兴兵反叛，并猛攻亲唐的于阗国。除了为了拉拢一切可以联合的力量外，都曼联合三国攻打于阗，另一个目的非常有可能是为了打通五俟斤路通道，获得与吐蕃的直接联系，来进一步获得对方的支援，共抗唐朝。

西征经验丰富的苏定方成了平叛首选，被高宗任命为安抚大使，再次挂帅，负责镇压都曼。苏定方又一次发挥了他擅长指挥大兵团运动战的特点，很快抵达碎叶川，这让都曼十分惶恐，退保一处叫马头川的地方据守。想不到逃得这么快？在苏定方眼皮下，都曼的胆怯展露得一览无余，既然如此，那就好办了。苏定方马上挑选了一万精锐士卒，骏马三千匹，亲自带队，创下一日一夜长途奔袭三百里的神话，杀到了马头城西四十里处！不过，若按一士配一马来算，苏定方是如何让剩下的七千人也做到行军同样神速的呢？史无明载，也许是利用了其他交通工具吧。

拂晓时分，比阳光更早映入都曼眼帘的，是渐行渐近的唐军黑影，瞠目结舌的都曼只好仓促出城迎战。苏定方军经过一天一夜的长途跋涉，却仍然保持了超高的战斗力，试问，被吓破了胆的突厥军队如何能敌？在遭到唐军的几轮痛击后，节节败退的都曼只好撤回城中，唐军紧接着抵达城下。入夜时分，唐军的大部队陆续赶到，很快将马头城团团包围。不过，苏定方并没有急着发起总攻，而是看碟下菜，打起了心理战。他让唐军砍伐附近的树木，制造成大量攻城器械，悉数陈列在城旁，继续给都曼施加巨大的压力，同时向城里人喊话：只要投降，饶你不死！

都曼插翅难飞，他的勇气已经见底，撑不了太久，很快，都曼就让手下把自己五花大绑，开城向苏定方投降，都曼之乱宣告平定，其他三国也相继求降，葱岭以西就此重获平静。最晚到了一年多后的龙朔元年（661年）时，以吐火罗国为首的十六国已纷纷归顺，唐朝在中亚的河中地区再次广设都督府和羁縻州，大唐"西尽波斯"，在西域的疆土达到了最大，这不能不说正是苏定方一征贺鲁、二平都曼的功劳。

不过对苏定方而言，显庆四年着实是个扑朔迷离的时段，因为从敦煌出土的吐蕃历史文书还另外记载了一件事：显庆四年时，苏定方曾和吐蕃的第三号人物副大相达延莽布支在乌海（一说今青海省玛多县冬给措纳湖）打了一仗，而且这位达延莽布支也在战斗中被杀。但人们却对这段藏文史料，有着几种大相径庭的译法：一、苏定方八万人击败吐蕃一千人；二、苏定方八万人败给吐蕃一千人；三、苏定方一千人击败吐蕃八万人。

苏定方八万人败给一千吐蕃人的说法，实在是过于荒诞不经，而且就吐蕃主将战死的情况来看，这场不见于汉文史料的乌海之战，似乎是唐军取胜的可能性更大。如果将都曼之乱的因素，和当年吐蕃在吐谷浑边境集结了大量军队，有意进攻吐谷浑的史实相联系，再结合苏定方之前的军事经验和用兵特点来分析，这场战争应该是苏定方平定都曼撤离西域，取道南路，途经吐谷浑时，给予图谋不轨的吐蕃军队之惩戒，给对方好好上了一堂军事课。如果苏定方确实大败了，为什么事后没有任何处罚？何以后来唐高宗还能放心委派苏定方镇抚陇右，让老将军去应付曾让他蒙受奇耻大辱的吐蕃？至于当时苏定方手头的兵力，更不可能有八万人之多，想来，可能是再次施展了一番以少击多的神技吧。不管怎么说，苏定方打赢了这场乌海之战，是毋庸置疑的。

显庆五年（660年）正月，苏定方回到了东都洛阳，在乾阳殿向高宗献俘。当有关官员要求诛杀都曼时，苏定方大胆地站出来，提出了反对意见："臣思忖圣上有好生之德，一定会饶了都曼，所以当时许诺饶他不死，他这才出城投降。都曼现在既然已经认罪，老臣希望陛下可以留他一命！"高宗对苏定方的语言艺术和人格魅力颇为赞赏，欣然说道："既然这样，朕这次就不依法行事，来成全爱卿的承诺吧！"遂法外开恩，赦免了都曼，苏定方也因功受封上柱国，同时平调为左武卫大将军。

似乎苏定方注定无法享受太久的闲暇，因为就在当年，唐廷得知了朝鲜半岛三国的紧张局势再度升级，大战一触即发。这些年来，百济国倚仗自己有高句丽撑腰，频频侵扰新罗国，新罗国王金春秋被整得焦头烂额，只好让次子金仁问入唐求援，一路上花了近一年时间，方才见到高宗，递上求救的表疏。李治继承了父亲的遗志，一直想要灭掉高句丽，于情于理都要出兵相救。

　　长久以来，唐军对高句丽的进攻基本上采用两种进攻方式：或从陆路抵达辽东，向高句丽发出一记直拳，这种逐步推进的打法，虽然能够消耗对方实力，但在短期内，实在难以针对辽东以东一带山区取得更大的突破；或从山东半岛远渡登陆，虽然可以对高句丽的首善之地平壤（今朝鲜平壤市）直接造成威胁，却苦于没有陆上的根据地，时间长了，一定会碰到粮草短缺的瓶颈。

　　经多次交手，再结合当下局面考量，唐朝高层总算探索出了一条新思路并达成了共识，那就是：先端掉位于朝鲜半岛西南的百济这个帮凶，既能起到支援新罗的作用，也能借此对接半岛中南部的新罗，对最北面的高句丽形成一南一北的夹攻之势！战略已定，谁来负责具体攻略百济呢？

　　有这么一个人，他之前就有对高句丽作战的经验，且数十年来，此人亲历从平野到草原，从戈壁到高原等不同环境的各类型战场，堪称通才，高宗全无悬念地祭出了这张王牌——苏定方。

　　显庆五年三月十日，唐高宗正式宣布，命左武卫大将军苏定方担任神丘道行军大总管，总领神丘、嵎夷、马韩、熊津等十四道行军，由一时良将刘伯英、庞孝泰、刘仁愿、曹继叔、冯士贵等人担任各道总管，将征发的水陆大军共十万人投入战争，讨伐百济！

　　苏定方率领大军，从登州成山（今山东荣成市东北）驶出港口，横渡黄海。到了七月，距岸上不远处时，苏定方就望见了熊津江口（今韩国锦江入海口）一带有不少百济军，布防甚是森严。苏定方不愧是全能型选手，即便初涉海上作战，也能把自身那一套突击风格发挥得淋漓尽致，他当即下令加快本舰航速，亲率精锐抢滩登陆，在江东岸布下阵形，同百济军展开激战。

甫一交手，在奋勇力战的唐军面前，百济军并没有占到多少主场的便宜，不多时，上空的云彩逐渐被遮天蔽日的船帆掩盖，那正是相继抵达的唐军舰队，很快布满了整个海面。百济军队被这大场面震慑到，不禁稍有后退，而唐军士气越发雄壮，苏定方要的就是这个机会，发起猛攻，一下阵斩数千人，百济人惊叫着四散奔逃，溃不成军。唐军也很快等来了涨潮，舰队随之沿江挺入百济内地，苏定方则率领陆军沿岸推进，这时候新罗派出的军队也赶到了，唐罗联军一路擂鼓呐喊，直奔百济的王都泗沘城（今韩国忠清南道扶余郡）。

　　距离泗沘城仅二十里处，联军遇到了倾巢而出的百济军，摆开要决一死战的架势。可叹，这些百济人真正的敌人并不是老冤家新罗人，而是那个叫苏定方的老者。在实力面前，百济大军宛若一群乌合之众，被唐罗联军轻易地击破了，徒留下一万多具尸体，血腥味弥漫着战场，久未散去。百济国几乎再无还手之力，联军顺势杀入泗沘外城。百济王扶余义慈舍弃子民，携太子扶余隆逃奔另一座国都，即东北方的熊津城（今韩国忠清南道公州市），在唐军猛攻下，泗沘城仅过了三天就放弃抵抗，扶余义慈也随即被大将挟持来降，各地纷纷易帜，百济灭亡。

　　战后的显庆五年八月十五日，苏定方决定刻石纪功，在泗沘城中的定林寺中立起了一座用花岗岩雕砌而成，高达8.33米的五层石塔，塔身的第一层上嵌有《大唐平百济国碑铭》，故又名《苏定方碑》，俗称"平济塔"，后来还被韩国列入了十大国宝级文物。这座由初唐知名文士贺遂亮、权怀素分别担纲撰文、正书的纪功碑上，详细记载了参加灭百济之战的人员名单，它不仅是大唐王朝威震海东的见证，也是苏定方本人的无上荣耀。

　　苏定方再次交来一份优秀的答卷，远在洛阳的高宗自然是大喜过望，赶紧派人带着诏书，火速前往百济，让他代表天子，向前线的苏定方和众将士表示慰问，同时又任命此人继续镇守百济，担任熊津都督。然而，高宗的安排似乎别有用意，因为这个漂洋过海上任的将领不是别人，正是和苏定方闹过矛盾的王文度（已起复为左卫中郎将），或许他是想达到一种制约的效果。不过，高宗这次可能白费心思了，因为苏定方和王文度很可能没有见到面，王文度启程东渡不久，苏定方却已经在归国的海路上了，这又是怎么回事呢？

原来就在灭百济后，据说苏定方也犯了和王文度同样的错误：有意放纵士卒大掠，严重破坏了唐军的正义形象！不过笔者认为，就苏定方这些年的为人处世来看，他对这些行径是最为不齿的，坏事更可能是同百济有深仇大恨的新罗人所为，苏定方最多治一个管束不严的罪名。但在愤怒的百济军民眼里，联军蛇鼠一窝，并无分别，所以很快掀起了大规模的反唐复国运动，其中又以百济名族黑齿常之、沙咤忠义为首的两支武装力量最为强劲，他们依山固守，让苏定方派去的军队吃了不少苦头。值得一提的是，这两个百济人后来降唐，各自凭借才能得到了重用，尤其是黑齿常之在对付吐蕃、后突厥以及平定李敬业的战事中屡立大功，也是不可多得的一代名将。

在战事不利而师老兵疲的情况下，苏定方决定先行撤军，遂于当年的九月初留下刘仁愿镇守熊津城，自己则率军从熊津启程归国，和来时不同的是，唐军船上多了百济王族及官员，还有一万两千名百济民众。近两个月后，显庆五年十一月一日，高宗登上洛阳皇城南面正中央的应天门楼，迎接凯旋的苏定方一行，并举行了献俘仪式，将百济王扶余义慈以下人员悉数释放。

至此，苏定方已经创造了一个前无古人、后无来者的纪录：先后三次远征，征服了三个敌国政权（西突厥汗国、阿悉结部、百济国），每次无不生擒对方国主（阿史那贺鲁、都曼、扶余义慈）！苏定方作为唐高宗时代第一名将的地位，即便是英国公李勣也无法撼动，而如此彪悍生猛又含金量十足的战绩，恐怕是历代名将都非常艳羡，但又可望而不可即的。

苏定方实在是太忙碌了，不到半年，高宗见百济残余势力有所收敛，遂于龙朔元年四月十六日征调大军，发动对高句丽的新一轮大战，以苏定方为平壤道行军总管，契苾何力为辽东道行军总管，庞孝泰为沃沮道行军总管，苏定方的两个老战友任雅相、萧嗣业分别为浿江道、扶余道行军总管等，水陆两路共三十五军一同进发，为表决心以及彰显重视程度，高宗起初还做出了要御驾亲征的姿态。此行，苏定方虽然名义上没有被任命为诸军主帅，但从行军目标来看，他无疑肩负了最重要的任务——攻打高句丽国都平壤城。

唐军渡过渤海后，对水战越发得心应手的苏定方在八月十一日于浿江

（今朝鲜大同江）大破高句丽军的防线，自此深入内地，连连克捷，很快苏定方进据平壤西南方的马邑山，在这个制高点安营扎寨，包围了平壤城。

接下来的几个月，虽然唐军北线的契苾何力部踏过了冰冻的鸭绿江，给高句丽军造成重大伤亡，与苏定方完成会师，但很快因国内回纥、契丹等部骚乱，高宗不得不调回契苾何力等人的部队平叛。到龙朔二年（662年）初，形势越发变得不妙，先是任雅相在军中病逝，后是庞孝泰和他的十三个儿子战败身死，接连丧失了两位总管级人物后，人心不免浮动。到三月时，苏定方又率军打了一场大胜仗，借着这次胜利，全军咬紧牙关，猛攻平壤城，可惜仍然未能攻下。凡此近期种种，皆因唐军上下缺衣少食，已经持续了四个月之久！

早在去年九月时，唐军就面临缺粮的窘境，苏定方也一再派人督促新罗输送粮食。但由于途中遇见包括风雪在内的各类突发情况，新罗的运粮队伍遭遇重大损失，直到三月底才抵达，而此刻的唐军已经精疲力竭了。送到的粮食为数不多，加上下了许久大雪，不少士卒因此冻死①，在十分勉强地让全军吃上一顿后，苏定方解围班师。

唐军花费了如此之大气力，功败垂成，这也是苏定方出道成名以来，在战场上遇到的第一次重大挫折，讽刺的是，败因却并非苏定方出了失误。事后检讨来看，高宗这次发起的平壤之战实在不算是明智之举，它看上去反而更像是天子的一次实验，进一步论证了灭亡百济，从而在朝鲜半岛有立足之地的必要性。假若高宗能够分清主次，不操之过急，先解决掉残留的百济问题，再回过头来对付高句丽，结局可能就会大不一样了——或许，那个人本是可以"灭四国"的。

龙朔三年（663年）九月，百济复国运动终于被全面扑灭，高句丽失去了最重要的盟友以及战略屏障，侧翼完全暴露在唐朝和新罗的进攻下。至总章元年（668年）九月，平壤城陷落，高句丽国终于灭亡了，不过唐军的主

---

① 任雅相的健康情况恶化，或也与恶劣天气有关。

帅却并不是苏定方，而是"凌烟阁二十四功臣"中硕果仅存、垂垂老矣的开国宿将李勣。非常可惜，苏定方在一年前已经去世了，未能看到唐攻高句丽的终幕。

苏定方的余生仍是在疆场上度过的，龙朔三年五月，居心险恶的吐蕃人再度发难，吞并了吐谷浑故地，逼迫吐谷浑可汗逃奔唐朝，西北形势骤变。高宗这才惊觉之前对西北的不够重视，但为时已晚，只得先后任命郑仁泰、独孤卿云、辛文陵等大将屯守陇右各地，防备吐蕃，不久又以苏定方为凉州安集大使，节度诸军。年近古稀的苏定方就此再度踏上了凉州之行，也就是在他镇守河西、陇右地区的数年间，吐蕃人慑于这位战神的余威，不敢轻举妄动，唐朝也能够继续专注于东线的半岛战事。

几年后，吐蕃重臣禄东赞亲自率军十万，攻破生羌十二州，但随即被宝刀未老的苏定方大败，这位辅佐松赞干布的吐蕃元勋也战死军中①。也就是在同年，乾封二年（667年），在西北静静守护着大唐帝国的一代名将苏定方故去，终年六十八岁。

史称吐蕃"自是岁入边"，从此加大了入寇的频率，仅在苏定方去世两年多后，吐蕃先是攻取安西四镇，又在大非川之战重挫唐军，种种变故终于迫使高宗拆东墙补西墙，最终顾此失彼，既没能守住百济和高句丽的故地，眼看着新罗统一半岛，又不得已坐视宿敌吐蕃王朝的日益崛起——世间已无苏定方。

被评为"兵形势家"的军事家们往往需要面临迥然不同的战场形势，在古代，如同苏定方这般能够得心应手打好运动战、围城战、歼灭战，同时又能成功征服大漠、高原、海洋等多种自然环境的将领屈指可数。而应对这些险恶环境，主将的毅力无疑是必备条件，苏定方凭借他风驰电掣般的用兵风格，让被追击的对象往往无所遁形，从而在军事史上创造了一次又一次的奔袭奇迹。

---

① 更有甚者声称，唐军乘胜杀入吐蕃腹地，最后纵火焚烧布达拉宫，但此说过于夸大。

斯人已逝，但苏定方未尝不是在用另一种方式守护着大唐，因为他早就找到了最合适的继承者，已然无憾。那还是贞观年间，尚未扬名立万的苏定方，曾感慨无人传承自己这身本领，直到偶然遇见一个军事奇才。苏定方爱才心切，把他收为自己第一个，也是最后一个学生，将兵法对其倾囊相授。这个年轻人，就是后来被评价为"儒将之雄"的绝世名将裴行俭，他注定要和老师一样踏上保家卫国的疆场，唐德宗建中年间，师徒二人终得一同配享武庙。

然而非常可悲的是，苏定方这位为大唐鞠躬尽瘁、至死方休的国宝级名将却遭到排挤，以致其死讯被有意滞留，没有及时通报给高宗，过了一段时间才传到天子耳中。高宗得知噩耗，大为哀恸，不满地对陪臣说道："苏定方于国有功，按例应当褒奖追赠，你们这些人为什么一句话不说，致使他的死后哀荣没能及时颁发？朕实在是不免悲叹痛惜啊。"他立即下诏，追赠苏定方为左骁卫大将军、幽州都督，谥曰"庄"。

除此之外，苏定方对吐蕃的几场胜仗，汉文史料也对其讳莫如深，何以遇到不公平的待遇？一般认为，还是复杂的政治因素在作怪。苏定方成名时，与高宗朝重臣许敬宗交好，可能还有李义府、任雅相这些宰相级人物，也是在许、李执政时，曾大肆陷害后来的名臣刘仁轨等人。到刘仁轨上位，许敬宗已淡出朝野，李义府已死在贬所，被视为是他们一党的苏定方自然不会获得政坛新贵们的好感。不久后许敬宗也去世了，朝中诸臣马上卷起一阵清算风暴，要求高宗追究许敬宗的私德和史德问题，最后敲定，由刘仁轨主持修改此前的实录和国史，也就是在这一连串的政坛变幻中，苏定方和他的战绩记载不免受到相当程度的牵连。

但好在后人的眼睛是雪亮的，历史这位编剧，还是尽量保持了公正。经历了一个多世纪，到唐德宗即位后，于建中元年（780年）再次划定前代大唐功臣，苏定方被选入第二等功臣的上等之列；建中三年追历代名将六十四人配享武庙，苏定方在列；贞元五年，苏定方被图像凌烟阁。

苏定方终于拿回了他应得的殊荣，那些后世对他的种种抹黑和丑化，今朝可休矣。

高仙芝&封常清

兵形势家之

西陲双璧 · 盛唐名将

不速之客

唐玄宗开元、天宝之交的一个寻常日子，在遥远的西域，距长安七千四百八十里的龟兹城中，安西副都护的府门前，突然出现了一位衣衫褴褛的男子。

说他其貌不扬，那都是客气的措辞了。此人身形消瘦干瘪，长得颇为丑陋，而且不良于行，属于那种放在长安大街上，随便哪位路人，但凡看他一眼，就会产生不适感的类型。

他叫封常清，大唐蒲州猗氏人。

此人自幼丧父，跟随因犯罪而被流放充军的外祖父，来到了西域生活。外祖父虽沦为一介看城门的小卒，家境十分贫寒，但深谙再穷不能穷教育的道理，常带着小外孙坐在门楼上，亲自教他读书习文。日复一日，封常清得以增长了不少见识，眼界大为开阔，也萌生了建功立业、脱离困顿的想法。

不幸的是，等到外祖父去世时，已经三十多岁的封常清，仍是个孑然一人的无业游民，未能走出穷困的窘境，难免成了街坊四邻嘲谑的对象。人穷志不穷，封常清自知要想发迹，便不能再走寻常路，决定放手一搏，来到龟兹，向当时势头最盛的军官投去了名刺。

封常清求见的对象，便是安西军二把手，时任安西副都护兼四镇都知兵马使的高仙芝。

高仙芝的祖籍本在高句丽，他的父亲高舍鸡先在河西任职，后来到西域屡立军功，官至安西四镇中层军将。关于高舍鸡的身份，学界历来多有讨论，有认为他出自亡国了的高句丽王室，也有认为他是高句丽的将门后裔，无论从哪种说法来看，高仙芝家庭的今昔都脱不了一个"贵"字，已足以让封常清这些人艳羡不已。

更重要的是，同"丑态百出"的封常清相比，高仙芝一表人才，天生长了张艳丽夺目的脸，是再标准不过的大帅哥一枚。另外，和父亲这类纯粹的武将不同，高仙芝的身上，还透着一股和金戈铁马的军旅生涯有些格格不入的儒雅气息，高舍鸡为此没少替儿子发愁。不仅容貌秀美，风度翩翩的高仙芝还擅长骑射，骁勇善战，因此很快得到了安西高层人物的青睐和赏识。

随父来到西域后，高仙芝凭借父荫补授游击将军，但不消几年，年仅二十多岁的高仙芝，便凭借自身的功劳，升到了和父亲品级相当的军职，父子同列，成为一时佳话。不过，在盖嘉运、王斛斯、田仁琬这几任节度使的时代，高仙芝虽然小有名气，却还不算得到重用。

直到开元二十九年（741年）后，田仁琬去任前往河东，由曾生擒突骑施黑姓可汗的夫蒙灵察接任安西都护、四镇节度使后，情况开始转变。这位羌人出身的胡族名将，一眼看中高仙芝身上的巨大潜力，火速将他提拔为于阗镇守使，后又委任焉耆镇守使，很快便坐上了安西副都护、四镇节度副大使、都知兵马使的位子，成为安西军中炙手可热的人物。

骤然显贵，高仙芝开始讲究起排场来，对外发话，打算给自己招揽三十位随从，每逢出兵跟随。这些随从衣着光鲜，相貌也称得上是仪表堂堂。所以在看清了封常清的长相后，获知对方来意的高仙芝当场拒绝了他。

出人意料，到了第二天同样的时间，封常清又出现在了门前。高仙芝的脾气虽然不算差，甚至可以说有些温顺，但也忍不了莫名其妙出现一个面目可憎的跛子，用那副谁欠他钱似的神色，再度搅坏自己的心情，于是颇为不悦地推托："我要的随从已经够了，你为什么还要再来？"

没想到话音刚落，封常清的火气更大，怒道："我仰慕高公的大义，希望侍奉在您左右，所以没有经人介绍就毛遂自荐，您为什么要将我拒之千里外呢？以貌取人，恐怕失之子羽啊。您还是再好好考虑一下吧！"不等高仙芝回话，封常清头也不回地走了。

呵，这可真是丑人多作怪啊。高仙芝松了一口气，心想可算摆脱了这家伙。不料，接下来的第三天，第四天，第五天……怀着对功名的渴望，封常清豁了出去，天天来到高仙芝的门前打卡签到，是赶也赶不掉，骂也骂不走！这样愈挫愈勇的"骚扰"，一天也没落下，前后竟然一连纠缠了数十天之多。对封常清的这股执拗，高仙芝是又好气又好笑，彻底被这帖"狗皮膏药"击败，无奈之下，只好同意让他加入自己的随从队伍，但也仅把对方当成空气看待。

不久，安西境内的达奚部发生叛乱，进逼四镇之一的碎叶城（今吉尔吉斯斯坦托卡马克市），高仙芝得夫蒙灵察之命，率领两千骑兵截击，很快便不费吹灰之力，将叛军悉数擒杀。打完胜仗后，就该向朝廷奏捷了，当高仙芝准备安排专人负责此事，封常清却体贴地送来了一份战报。

刚一过目，高仙芝便大为惊愕，在这份文书上，凡是此战相关信息，无论是安营扎寨的地点，还是经过的水井流泉，抑或交战形势和取胜谋略，全部被条理清晰详细写下，他高某人心里想要说的，竟然一条都不少。"甚好，军中竟有如此懂我心意之人？"

封常清点了点头，承认出于自己私下的手笔。等到高仙芝回过神来，仍是惊叹不已，从此对封常清刮目相看，一改先前轻蔑的态度，开始有重用他的打算。回到龟兹，不等高仙芝汇报工作，同样懂行的判官刘眺、独孤峻等人连忙来见，争先问道："之前捷报是何人所写？副大使手下哪来的这等人才！"高仙芝隆重地介绍了封常清，大家啧啧称奇，都对其才能表示十足肯定。

封常清从此成为高仙芝手下的判官，被高仙芝亲切地唤作"封二"。一美一丑，一热一冷，这对经历和性格迥然不同，看似全无交集的人，却组成了天宝年间西域的最强名将组合，他们将精诚合作，在此后十余年里大放异彩。

雪原史诗

盛唐时期，葱岭以南有一勃律国，又称钵露罗，即今克什米尔的巴尔蒂斯坦地区，位于巴基斯坦的最北部。其版图形状呈东西长、南北窄的特点，是扼守西域和中亚地区的咽喉之地，被视为"唐之西门"，也是一大重要的商贸枢纽。吐蕃作为大唐最强劲的宿敌，自唐高宗以来对外大肆扩张，意图夺取西域霸权，已有近百年历史，勃律国这一处在两强之间的缓冲带，正因其微妙的地理位置，成为唐蕃两方都必须争取的对象。

那还是武后执政的年代，在吐蕃名将论钦陵的进逼下，夹缝中求生存的勃律国被迫分裂成了一个小型的"南北朝"。原先亲近唐朝的勃律王放弃王城，远走北方重新建国，是为小勃律（今吉尔吉特和亚辛一带），被吐蕃扶持的另一方则为大勃律（今斯卡都）。得益于勃律国的狭长地形，吐蕃没有一次性得逞，将小勃律国完全吞并，且大勃律国也并非一直死心塌地归附，说到底，这就是小国的生存之道罢了。

吐蕃并没放弃努力，在接下来几十年里，又多次发起冲击，试图控制勃律地区。

开元十年（722年）时，吐蕃军队以借道为名，攻克了小勃律国的九座城池，并包围了王都。曾入朝认玄宗为义父的小勃律王没谨忙焦头烂额，赶忙向大唐求救。

勃律虽小，但不容有失！一旦失去了小勃律这个盟友，对唐朝来说，意味着吐蕃可以轻易北出西域，袭扰并逼迫昭武九姓诸国倒向吐蕃一方，甚至还有联合突骑施的可能性，一起完成对安西四镇及北庭的战略合围。当时的北庭节度使张孝嵩对此有着非常清晰的认知："勃律亡，则西域皆为吐蕃矣。"距离小勃律最近的疏勒镇领命，由副使张思礼带队，率领四千步骑昼夜兼行，翻越葱岭，与没谨忙合兵一处，斩杀吐蕃数万，并帮忙收复了失地。

除了动用拳头，吐蕃同时还试图通过联姻，达到拉拢诸国的效果，比如开元二十二年（734年），吐蕃再度攻破复归唐朝的大勃律，又将赞普赤德祖赞的王姐卓玛类远嫁给了突骑施可汗。到了开元二十五年（737年）冬，小勃律国已几经易代，在位之人换成了苏失利之，他最终经不住吐蕃多年的威逼，决定向吐蕃请降。又过了数年，苏失利之被迫迎娶了赞普的另一个王姐墀玛类，标志着小勃律最终完全倒向了吐蕃一方。由此，吐蕃的触手深入到葱岭西北，此方二十多个小国只能表示臣服，并中断了向唐朝的进贡，一时西域形势骤然剧变。

从开元末年到天宝中期，密切关注着西域动态的玄宗皇帝多次下达命令，指示盖嘉运、田仁琬、夫蒙灵察等数位安西都护征伐小勃律国，光是比较大的动作就有三次，可惜都未能取得给力的成果。鉴于高仙芝多年来在西域的优异表现有目共睹，玄宗大胆了一次，于天宝六载春季特命高仙芝为行营节度使，决定让他来试着啃下小勃律这个硬茬，为表示高度重视，还特别委派了宦官边令诚、杨献庭等人担任行营监军使。

高仙芝是在当年的四月上旬接到命令的，正是气候渐热、水流将涨的时节，前方山路也不易前行，绝对不是出兵的良机，他当然有理由暂缓行军。但考虑到此行路途遥远，如果拖到秋天以后，葱岭雪原的艰险将更加不堪设想。高仙芝不多时便下令军中打点行装，带上心腹封常清等人，率领步骑精锐多达一万人，从龟兹城向西南进发。

虽说明面上这支远征军有步骑之分，但在当时的安西，军方为了有力保障行军效率，除骑士本身标配两匹战马以外，也允许甚至是大力提倡步卒自备私马，因此将其视作清一色的万人骑兵，并不为过。

沿着天山南麓急速行进，安西军展现出了其非同凡响的机动性。高仙芝采用分段急行军的方式，先用了十五天抵达第一站拨换城（今新疆阿克苏市），经过稍加休整，以相同速度先后经过握瑟德（今新疆巴楚县）、疏勒，翻越西昆仑山，终于在出发两个多月后，抵达了葱岭守捉（今新疆塔什库尔干塔吉克自治县），抬眼望去，前方便是平均海拔在4500米以上的帕米尔高原。

我们无法详细知晓，近一千三百年前，高仙芝及远征军翻越帕米尔天险的过程中，遇到了何等困厄险阻，又有多少人马中途掉队。但对军中任何一位成员来说，他们必须克服高原反应、极端天气、恶劣地形这几大致命难题，是最真实不过的绝地求生，后人足以窥见其中的举步维艰。

长达二十多天的翻山越岭后，唐军身影奇迹般地出现在了播密川（今阿富汗东北部喷赤河北源）。更令人惊叹不已的是，他们依然能够保持之前的行军速度，花了二十多天，便抵达特勒满川（今喷赤河）。距远征军动身已过一百多天，跋山涉水消耗了太多精力，但接二连三的挑战此刻才刚刚开始。

远征军现在所处的西北方向，便是护密国（今阿富汗瓦罕）的娑勒城

（今阿富汗萨尔哈德），距小勃律只剩五百里之遥，是高仙芝此行必须攻下的前哨站。从这里开始，前方的道路就越发狭窄了，为了便于隐蔽，高仙芝决定分兵三路行进：疏勒守捉使赵崇玼率三千骑兵，走北谷直取连云堡；拨换守捉使贾崇瓘经赤佛堂路前进；高仙芝本人与监军边令诚则走护密道前往。

天宝四载（745年），夫蒙灵察领兵图谋小勃律时，也曾对娑勒城用兵，就是缘于吐蕃在护密存在不少军事据点，会对南进的唐军形成夹击之势，所以不得不打。娑勒城西北十五里有一处连云堡，即有吐蕃军队千人，堡南十五里还有一座驻守九千人的城寨，南倚兴都库什山脉，北靠娑勒川（今瓦罕河）而建，可谓易守难攻。高仙芝一路于七月十二日抵达了连云堡对岸，彼时正是夏季，冰川消融，使得娑勒川的水势尤其迅猛，涛澜汹涌！

事前，三路军队遵照高仙芝的约定，要在十三日集结于连云堡，眼看就要被大河拦住了去路。就在唐军上下认定计划有变，打算徐图后进时，高仙芝却在次日凌晨突然下令，要求诸将拣选精锐，每人自带三天干粮，在河岸集结，观看主帅操持祭河仪式！看这架势，是打算带一批不怕死的过河呀，大伙心里异口同声默念出了一个结论：副都护他疯了吧！

高仙芝强令渡河，等到将士不情不愿地到达河边，发现水位骤然下降，众人顺利渡河，在岸边列好阵势。监军宦官边令诚捏了一把汗，还没缓过劲来，身边的高仙芝对他大喜说道："敌军如趁着我们渡河来攻，我们恐怕凶多吉少，现在我军顺利过河，这是老天要把贼人送上门来！"

乍一看，是高仙芝太过幸运，用三牲祭礼换取了"河神"的眷顾，实则不然。由于夜间霜冻的缘故，河水上游的冰雪融化缓慢，自然就使得水量变少，近代英国探险家斯坦因就曾尝试过在夏日凌晨横渡瓦罕河，证明了可以办到这一点。高仙芝细心观察，却全部归功于天意，是为了增强全军的必胜信心。

七月十三日晨，唐军集结完毕，向连云堡发起猛攻，突见天降神兵，吐蕃守军惊恐万状，忙用滚石檑木招呼。得益于选址的天然优势，两军打得难分难解，唐军苦战多时，仍未打开局面，就连前来给唐军助威的识匿国王跌失伽延也当场阵亡。事不宜迟，高仙芝召来安西军中的两大猛人——左右陌刀将李嗣业、田珍，只是冷冷地下了一个死命令："中午之前，必须攻破贼军！"

李嗣业身长七尺，素来以骁勇绝伦著称，在陌刀刚被投入军中大规模使用时，大伙公认李嗣业是擅使这一大杀器的佼佼者，他也因此得到夫蒙灵察的赏识，基本属于出战必带人员。此刻，虽有敌人迎面而来的俯攻，李嗣业仍然发挥了视死如归的精神，毫不畏惧地向上冲击。不多时，只见李嗣业手拿唐军大旗，率领陌刀队从一处意想不到的险要攀上了城头，逢人就以快刀斩乱麻之势，劈成两段，连云堡的守势很快出现了缺口。

吐蕃人没想到冒出来个杀神，登时失魂丧胆，四散溃逃，光是慌不择路从山崖跳入河水而死的，就数不胜数。唐军诸将见状，信心大增，群起怒吼而攻之，终于在午前将连云堡拿下！此战唐军共斩杀吐蕃五千人，俘虏千余人，其余人等落荒而逃，留下了千余匹战马和大量军资器械。

好不容易拿下了连云堡，然而边令诚刚刚有所舒展的眉头，很快又皱成了一团，因为天子派到军中的术士韩履冰告诉他，如果前往小勃律，接下来的关卡更不好走了。既然监军不想走，高仙芝也不强求，留下边令诚和三千名羸弱的士兵守卫连云堡，他则继续独自带队，准备征服前方一望无际的冰川坦驹岭（达科特山口），兴都库什山脉最为险峻的山口之一。

早在二十世纪初期，英国探险家斯坦因就推测，高仙芝翻越兴都库什山，应是取道达科特山口，并试图通过实地考察来验证这一猜想。1906年5月17日，斯坦因在向导带领下，花了足足九个小时，才攀登上这海拔高达一万五千四百英尺①的达科特山口。虽是夏季，岭上犹是白雪皑皑。经多番比对，斯坦因得到了想要的答案，并证明了唐代史料关于此次远征地形方面的记载，确实无一谬误。由此，斯坦因还做出了一个大胆的评价：高仙芝对帕米尔高原、兴都库什山等山脉的一系列征服，显然已经盖过汉尼拔、拿破

---

①1英尺 ≈0.3米。

仑、苏沃洛夫等一众外国名将的功绩！

高仙芝深知边令诚等人的退出，对军心会造成一定影响，为此早就做好了打算。

唐军同心竭力，总算在三天后登上了坦驹岭山顶，当他们带着一丝好奇，向冰川另一端的景象望去，却发现这片茫茫雪原馈赠他们的，只有一条四十余里，铺满了冰雪，几呈垂直的陡峭山坡！果不其然，士卒们眼看脚下近乎无路可走，大都绝望，带着哭腔愤懑道："大使要把我们带到哪里去？"恐惧笼罩了整个军队，几乎失控。

高仙芝只是淡淡地说道："如果阿弩越城派人来迎接，我们就没有顾虑了啊。"他口中的阿弩越城，在今天亚辛河谷南端的古皮斯，也就是此行的下一站，距离目的地小勃律王都孽多城（今吉尔吉特）只有两百里了。说来也巧，不知从哪冒出来二十几个服饰迥异的胡服骑兵，求见高仙芝，自称是阿弩越城使者，说道："阿弩越城诚心归附大唐，已将娑夷水上的藤桥砍断。"

娑夷水，即今吉尔吉特河，其上有一座藤桥，距离孽多城只有六十里，是吐蕃通往小勃律的唯一要道，如今阿弩越人主动断了藤桥，那岂不是意味着小勃律手到擒来？得知这一喜讯，唐军将士情绪高涨，先前的恐慌消了大半，高仙芝一声令下，全军积极地朝山脚进发。

从坦驹岭下来后，其实高仙芝的内心是有些忐忑的，因为他心知肚明，那些人压根儿不是什么阿弩越士兵，而是他为了打消士卒们的恐惧，才在登山前安排的由唐军"热心人士"友情客串的一出好戏！但又不得不说，高仙芝的运气实在太好了，下山三天后，阿弩越城人竟然真的被这队奇兵吓得不轻，派人前来迎接，唐军不战而屈人之兵，得以在次日进城休整。入城当天，高仙芝马上派出席元庆、贺娄余润二将修桥铺路，准备开往小勃律国的王都孽多城。

高仙芝率军从阿弩越城出发，令席元庆带领千名骑兵先行开路，顺便特意让他给小勃律王苏失利之带话："我们远道而来，不为攻打你们的城池，也不求破坏你们的桥梁，只想从你这儿借道一用，去对付你们的老对头大勃律！"同时又私下嘱托席元庆："我军一到，小勃律国的诸位首领和百姓一定会逃入山谷，届时你就放话奖赏财物来招引他们，等那些首领来了，就一律绑起来，等我来处置！"

孽多城中有五六个为首的小勃律大臣，本是吐蕃王国忠实的拥护者，然而仅是一听说唐军有赏，他们的理智便立马败给了贪欲，继而也就信了席元庆所谓只打大勃律的这种鬼话，纷纷前来讨赏。迎接这些无耻之人的只有囚禁，等到高仙芝一来到，这些鼓动国王依附吐蕃的家伙，自然是齐刷刷掉了脑袋。反而是小勃律王苏失利之的脑袋还比较清醒，带着自己的吐蕃王后藏匿了起来，继续观望事态发展。

比起有怨报怨，高仙芝眼下更紧要的事，还是断绝吐蕃军队的支援。于是，席元庆又来活儿了，接到了新的一项紧急任务：完成"阿弩越人"们没有兑现的诺言，砍断娑夷水上的藤桥。席元庆率军狂奔六十里，带人一通刀劈斧砍，终于在日落前终结了这条交通要道。就在藤桥刚刚被切断时，吐蕃大军也来到了对岸，来势汹汹。说起这座藤桥的来历，那也是当年吐蕃诓骗小勃律国要求借道，才修建完成的，虽然长度仅有一箭之遥，但要想重新修好它，也需要花上一年的时间。此情此景，吐蕃人只能长叹一声，眼睁睁地看着小勃律重新姓了李。

时为天宝六载七月二十三日，距高仙芝从龟兹出发三个多月，在安西军历经无数艰难险阻后，叛唐近十年的小勃律国平定。高仙芝留下了一千人戍守孽多城，带上携妻出降的小勃律王苏失利之，踏上班师之路，途中不忘重回连云堡，捎上了边令诚。随后，高仙芝请节度判官刘单拟就告捷文书，派遣中使（即边令诚）判官王廷芳向朝廷报捷，献上战俘。苏失利之夫妇得到玄宗赦免，在长安定居，小勃律国也被改名为归仁国，安置归仁军，另增两千人镇守。

葱岭西北诸国闻讯，纷纷重新归附，唐朝重新在西域取得对吐蕃的压倒性优势，高仙芝也凭借此战，被西方世界冠以"中国山岭之主"的光荣名号。

将星熠熠

直到回到龟兹，见到神色大变的夫蒙灵察时，高仙芝才意识到自己犯了一个低级错误。

与以往不同，对高仙芝宠爱有加的夫蒙灵察没有半句慰劳的话语，反而当面破口大骂起来："你这个高丽奴！于阗镇守使是谁提携你做的？焉耆镇守使是谁提携你做的？安西副都护是谁提携你做的？四镇都知兵马使又是谁提携你做的？"显而易见，几个问题的答案一概指向了提出问题的这个人。

高仙芝唯唯诺诺，接连应答："是中丞您，都是中丞之恩①。"夫蒙灵察越发恼怒："既然知道这些都是我上报给你安排的，你怎敢不等我来处置，就私自给朝廷送上捷报！你这该死的高丽奴，理当问斩！我这次看在你新立大功的分上，暂时不办你！"又看了看一旁的节度判官刘单，"听说，你小子也挺能写啊。"把这两个人都吓得直求饶。

能干出把战报越级上传给朝廷的事，高仙芝确实是坏了军队规矩，颇有倚仗天子钦点，不把夫蒙灵察放在眼里的嫌疑，难怪多年来对他有恩的夫蒙灵察大发雷霆。不过这倒也不怪高仙芝昏头，既然他在这次行动中有"行营节度使"之职衔，也难免误以为自己事事都有专断之权了。

就在高仙芝提心吊胆，担心会被夫蒙灵察穿小鞋时，有位贵人听说此事，偷偷给玄宗上了一份奏报："高仙芝立了如此大功，现在他恐怕会因为越级上报，忧虑而死，将来还有谁会愿意为朝廷效力啊。"当年十二月，朝廷下达了一项人事调动：授高仙芝鸿胪卿、摄御史中丞之职，担任安西都护、四镇节度使；原节度使夫蒙灵察征调入朝，另有重用。

这下轮到夫蒙灵察傻眼了：之前都干了什么事啊，竟把天子看好的人好好得罪了一遍！当众人都观望着新官上任的高仙芝会如何欺压老御史中丞时，他却还是和过去一样，对待夫蒙灵察毕恭毕敬，早晚拜见，总是不失应

---

① 夫蒙灵察兼御史中丞。

有的礼节，把夫蒙灵察弄得是既惭愧又害怕。

至于那位向玄宗秘密进言，使得高仙芝摆脱窘况的贵人，就是从征小勃律的监军宦官边令诚。由于武周以来，御史类宪职猥滥，充任监军不再合宜，因而到唐玄宗时期，出现了大批宦官出身的监军使，他们代天子监督，地位尊崇，在军中的话语权颇有分量，边令诚便是其中代表。征讨小勃律之役，边令诚同高仙芝产生了过命的交情，于是帮了他一把，但高仙芝预想不到，多年后将自己送上不归路的人，同样也是这位热心肠的老战友。

除了夫蒙灵察，军中还有不少人在密切观察着高仙芝的一举一动，随时准备应付对方的报复。其中包括先前与高仙芝平级的安西副都护程千里，还有节度押牙毕思琛、僚佐王滔、康怀顺、陈奉忠等人，他们的共同点是都曾在夫蒙灵察面前嚼舌根，说了高仙芝的坏话。

果然，等到夫蒙灵察一走人，高仙芝就开始对众人翻旧账了。先是嘲谑程千里和毕思琛："各位长相都是大丈夫，心眼却像个小女人，这是何故啊？"又对毕思琛说道："你这胡人居然还敢出现在我面前！我在城东有一块田地被你抢走了，你可还记得？"毕思琛只得连连卖笑讨好："这是中丞您当时知道我辛苦，赏给小人的。"话音刚落，高仙芝怒斥了回去："这是我那时惧怕你作威作福，怎会是因为可怜你才给出来！"

发完了火，高仙芝这才阐明来意："我本来不想说的，担心你还记着这事而有顾虑，既然已经把话说开了，那就没事了！"又把王滔等人叫来，准备杖责一顿，过了一会儿又全部释放了。如此一来，高仙芝的气也消了，军中个别人整天自危的状态也解除了，凭借高仙芝的大局观和社交智慧，安西军重新拧成了一根绳。

当然，对将士一味宽容放纵，并不能真正树立主帅权威，保证军纪严明，于是除了高仙芝这个唱红脸的，封常清则是唱起了白脸。高仙芝担任安西节度使后，委任封常清为节度判官，专掌四镇仓库、屯田、甲仗、支度、营田等事务，每逢出征，便留下封常清担任留后看家，使其成为高仙芝时代安西军实际上的二把手兼大管家。

封常清的行事作风以果决坚毅闻名，在高仙芝外出的日子里，就杀了横行霸道的郎将郑德诠和两位有罪过的大将，一时军中无不胆战心惊，就连高仙芝本人也得让他几分颜面。

虽然唐军在小勃律地区留下了镇兵戍守，但由于物资供应困难，归仁军的士兵必须前往西南方的罽宾国（今阿富汗喀布尔河谷以北）进行交易。然而吐蕃贼心不死，招降了小勃律和罽宾之间的要道——揭师国（今巴基斯坦奇特拉尔），让唐军和周边小国都大感头疼。天宝九载（750年）年初，应吐火罗国请求，高仙芝又一次翻越葱岭南下，攻破揭师国，俘虏了国王勃特没，另立其兄长素迦为新王，为归仁军解除困顿。

当高仙芝再度征服葱岭，扬威西域的同时，更远的西方世界也发生了一场激烈大变革。倭马亚王朝被淹没在此起彼伏的起义中，轰然倒塌，公元750年8月5日，埃及一处教堂中，逃离国都大马士革数月之久的末代哈里发马尔万二世遭到捕杀，宣告改朝换代。取而代之的是艾布·阿拔斯创建的阿拔斯王朝，已然崛起于西亚，因其旗帜尚黑，故被唐人唤作"黑衣大食"。

对于不久即将发生的那场交锋，是否与阿拔斯王朝的东扩及觊觎西域霸权有直接干系，又是否为高仙芝有意趁着大食统治未稳而宣扬国威所致，学界近数十年来为此多有争执，尚无定论。但不管这场已经发生了的战争是否有打响的必然性，至少有一点是可以确认的，唐朝与大食这两个世界超级大国一决雌雄，皆因石国而起。

当时，石国正处于双王并立局面，正王特勤一系和副王吐屯一系本都称臣纳贡，但由于最新上位的正王为之前白衣大食册立，自然对待唐朝的态度日益轻慢了。又根据出土文献印证，石国近些年甚至与唐朝不再支持的黄姓突骑施勾结，招揽了大量流散的昭武九姓胡，可以说是明目张胆同唐朝对着干，极大挑战了唐廷在西域的权威。

在从揭师国回师途中，高仙芝应允了同石国交恶的近邻拔汗那国（即汉代大宛国，今乌兹别克斯坦纳曼干）所请，于天宝九载冬向北征讨石国。对心怀鬼胎的石国正王车鼻施特勤，高仙芝这一次不想讲道义了，先是假意答应石国的求和，却在会盟时突然发动袭击，俘虏了正王及其丁壮部众。为了震慑诸国，高仙芝实施了一场不人道的杀戮，将老弱悉数杀光，相当于屠城，石国就在一片号哭声中被灭了。

鉴于盘踞碎叶的黑姓突骑施常有异动，天宝七载（748年）时，北庭节度使王正见就曾展开行动，当年王方翼修筑的碎叶城为此遭到了毁坏。此次班师途中，十分"热心"的高仙芝顺便教训了不听话的突骑施，生擒移拨可汗。

天宝十载（751年）正月，在葱岭南北东征西讨了一年的高仙芝入朝，将俘虏的朅师王、石国王、突骑施可汗以及吐蕃酋长四人一并呈献上来。玄宗大喜，授予高仙芝开府仪同三司，并将石国王车鼻施特勤斩杀。阴差阳错之下，竟然得以让远方的一个流浪者有了复仇的机会，他就是死里逃生的石国王子。

在国仇家恨的驱使下，这位名叫远恩的王子奔走于西域诸国，极力控诉唐军施加给石国的暴行，收获了不少同情心。要想靠这些小国帮忙报仇显然不现实，几经权衡，远恩自然想到了黑衣大食这条大粗腿，幸运的是，处于扩张阶段的阿拔斯王朝对此饶有兴趣。天宝十载春，阿拔斯王朝的开国元勋、呼罗珊总督艾卜·穆斯林亲自坐镇康国（今乌兹别克斯坦撒马尔罕），其手下得力干将齐亚德·伊本·萨里领命，率军挺进了石国，目标直指怛逻斯城（今哈萨克斯坦江布尔），大战一触即发。

已经几乎折腾了一整年的高仙芝，根本没有什么闲暇时间休息了，闻讯即火速返回安西，亲自率军翻越拨换城西北的勃达岭（今新疆乌什县别迭里山），来到了热海（今吉尔吉斯斯坦伊塞克湖）、碎叶。唐军继而深入七百余里，再经过了阿史不来城（今吉尔吉斯斯坦比什凯克西）、俱兰城（今吉尔吉斯斯坦卢戈沃伊）等地，从龟兹出发，共用了三个多月，于当年七月抵达。唐军的速度甚至要比大食还要快一些，随即包围了大食前锋占领的怛逻斯城，如果不是敌方将领齐亚德率主力及时赶到，城池差点易主。

岑参游历西北地区时，曾如此形容这次唐军出征的规模："都护新出师，五月发军装。甲兵二百万，错落黄金光。扬旗拂昆仑，伐鼓震蒲昌。太白引官军，天威临大荒。""甲兵二百万"显然是夸张之辞，但唐军数量也必然不像传统史料及说法描述的那样，有六万、七万甚至十万人之多。即便假设安西军常备的两万四千人倾巢而出，再加上拔汗那国、天山北麓的葛逻禄等蕃汉盟军一万余人，及出土文献所载的河陇健儿，总共不过三四万人，况且其中还有相当多人和高仙芝一样，在经过累月长途跋涉后，可能早已疲惫不堪，战斗力是要打折扣的。

再看大食和诸国联军这边，除了有来自呼罗珊地区的两三万精锐、黄姓突骑施的数万人，再加上各属部及九姓诸国兵力，应当有六万人以上，显然要多于唐军。又有一些学者指出，唐军此番激斗的战场并非在怛逻斯城，而是在塔罗斯河西岸的伊特莱赫，即今吉尔吉斯斯坦普科罗夫卡，也是易守难攻的河谷地形。

在这一连串绝对劣势下，意图速战速决的唐联军背水一战，与大食联军血战了五天之久。

转折发生在第五天，夜幕降临时，伴随着突如其来的喊杀声，一则重磅消息传进了高仙芝的耳里——葛逻禄反水了！不管原因是葛逻禄人在私底下和大食达成了什么密谋协议，还是慑于唐军此前的暴行，他们确实与大食联军发起了前后夹击，用实际行动给了高仙芝一记重重的耳光。

猝不及防的唐军阵脚大乱，稀里糊涂被杀和落入河水淹死的不计其数，高仙芝同李嗣业等人苦战到了深夜，才等到敌军撤去。整队清点的结果，让高仙芝这个常胜将军不禁眼前一黑，几乎就要吐出一口老血：唐军死伤无数，被俘两万余，留下来的竟然只剩下了千余人！

没时间给高仙芝懊悔莫及了，李嗣业忙劝道："都护深入险境，后无援军，眼下大食战胜，诸国如果听说了这一消息，一定都会倒向大食，全力对付我们！如果全军覆没，都护和我都成为大食的俘虏，谁来向天子禀报情况呢？不如马上退守白石岭，早做逃跑的打算！"李嗣业想让高仙芝做好最坏准备，逮到机会就逃，就算抛弃这最后一千多人，也要以自己保命为第一要务。

出乎所有人的意料，高仙芝的回复居然是打算整军明日再战，逆风翻盘！李嗣业的眼珠子都要掉出来了，忙说："愚者千虑，才或有一得，当前情势如此危急，不要太固执了！"劝了好几次，高仙芝才打消了战意。

在这件事上，高仙芝身上的一个缺点被放大了——好胜且贪功。灭掉石国后，高仙芝把缴获的十余石瑟瑟（珍贵宝石）、五六只骆驼驮着的黄金，以及宝马财货全部据为己有，运到私库，前人往往凭此事，得出他贪得无厌的结论。

但史书也评高仙芝非常大方豪爽——"家财巨万，颇能散施，人有所求，言无不应"。加上他平素颇得军心，显然不是贪财吝啬之人，若是说贪，只能是贪功，正如他当年越级报捷，惹怒夫蒙灵察一事。细想便知，在府兵制沦亡①、募兵制兴起的年代，尤其是高仙芝这类常在刀尖上行走的边帅，为调动军队的积极性，养出一支忠于自己、舍生忘死的强兵劲旅，自然要充实自身的钱袋，好作为招募人才、赐予将士的赏格。

撤军命令一下，众人鱼贯而逃，那是个十分混乱的夜晚，唐军将领和各自的士卒纷纷失去联系，加上拔汗那军抢先逃跑，狭窄的道路上堵满了乱军和驼马，一时极难通过。李嗣业立马恼了，手持一根大棒当陌刀用，一顿乱捶下，竟击毙了一些人马，胡人见状害怕得连忙散开，这才主动为高仙芝让开一条通道。

就在黑暗之中，安西别将段秀实听到了李嗣业的喊叫，于是高声诟骂："躲避敌人先行逃跑，这是怯懦无勇，只顾自己抛弃士卒，这是不仁不义！就算是运气好能免得一死逃回，难道不该感到羞愧难当吗！"李嗣业听到，连忙过来握手表示歉意，并主动留下抵抗来敌，和段秀实一起收拢残兵败将，一千将士们得以生还，回到安西。

李嗣业将段秀实的事迹告诉了高仙芝，段秀实立即得到赏识，被提拔为节度判官，兼任安西都知兵马使，如同当年的高仙芝一样。段秀实虽然嘴巴毒辣，但为人忠义，多年后李嗣业英勇战死，倾尽私财为其主持后事的，正是段秀实。段秀实后来也成长为中唐时期的一代忠臣名将——"或为击贼笏，逆竖头破裂"，说的就是段秀实不愿屈从朱泚而奋起抗击，舍

---

① 天宝八载（749年），朝廷正式停鱼符。

生取义的典故。

怛逻斯之战，这场发生在公元8世纪中叶的，唐王朝和阿拔斯王朝两大世界强国之间的唯一一次正面交锋，也是华夏与伊斯兰两大文明的一次碰撞，就这样以一种无语的方式结束了。这场遭遇战的意义，并非有些人所言那般夸大，被认为是唐朝在西域威权沦丧的开端或被认为是东西势力强弱的一大转折点。

实际上，只要详细考察史料文献，就可以得出一条结论：虽然怛逻斯之战后，安西军受到了重创，但由于阿拔斯王朝不久后即发生内乱，无暇顾及东扩，使得唐朝对西域的控制力非但并未减弱[①]，甚至和黑衣大食之间的关系也保持着友好往来。至于被俘的唐人工匠在客观上促成了造纸术西传，更是一大积极意义。

虽败犹荣，但对战无不胜的高仙芝而言，确实败得有些难看，不是太好交代，被调回朝廷，离开他为之奋斗了十余年的西域。高仙芝还年轻，玄宗爱才，有意让他继续对付吐蕃，不久调他镇守河西。高仙芝本准备上任，连封常清都已被奏为河西节度判官，只因河西节度使安思顺不愿挪窝，请来一群胡人表演割耳朵、划面孔，用他们的自残行为以示"民心所向"，高封二人未能成行。高仙芝就此留在长安，担任右羽林大将军，过上了半退休的生活，倒也算清闲。

封常清继续待在安西，成为新任节度使王正见的节度行军司马，一年后王正见去世，封常清继任安西四镇节度使，正式成了"安西一哥"，又在天宝十三载（754年）兼任了北庭节度使。谁能想到，当年那个坐在城头听外祖父讲故事的小男孩，如今已经是执掌两藩、节制万里的大员了。封常清一朝显贵，仍保持着勤勉节俭、赏罚分明的作风，身为一方军政长官，家里常备私马却只不过两匹，着实令人钦佩。

安西军在封常清的经营下，很快恢复了昔日的强劲，生猛程度不下于之

---

① 真正的衰微要归咎于安史之乱爆发，西域守军内调勤王。

前。天宝十二载（753年）时，为策应哥舒翰收复九曲的战事，进一步挤压吐蕃的战略空间，同时也是为了排除掉吐蕃和黑衣大食联合的可能性，封常清率军翻越葱岭，兵锋直指大勃律国王都（今斯卡都）。

唐军连战连胜，行至菩萨劳城（位于今克什米尔中部），再次大败守军。在封常清打算乘胜深入时，段秀实劝谏道："贼军全是老弱残兵而多次败逃，是想引诱我军，请您派出左右，详细搜查附近山林！"封常清虚心听从建议，果然搜出大勃律和吐蕃的伏兵，将其一股脑击溃，大勃律王无奈投降，至此唐军控制了整个大、小勃律地区，完全阻遏了吐蕃由葱岭北进西域的势头。

从天宝十三载的四月起到年底，封常清比任何时候都要忙碌，频繁奔波于安西、北庭两地之间。正是在这一年，刚刚兼任北庭节度使的封常清先是耀兵塔克拉玛干沙漠南缘，于播仙镇（今新疆且末县）击败蠢蠢欲动的吐蕃势力；而后西征准噶尔盆地，威服葛逻禄部，算是为怛逻斯之战出了一口恶气。封常清鞠躬尽瘁，有力维护并重振了大唐在西域的统治秩序，时任其节度判官的岑参称颂其功业："西边虏尽平，何处更专征。幕下人无事，军中政已成。"

高仙芝和封常清担任主将时，先后组织起多达三次长途奔袭，将西域步骑的能动性发挥到了极致，唐军三次征服了帕米尔高原（这还不算返程），最终迫使小勃律国、揭师国、大勃律国及其周边地区臣服，将唐朝在西域的声威推向了巅峰。其中克服了多少艰难险阻，品尝了多少艰苦卓绝，非常人所能想象，二人无愧"兵形势家"之名。

双子俱没

转眼间，到了天宝十四载十一月十六日，经过数月跋涉，风尘仆仆的封常清抵达了华清宫，觐见天子。此番面圣，本是准备做一份"年终述职"，没承想玄宗直接抛来一个更大的议题："封卿对当下局势怎么看？"

在封常清入朝前一周，十一月十日（12月17日）凌晨，安禄山在范阳郡宣告起兵南下，唐代历史上影响最为深远的战乱爆发。至封常清面圣前一天，各地奏报如雪片般纷至沓来，禀告河北郡县大都沦陷，叛军直逼洛阳的事实，沉溺太平盛世多年的玄宗这才如梦初醒，确信安禄山真的反了！

除了宰相杨国忠这个看热闹不嫌事大的家伙，对政敌安禄山的军事实力表示高度藐视外，封常清在玄宗面前竟然也夸起了海口："圣人无须挂怀！如今逆贼带着十万凶徒南下，只因中原承平日久，所以民间百姓听到风声，都十分害怕。然而事情总有逆顺，形势也讲究变化，臣愿意立即动身前往东京，大开府库，招募勇士，跃马挥师渡过黄河，用不了几天，臣就可以把那逆胡的脑袋取下，献给圣人！"玄宗本来忧心忡忡，听完封常清颇有分量的豪言壮语，大喜过望，在第二天就下令，任命封常清为范阳、平卢节度使，命他奔赴洛阳平叛。

玄宗从华清宫回到长安，又做了不少部署来应对叛乱。当时最重要的一条，就是委任皇子荣王李琬为名义上的平叛元帅，又搬出已升任右金吾大将军的高仙芝，准备由他担任副元帅，充当实际上的主帅，统领各路发起东征。

虽说高仙芝已有数年不上战场，但一代西域战神雄风依旧，无人敢不敬畏，有了这个活招牌，加上玄宗内库金帛为赏，十天之内就在长安招募到了十一万人，号称天武军，作为拱卫京师的后备军队。而后，高仙芝亲率飞骑、彍骑等禁军，抽调了部分天武军，加上原先驻防京畿的河西、陇右、朔方等镇兵，一共五万人马，向洛阳以西的重镇陕郡（即陕州）开进。为表重视，玄宗亲自登上长乐阪的望春楼，为高仙芝大军慰劳送行。

历史开了一个玩笑，二将此去，竟成君臣永别。

封常清抵达洛阳后，募兵也取得了很大成效，旬日之内就集结到了六万人。原先东京河南府的留守班子，也同空降洛阳的封常清配合得相当不错，虽然河南尹达奚珣一度与他产生了极大嫌隙，封常清甚至动了杀心，但在另外几位官员如东京留守李憕、留台御史中丞卢奕等人的协调下，他们还是齐心协力完成了守备任务。东都班子拆毁了北面的要道河阳大桥，将重心放在固守洛阳城上，而封常清则率领数万大军，赶往东北方的虎牢关，准备屯兵迎敌。

十二月初，叛军从灵昌郡（今河南省滑县）渡过了结冰的黄河天险，一路平推，五天之内相继攻陷了陈留郡（今河南省开封市）、荥阳郡（今河南省郑州市）等河南重镇，逼向虎牢关。虎牢关若失，则洛阳危矣，但在封常清再三打量手下这批唐军时，之前还信心百倍的他，却有所动摇，这才反应过来，自己在皇帝面前吹的牛皮已经破了。

只因这六万新募士兵，几乎全是既没有接受过军事训练，手里又没有武器装备的乌合之众！封常清原来确实想过，即便中原士卒不如安西、北庭边军的强劲，但只要稍加整治，再依托虎牢关的地理优势，还能对付一下，但滥竽充数到了这个程度，他大感触目惊心：内地武备松弛、防务糜烂的程度，已经远超他之前的预想了！和封常清有同样想法的恐怕还有高仙芝，长安招募来的所谓天武军，实际全是一些素质极差的泼皮无赖、贩夫走卒，战斗力一望而知。

叛军铁骑的先锋随即抵达尚未完成布防的虎牢关，赤手空拳的官军士卒被毫无悬念地冲杀得七零八落。封常清亲率少数精锐苦战，在虎牢关以西的葵园杀死数十名叛军，也无力扭转败势，没能再现一百三十多年前李世民的虎牢关神话，洛阳东边的最后一道屏障被轻易粉碎了。

封常清率领余部且战且退，在洛阳东门又遭到了一场大败。接下来的两天内，叛军从四面涌入洛阳，步步紧逼，封常清与叛军前后展开了四次激战，却迎来了四次皆败的结果，最后不得不推倒洛阳禁苑的围墙，砍伐树木阻碍身后的追军，得以向西逃窜。

洛阳失陷，陕郡官民无不闻风色变，太守窦庭芝更是仓皇地逃往了河东。所幸，率军屯兵此处的高仙芝仍然保持着一份冷静，他知道，自己的老朋友很快就要到了。封常清本想单骑奔赴朝廷，向天子请罪并言明战况，不过很快玄宗便派中使骆奉先传旨，夺了他的官爵作为惩罚，同时也期待他能将功折罪，命其前往陕郡"白衣自效"，在高仙芝军中继续出力。东都失陷，不能将责任全算在孤身赴洛的封常清头上，最多是要为他的战前轻敌买单，平心而论，玄宗的处置虽然谈不上公允，但仍算比较厚道了。

但接下来的事却出乎意料，正当高仙芝打算向东进发，图谋收复洛阳，以封常清向来的勇气和谋略，竟惊慌失措到给出一个看似很有道理，实则一言难尽的主意："我与叛军血战多日，对方锐不可当！陕郡一定守不住了，我们不如占据潼关抵御叛军。潼关现下没有守卫，如果让叛军突入关中，长安就危险了！"封常清如此消极，甚至连唐代官方也认为他是"欲广其贼势以雪己罪"，就是说他想为自己战败找补，才要不停地长叛军志气，灭自己威风。

多年来，高仙芝一向对封常清言听计从，自然打算照办，此议却把另一个人逼到了对立面。

陕郡是长安和洛阳之间的一大重要交通枢纽，从东至西置有集津仓、太原仓、盐仓三大粮仓，加上地处狭长的崤函古道前端，据陕固守，本可勉力一试。也就是在十二月初七，即安禄山攻陷虎牢关的前一天，玄宗突然宣布，即将御驾亲征，就应是有把陕郡作为前线基地的考虑。

而今，高仙芝和封常清竟然打算直接放弃陕郡，退守潼关，显然是打了皇帝的脸。对于这一违背天子意愿，又没有同朝廷商量的决定，主帅身边的监军有理由阻止。毕竟天子一旦怪罪下来，高、封二人战功累累，或有转圜余地，如果一定要找个替罪羊，那倒霉的人只能是监军了！

继八年前平定小勃律国，边令诚此番再度成了高仙芝的监军，这一别出心裁的任命，显然饱含了天子对二人再创荣光的期待。然而边令诚万没想到，无论如何苦劝，高仙芝铁了心地不听他这位老战友兼恩人的话，坚决要撤离陕郡，这让边令诚怀恨在心。

无独有偶，可能是受了封常清的影响，高仙芝竟然也犯起低级错误来。

他先大开太原仓，取尽钱帛和粮食，分发给麾下众将士，为了不给叛军留下物资，还烧光了其他仓库，仗还没打就准备开溜，陕郡唐军的士气已经输了大半。等叛军前锋相继杀到，高仙芝又没及时摆好阵势御敌，数万官军竟一触即溃，丢盔卸甲，扔在路上的物资绵延了数百里。

直至退入潼关，高仙芝方才整顿军备，凭靠关隘拦住了追击。虽说潼关未失，但擅自不战而"弃陕地数百里"，继而军队失律，生出一场大溃退，这个战略上的罪责必须由高仙芝来担。

高仙芝和封常清，这对代表大唐军界顶尖水平的名将，更是两位先后威震西域的英雄，无一不是朝廷最为信任和看好的人杰，如今竟然接连奉上如此窝囊的战果，令玄宗大失所望，也不禁怒火中烧。为了撇清罪责，边令诚在入朝奏事时拼命地添油加醋，除了强调封常清动摇军心，竟然诬陷高仙芝盗减军粮物资。玄宗听罢，终于彻底丧失了理智，命边令诚立即前往潼关，将二人在军中就地处决！

天宝十四载十二月二十一日，边令诚手持敕书，再次来到了潼关，向两位名将宣判最后的判决。

边令诚先是找到了封常清，将他请到潼关驿南的西街口，向他宣读敕书。其实自从洛阳陷落后，封常清早已有必死之心，只因还想再为朝廷献上一些绵薄之力，未承想犯下了更大的过失。

想到此处，封常清既悔且哀，对边令诚道："常清之所以没有战死，为叛贼所杀，是因为不忍心侮辱朝廷授予的旌节，讨伐叛逆不能得力，我死也甘心了！"

临刑前，封常清不忘委托边令诚，将早就拟好的一份谢死表闻呈给玄宗。

表书言辞恳切，字里行间满溢一代名将对兵败的愤恨痛惜，以及对大唐的拳拳忠贞之心。一百多年后，晚唐名将张议潮驱逐吐蕃，收复河西，他在年轻时就十分仰慕封常清的赤胆忠心，专门抄录了这封遗言。

封常清就这样死了，边令诚变得心虚起来，找来了一百余位信得过的陌刀手护送，才前往衙门，对高仙芝说："天子对大夫也有指示！"听完宣读，高仙芝愤愤说道："我遇敌不战而退却，确实该死，可是上有苍天明鉴，下有大地可证，说我盗减军中粮资，实在冤枉！您，难道不知道吗？"边令诚默不作声。

高仙芝实在不堪受诬，环顾着众将士说："我招募诸位，本想破敌领赏，无奈叛军气焰正盛，所以拖到此刻，这也是为了固守潼关。我若有罪，诸君都可以说，我若无罪，请诸君替我申冤！"士卒无不眼含热泪，高呼冤枉，边令诚还是一言不发，有了陌刀手撑腰，他倒是底气十足了。

到此为止了，高仙芝来到刑场，看着草席上封常清的尸体，对着老友凄叹良久。

"封二！你从默默无闻到发迹显赫，是我提拔你做我的判官，不久你又代我任节度使，今天我们又要一起死在这里，这就是天意啊！"言毕，在震天撼地的喊冤声中，高仙芝引颈受戮。

冤乎，不冤乎？这个问题实在是很难回答。

两颗明亮的星从天际轻轻掠过，黑云逐渐翻腾，华丽的盛唐时代也行将终结了。

郭子仪

兵形势家之

再造江山·中唐名将

天选之人

唐肃宗至德二载春，永王李璘之乱平定，李白受到牵连，被投入浔阳（今江西省九江市）狱中，直到这一年秋天，因得宰相崔涣等人搭救，他才脱身于囹圄。然而，李白的运气实在是太差，仍在第二年获从逆之罪，被判长流位于今贵州省的夜郎地区。

在脍炙人口的传说中，李白本应该判处死罪，多亏一位有功之臣及时挺身而出，请求用自身官爵来换其免死，肃宗不能不给这个面子，一代诗仙从而得以绝处逢生。这位救星，正是不久之前立下收复两京这一伟绩的当红勋臣郭子仪。

这就是郭汾阳舍官赎李白的故事，而它的前传正是李白慧眼救子仪——太白任侠，令公厚德，堪称大唐最为知名一文一武之间的梦幻联动。这段佳话从晚唐传到今日，广为民间流布，可惜近世学者多有考证，它极有可能并未发生过，仅仅是一篇动人的小说家言而已。

关于郭子仪的传奇故事还有很多，比如早年从军时，遇织女下凡点化，赐他富贵长寿等。只有一点毋庸置疑，郭子仪的一生实在是充斥着太多好运，可谓五福俱全，无不令人艳羡。

何谓五福？两汉之际的哲学大家桓谭解释，是"寿、富、贵、安乐、子孙众多"这五种不同层面的福气，缺一则有憾，可郭子仪一人竟然全占了！其德行几称完美，结局圆满，通观中国古代历史上的王侯将相，如此红运，几乎是绝无仅有。传统信仰有道教三灵官的说法，即"天官赐福，地官赦罪，水官解运"，民间中堂上常见的《天官图》里，就有身着一袭红袍，高举"天官赐福"条幅的神祇形象，人们殊不知，其原型来源正是郭子仪。

郭子仪，以字行于世，华州郑县（今陕西省渭南市华州区）人，出自中古大族太原郭氏，他生于武周时期的一个中层官僚家庭，其父郭敬之后来历任渭、吉、绥、寿四州刺史。郭子仪自幼学武习射，长大后魁梧奇伟，身高竟达七尺二寸（一说六尺有余），在二十岁时通过武举入仕，开始了他长达数十年的军旅生涯。

在桂州、北庭、安西等地戍边期间，郭子仪已经做到了都督府长史、副都护等级别的高级将领。至开元二十五年后，郭子仪从西域调任灵州，充当朔方军节度副使，从此与朔方军结下近半个世纪的不解之缘，在未来的日子里，郭子仪将三度执掌朔方军，大唐江山重振的种子，也从此播下。

天宝元年（742年）后，郭子仪得一代名将王忠嗣的重用，担任单于都护府副大都护、朔方左厢兵马使等要职，负责镇抚河套东部地区。在灭后突厥汗国的行动中，郭子仪立下赫赫战功，同时也没少和漠北新主回纥部打交道，逐步在北疆树立起个人威信。

郭子仪在开元盛世度过了他的青年时代，到天宝末年，国境内仍是一片太平祥和，大唐王朝也在军事上取得了对周边诸邦的战略压制。然而，募兵制初兴的阵痛还没消去，政治和经济的种种变革也亟待调整，连年征战却已导致外重内轻加剧，社会弊端丛生，正是山雨欲来风满楼。

就在天宝九载八月，盛世当下，朔方军竟然发生了一起军队暴动，起因是朔方节度使发放军粮失当，引起群情激奋。愤愤不平的士兵，痛殴了节度判官，眼看就要把节度使张齐丘也给打个半死。紧要关头，又是在场的郭子仪奋不顾身，用高大威猛的身躯挡住乱军，凭借他的威望劝说众人，才保护张齐丘躲过了一次暴揍。

这起盛世末叶的恶性事件，在当时并没有掀起更大的风暴，看似历史大潮里毫不起眼的一朵小小浪花，却正是唐中后期将近两百起兵变动乱的开端，正如胡三省所言："不知当此之时，唐之军政果安在也！"无不透析出唐王朝内部危机重重，矛盾一触即发的紧张局势。郭子仪亲历这一事变，也对他日后的治军风格产生了很大影响。

到了天宝十三载，郭子仪时任左武卫大将军、安北副都护，同时身兼九原太守、天德军使、西受降城使、朔方右厢兵马使等要职，坐镇大唐正北方最前沿的边境防线，从军将近三十载，他早已蜕变为一位老成练达的宿将。不久，传来噩耗，郭子仪的老母亲向夫人去世，他哀痛不已，依照制度去职归家，为母守丧。事后来看，年近花甲的郭子仪显然算是大器晚成，但在那个节点来看，郭子仪本也可以光荣退休，安稳度过余生，这正是历史选择了他。

平叛进行时

"渔阳鼙鼓动地来，惊破霓裳羽衣曲。"天宝十四载冬十一月，安禄山起兵作乱，狠狠地撕开了盛世的幻梦。就在叛军席卷河北诸郡几天后，唐玄宗从华清宫匆忙返回长安，着手做出一系列紧急部署，为平叛布局。

事后发展证明，在此次诸多调遣中，玄宗最为英明的一条人事安排，恐怕就是将居家守丧一年有余的郭子仪夺情起复，让其顶替了遭受猜忌的节度使安思顺（安禄山从兄），正式坐上朔方军头把交椅，加入平叛序列。

国家有难，自当义不容辞，时年五十九岁的朔方节度使郭子仪新上任后，丝毫不敢怠慢。他一路马不停蹄，率左厢兵马使李光弼、右厢兵马使高浚、左武锋使仆固怀恩、右武锋使浑释之等多位朔方军猛将同往，在五天后抵达了单于都护府。郭子仪稍加整顿一番，便主动出击，强势回应叛军骨干成员、河东军节度留后兼大同军使高秀岩的来犯。

叛军在东线的黄河南北正一路凯歌，本是洋洋自得、趾高气扬，没想到在北线战场碰了个硬钉子。高秀岩措手不及，一阵溃败，便匆忙南撤，郭子仪乘胜追击，拿下叛军控制的要塞静边军（今山西省右玉县），初步打通了朔方军东出之路。

高秀岩心有不甘，于十二月十二日再派大同兵马使薛忠义发起反扑，企图夺回静边军。郭子仪沉着应对，派李、高、仆固、浑四将分别从四路迎击，不仅生擒薛忠义之子，斩杀叛将周万顷，还坑杀敌军七千骑兵，为内战爆发后失利已久，急需一场胜利鼓舞人心的官军献上首次大捷。

郭子仪率朔方军痛打落水狗，随即包围了高秀岩所在的云中郡①。趁此机会，他又遣将仆固怀恩、公孙琼岩率领两千骑兵南下，一战攻克了马邑郡，从而打通东陉关（今山西省代县胡峪乡）的道路，与南面的太原地区得以连为一体。

---

① 即云州，今山西省大同市，实际上天宝末年河东军的治所在云州，而并非后来的太原。

此战的重大意义，除了在北方遏制叛军的嚣张气焰，更是为朔方军东出河朔、进取燕赵打好了基础。犹如从太行山西伸来一把冒着寒光的尖刀，时刻准备插入叛军的腹心，让身处洛阳的安禄山大感不妙，郭子仪也因此得到兼任御史大夫的荣耀。

当时，叛军虽然攻下了东京洛阳，却无法继续打开局面，哥舒翰接替了被杀的高仙芝，将叛军阻隔在潼关以东。当获悉颜杲卿在常山郡率先反正，引起了河朔诸郡纷纷归唐的连锁反应后，本就心烦意乱的安禄山，不禁越发恼怒。转年，安禄山自立为燕帝，狠狠地过了一把皇帝瘾，随即纵情声色，沉溺于洛阳的酒池肉林，渐渐消沉下去。

玄宗得到喘息之机，决定趁着安禄山无所作为，集中各路军事力量，一举收复东京洛阳。郭子仪的朔方军也接到了新的指示，并要求他推荐一位有才干的将领，来负责东出井陉口（今河北省石家庄市鹿泉区东土门村），在河朔地区对叛军造成牵制。

按照郭子仪本来的设想，是在攻下云中后，取得对桑乾河谷地区的主动权，进而经妫州（今河北省怀来县），直取安禄山的老巢幽州。不过现下的进展不甚顺利，云中地区的战况陷入了胶着，所以得到朝廷的指示后，郭子仪只得撤除包围回到朔方，准备调集更多部队。至于人选，经过深思熟虑，郭子仪向玄宗推荐了一个相当靠谱的人。这次举荐，也是大唐渡过安史之乱难关的一大关键契机，只因为这位将领的名字叫李光弼。

据说郭子仪和李光弼在朔方军共事时，关系长期不睦，甚至在同一张桌子吃饭时，两个人都是互相斜视，一言不发。所以，郭子仪成为朔方军新一代掌门人后，李光弼内心惴惴不安，经常担忧哪天被穿小鞋。就在这时，朝廷令郭子仪分兵万人，交给李光弼统领的诏书送到了。

虽然做了河东节度使，李光弼却无半点欣喜，反而越发惊慌，担心因分兵之事惹怒郭子仪，拿他开刀，只好前往郭子仪的堂前，苦苦哀求道："我死心甘情愿，只希望您放过我的妻儿！"不过，文本所记载的李光弼这一反应其实有些过头了，以他刚直的个性，如此怯懦不像他的作风，而且郭子仪尚不至于如此胆大妄为，敢擅杀与他同级的官员，李光弼也无须如此失态，恐怕是唐人笔记多有夸大！

然而，回应李光弼的不是堂上一阵嘲笑，也并非对方在内心诡计被揭穿后的怒叱。郭子仪亲自握住李光弼的手，请他坐下，诚恳说道："当今朝廷有难，情势危急，东征大计，非李公不能胜任！岂能是计较个人恩怨的时候呢？"李光弼得知是郭子仪推荐自己，深受感动，顿时释怀。

李光弼带着那一万朔方军离开时，郭子仪执手相送，二人以忠义报国相互勉励，满面热泪，相揖而别。郭子仪豁达，李光弼耿直，原本就是两条铮铮好汉，尤其是在经历了这件事后，二人冰释前嫌，成了并肩作战的生死之交，这份难能可贵的情谊，不禁让后人感慨万千。

至于他们先前关系为何如此紧张，常见说法是军队内部拉帮结派的结果。虽然二人都曾经是王忠嗣的部下，可到了后来，郭子仪亲附安思顺，李光弼则亲附哥舒翰，为此还拒绝了安氏的联姻。巧合的是，在朔方军进入河北后不久，安思顺即遭哥舒翰谗害而死，到安史之乱平定后，郭子仪还亲自请求为这起冤案昭雪，增加了这一猜想的可能性。

颜杲卿所在的常山郡起兵反正仅仅八天，就因实力悬殊，被安禄山派来的大将史思明、蔡希德、李立节等人轻易攻陷，留下了"颜常山舌"的忠烈事迹。在史思明的猛烈攻势下，诸郡县几无还手之力，二度落入了叛军之手，河北形势再次大变。

天宝十五载（756年）二月初，李光弼从井陉来到河北，他不负郭子仪的厚望，很快站稳脚跟，接连击败了史思明，几乎收复整个常山郡。然而，两军在恒州对垒四十多天后，史思明还是利用骑兵优势，切断了外围的粮道，导致城内物资告急，加上李光弼麾下官军分散各处，兵力本就比叛军弱小，常山再次陷入了危难境地。

当时驻扎在雁门郡（即代州）的郭子仪部，接到了李光弼发出的求救信号，便带着数万人马星夜兼程，不到一个月就从井陉杀出，在四月初九与李光弼会师一处，麾下号称共有蕃汉、步骑十余万人。郭子仪和朔方军的到来，不光是令常山郡，而是使得整个河朔地区的军民们都信心大增，纷纷兴建壁垒，抵抗叛军的暴行。

两天后，郭李联军在常山东南的九门（今河北省石家庄市藁城区九门回族乡）向史思明发起反击。甫一交战，李光弼部下一员年轻的中郎将浑日进①张弓搭箭，一下就射穿了叛军大将李立节的左肩！对方应声落马，眼看敌人气衰，唐军趁势高声齐呼，奋勇冲杀。叛军于是大败，史思明、蔡希德二将只得各自带着余部四散奔逃。

　　四月十七日，失去斗志的赵郡（即赵州）叛军，不到一天就携城投降了联军，唐军获得兵器盔甲数万件。和此前静边军之战的坑杀俘虏不同，为了瓦解河北叛军的心理防线，争取来之不易的人心，这一次，郭子仪只处死了燕国任命的赵郡太守郭献璆，却将其他四千名俘虏全部大方地就近遣散了，这正是他的高明独到之处。

　　郭李联军收复了多处失地，即掉转枪头，向北攻打史思明逃遁的博陵郡（即定州，今河北省定州市）长达十几天，可惜没能破城，加上粮食见底，遂撤回了常山郡。就在南返途中，郭子仪背后一凉，他很快留意到了，不知从何时起，史思明那条老狐狸，竟然正带着数万人随行其后！你启程，他亦动，你休整，他亦静，这伙数量不可小觑的追军竟如影子一般，虎视眈眈地审视着唐军，细想起来，令众人毛骨悚然。

　　郭子仪决定将计就计，挑选出五百名骁勇骑士，安排在大军的尾部，轮番向身后的叛军发起挑衅，用少量兵力来牵着对方的鼻子走。史思明见对方兵力不多，终究没能沉住气，一路上追追停停，是被搞得既疲惫又冒火，就这样的反式猫鼠游戏，郭子仪乐此不疲地"玩"了史思明三天。

　　直到追至行唐（今河北省行唐县）的时候，史思明才反应过来，自己原来被郭子仪当成风筝来放了。当时，历经了一连数日的盲目追击，叛军已是人困马乏，于是稍稍放缓了攻势，有所后退。郭子仪见状，知道是时候收割疲敌的成果了，马上转换角色，发起猛攻，在沙河（滹沱河支流）痛击叛军，一场大败下来，史思明总算清醒了，带着残兵慌乱北返。

---

　　① 即浑瑊，未来德宗朝三大名将之一。

但史思明很快重振，原来，安禄山听说了叛军在河北接连受挫，立即拨给蔡希德两万步骑，命他再度北上，又派遣镇守幽州老巢的牛廷玠征调一万人南下，用这三万援军给博陵城中的史思明好好打了一针强心剂。合计下来，现在史思明手上的兵力达到了五万之多，其中更有五分之一是同罗部猛士和安禄山的御用精锐"曳落河"，叛军的大杀器已经入场了。

郭子仪和李光弼没有畏敌，而是在常山休整完毕后，就再度北上，屯兵于恒阳（今河北省曲阳县），对方果然带着五万大军来战。郭李二人此时掌握着同样是六万不到的兵力，并不具备人数上的绝对优势，不过郭子仪信心十足，在军中打气："贼军倚仗增援，一定会轻视我们，对方军心不稳，我军必能将其战胜！"除了在战略上藐视敌人外，为了坚定己方的取胜之心，就在开战不久，平日宽厚治军的郭子仪，竟突然杀了一名后退的将官示众：若生退意，定斩不饶！这条无声胜有声的死命令一下，唐军无不勠力拼杀，初战斩杀叛军两千，俘虏五百人。

兵法招式不讲究新旧，而往往是要看是否经得起多次使用的考验，郭子仪诱使史思明出击，自己却再一次玩起了屡试不爽的疲敌战术。初战告捷后，郭子仪在恒阳深挖战壕，高筑城墙，俨然是打算以逸待劳。接下来的数日内，敌来他守，敌退则追，为了不让叛军太过寂寞，郭子仪除了在白天费尽心思挑衅对方外，到了晚上还要找机会突袭敌营，搅得叛军是苦不堪言。

在两军对峙的这些日子里，赵州司户参军包处遂上书，针对史思明用兵有勇无谋的特点，他专门提出了一系列围歼叛军的策略。李光弼深表赞同，和郭子仪达成了共识，二人依言施行。

某日深夜，一批多达五千人的陌刀队悄无声息地出了恒阳，直奔东北十余里的嘉山。在控制了进出要道后，他们又将山上原有的百姓们一并组织起来，强壮者发放武器，随从作战；老弱者固守险要，作为声援。安排妥当后，五月二十八日这天，郭、李二人抛出了钓饵，派两千人出城，佯装前往嘉山以东搜集军粮。

已经失去耐心的史思明探得消息，誓要吞掉这股运粮小队，果然率领大军来攻。这支唐军部队且战且退，最后被逼得主动遁入嘉山，至少在史思明看来是这样。直到入暮时分，有赖于地形崎岖和山上军民的顽抗，叛军未能拿下嘉山，不愿错过这点小便宜的史思明收兵回营，打算为明日再战养精蓄锐，将大营转移到山脚下，他却不曾设想，自己全然上了郭子仪和李光弼的钩。就在当天深夜，恒阳城中又悄悄地出动了两拨陌刀队，分别多达两万人，各自前往叛军大营的南、北两个方向，在隐蔽处埋伏了起来。

朝阳初升，叛军哨兵很快发现，郭子仪、李光弼竟然难得地出了恒阳，他们率领仆固怀恩、浑释之（即浑瑊的父亲）、陈回光等朔方军大将，共有一万兵马，直奔嘉山杀来。史思明、蔡希德、尹子奇等叛军大将严阵以待，丝毫没有察觉到不对劲的地方，只想凭借己方人数占优，一雪多日来无法安然入睡的前耻，两军缠斗多时，杀声震天。

看着唐军即将落入下风，郭子仪和李光弼突然擂起了战鼓，战场南北以及嘉山之上的将近五万人伏兵悉数冲出，瞬间从几个方向对叛军形成了合围之势！在四面八方的轮番夹击下，不明所以的叛军血肉横飞，很快陷入了崩溃，一败涂地！

在混战中，史思明竟栽下马来，发髻散乱，连军靴也丢了，只得光脚狼狈逃走，直到晚上才挂着早已折断的长枪，出现在残部面前，连夜逃往了博陵。蔡希德更惨，被一杆长枪刺穿了身体，几乎无法行动，等到枪杆被他身边的押衙刘旻砍断了，才得以忍着重伤逃去，刘旻自己却被唐军生擒。嘉山之战，计有四万叛军被杀，五千人被俘，同罗骑兵和曳落河这两支安禄山引以为傲的王牌部队，也在此战遭到真正意义上的屠戮，几乎全部报销了，这也是安史之乱爆发以来，唐军的第一场空前大胜！

嘉山大捷后，河北地区的十多个郡又一次掀起了起义狂潮，各自杀死叛军守将回归朝廷，从洛阳到范阳之间的通路，也再次被唐军切断了。这不光让洛阳的叛军将士心生动摇，就连安禄山也大为惶悚不安，既悔且怒，将火气全发到帮他策划叛乱的谋臣头上，甚至打算弃洛北返。

但是，历史总是存在着无数个但是，就在局面一片大好，郭子仪和李光弼商定了先攻取博陵，再直捣范阳的计划同时，事态的发展却向他们开了个天大的玩笑。哥舒翰被逼出关，兵败灵宝桃林塞，紧接着潼关和长安相继失陷，玄宗一行则是早已仓皇入蜀，叛军方面迎来"柳暗花明"，唐朝的形势却急转直下。

光复两京

河西和陇右两大强军在灵宝、潼关之役中伤亡惨重，余者非逃即降，兴复大唐的重担，自然落到了兵力排在天宝十大藩镇中第四名的朔方军肩上①。从此以后，唐廷同安史叛军长达多年的对垒，实际上就是以朔方、安西、北庭为主的西北军系，与以范阳、平卢为主的东北军系之内战。

天宝十五载六月，郭子仪、李光弼久攻史思明占据的博陵不下，又获悉长安已失，只好率领主力从井陉退回山西，观察形势的下一步发展。

太子李亨自从在马嵬驿与父亲分道扬镳后，一路聚拢败兵北上，在七月即位于朔方军的大本营灵武郡，改元至德，唐朝步入了新帝肃宗的时代。总算是有主心骨了！得到这一令人振奋的消息，让郭子仪和李光弼都看到了希望所在，不再像断了线的风筝。他们斗志昂扬，立刻响应中使刘智达送来的传召，率领五万大军在七月底返回灵武，肃宗也因此得到复兴大唐的重要资本。

不久之前，一支混杂着突厥、同罗兵的队伍在叛将阿史那从礼的带领下，从长安出走，企图占据朔方，不承想却被肃宗捷足先登。阿史那从礼贼心不死，大肆引诱河曲、六胡州地区诸部的数万胡人，集聚在灵武郡的北方，虎视眈眈地关切着朔方的一举一动，时刻准备发起进攻。

至德元载九月，刚刚升迁并荣获了使相待遇（武部尚书同中书门下平章事）的郭子仪亲自前往天德军（今内蒙古乌拉特前旗东土城），遣左武锋使仆固怀恩大破阿史那从礼，替肃宗暂时扫去北方的一大威胁。大约就从这个

---

① 前三名依次分别是安禄山掌握的范阳，以及砸在哥舒翰手上的陇右、河西。

时候起，鉴于唐军兵力仍然捉襟见肘的窘况，又凭着自己镇守北疆多年，与回纥部也算交情不浅，郭子仪向肃宗提出了厚结回纥的策略。

同样，自从参与了云中、常山、赵郡、沙河、嘉山等一系列战事以来，铁勒族大将仆固怀恩逐渐崭露头角，表现尤为突出，已经成为朔方军中举足轻重的角色，而即将对平叛起到更大作用的，是他作为铁勒仆固部首领的这一特殊重量级身份。当年冬天，仆固怀恩偕同敦煌王李承寀一道北上，出使回纥王庭，为王爷娶得英武可汗之女，顺利完成了这次和亲。

不可否认，联好回纥这条建议的施行，使得突厥灭亡后的漠北新主回纥开始居功自矜，后来甚至敢在天子脚下专横跋扈。然而，在当时的严峻形势下，它无疑是快速平定叛乱的必要决策，不仅可以借调精锐骑兵平叛，更是为了免除一大隐患，以免回纥和叛军合流①，否则必将难以收场。更何况弱国无外交的道理，人人都懂，回纥之所以敢无法无天，显然大唐国力中衰才是根本原因，哪里能怪到郭子仪的头上来呢？

就在肃宗踌躇满志南下，任用宰相房琯为帅，第一次打响了收复长安的战事后，却在咸阳以东的陈涛斜连遭大败，天子惨淡经营才凑成的数万大军全军覆没！此战过后，虽然对现下的武将们心存戒备，但房琯、李揖、刘秩等儒臣领兵的爆冷惨案，无疑等于泼了肃宗一盆凉水，他只能不情不愿地继续倚重郭子仪、仆固怀恩等朔方系军人。

在和回纥援军一同平定河曲叛胡，彻底摆平了北面的威胁后，郭子仪便领朔方军南下，进抵位处长安以北的洛交郡（即鄜州），为下一次收复帝都的行动积极筹备。他很快将目光投向了河东郡（即蒲州），并一针见血地指出，河东是长安和洛阳之间的咽喉所在，只有收复这片冲要之地，才能切断两地叛军的联系，从而拿下长安。

随着安禄山被杀，叛军内部出现裂痕，战机很快来临，至德二载正月，郭子仪得肃宗指示，开始布局收复河东。镇守河东之人，正是此前在灵宝使

---

① 无论是后来的燕主史朝义，还是德宗朝的大冀王朱滔，都制定了积极联合回纥的策略。

计大败哥舒翰，从而在叛军声名大噪的崔乾祐。如果要和这么个硬茬正面交锋，恐怕吃力，但通过观察，郭子仪发现此人虽然骁勇善战，是打仗的一把好手，平日里却残暴好杀、不得下情，河东军民为此怨声载道。

郭子仪计上心头，一面分兵攻打冯翊郡（即同州），为渡过黄河做准备；一面派人秘密潜入河东，把不愿为燕国卖命的永乐尉赵复、司户参军韩旻、司士参军徐昺、宗室李藏锋等人全发展成内应，相约行动。到了正月二十一日深夜，韩旻如约行事，出城奔向蒲津渡，接应从冯翊西来的郭子仪，城内徐昺等人也一并起事，杀死叛军千人，大开城门迎接唐军！

崔乾祐的运气实在不错，发觉情况不对后，就翻出了城墙，免于被杀，立即召集了城北的一万叛军前来攻城。唐军士气正盛，叛军反遭郭子仪大败，在留下四千颗脑袋，又被俘了五千人后，崔乾祐只得率领残部数千人，向北方的安邑逃去。

本以为能在安邑得到休整，不料城中军民前脚热烈欢迎，后脚却突然关上城门，翻脸那叫一个比翻书还快，进城的叛军悉数被宰。崔乾祐才反应过来，安邑同样也早就和那该死的郭子仪搭上线了！由于排在最后，崔乾祐再一次幸运脱身，朝着西南方的白径岭狂逃，投奔洛阳而去。

郭子仪收复河东郡后，又在二月底派出爱子郭旰，与仆固怀恩、李韶光、王祚等大将渡过黄河，轻而易举地拿下了潼关，斩敌五百人。可惜，在接下来攻打永丰仓的激战中，郭旰战死沙场，不能不让郭子仪感到哀恸。郭旰没有白白牺牲，唐军歼敌一万余人，打跑了叛军大将安守忠，拿下这一重要粮仓，开始打通潼关以西的道路。

靠着弑父上位的燕帝二代目安庆绪得知河东、潼关接连失守，不敢掉以轻心，派兵前来夺回潼关。苦战两天，唐军再次领略叛军的厉害之处，被杀万余人，李韶光、王祚二将相继战死，仆固怀恩抱着马头游过渭水，狼狈地逃回河东。安守忠随即卷土重来，亲率两万骑兵进犯河东，幸有郭子仪指挥得当，唐军将士拼死作战，一役斩敌八千人，俘虏五千人，安守忠悻悻而逃。

郭子仪这边胜多负少，多有斩获，进展还算顺利，长安西面却是另一番黯淡气候，大将郭英乂、王难得等人接连失利，肃宗的行在凤翔屡屡戒严。天子只能把赌注全押在朔方军身上，于四月任命郭子仪为三公之一的司空，兼关内河东副元帅，让他前来救驾。此时的天下兵马元帅，正是皇长子广平王李俶，然而按照本朝亲王一般只充当吉祥物，基本不干预军事决策的原则，把郭子仪视为平叛一把手并不为过，所谓郭子仪"实总军政"。

得知郭子仪要来，盘踞长安的叛军大将李归仁，要为他送去一份精心准备的"大礼"：打算在唐军必经之处三原以北设下一支五千人的伏兵。郭子仪早就料到了李归仁的想法，抢先一步，遣仆固怀恩、王仲昇、陈回光、浑释之、李若幽等将领，提前抵达了三原东南的白渠，在留运桥附近埋伏起来，静候李归仁落网。只待叛军刚刚过桥，唐军瞬时杀出，几乎全歼这支部队，幸好李归仁会游泳，跳到水里游走才得以免死，体验了一次仆固怀恩先前的遭遇。

郭子仪的大军四万余人过了白渠，沿着渭水西行，与关内行营节度使王思礼部三万余人，在便桥完成了会师，进驻滻水以西，离长安仅剩五十里之遥。同郭子仪有杀子之仇的安守忠再次登场，两军隔着长安西面的清渠水道对峙将近一周，陷入了僵局。

到了第七天的时候，唐军获悉，叛军还是没能沉得住气，正派人伐木造船，准备渡河进逼唐军大营。郭子仪马上派遣陌刀手在岸上严阵以待，除了被砍下数十上百颗脑袋之外，想要过河的叛军们没有占得一点优势。眼看白白被送人头，对岸的叛军大阵竟然发生了骚乱，甚至能听到有人高声大喊："燕军败逃了！"郭子仪大喜，点起大军渡过清渠，全线追击后退的叛军！

郭子仪不知是计，万没想到，这都是安守忠为了逼他主动出击，自导自演的一出好戏，就连刻意制造出的喊声，也像极了是借鉴的淝水之战时朱序那一声高呼。

当唐军逼近长安时，叛军已经遵照安守忠的安排，在城墙前设下了一字长蛇阵：正面居中是李归仁率领的一千人，横挡唐军；南侧是安守忠率领的四千人，充任"蛇首"，背靠延平门；北侧是安太清率领的四千人，充任"蛇尾"，背靠金光门，这两条通道分别是长安西面由南至北的第一、第二道城门。

待到唐军与叛军的正面部队刚一接战，"长蛇"的首尾便迅速摆动起来，变换了阵形，从东、南、北三个方向形成夹击之势！唐军将士突然陷入包围，顷刻间乱作一团，被杀得大溃，只顾往西面缺口逃命，将大批军械和辎重全部丢下，连监军孙知古和判官韩液也不幸被俘。

唐军收复长安的行动又一次破产了，至德二载五月的这场清渠之败，郭子仪遭遇了阴沟里翻船，也堪称是他军事生涯中的一大耻辱。然而，肃宗并未多加责罚，仅仅是将他从司空降为尚书左仆射，毕竟放眼整个大唐，时下还有谁能比郭老更靠谱呢？

经过长达四个多月的休养生息和苦心筹措，当年的闰八月二十三日，肃宗在凤翔亲自犒劳诸将，信心十足地宣布重启收复长安的行动。宴会之上，肃宗语重心长地给郭子仪发了话："国家大事成败，在此一举！"郭子仪庄严行礼，郑重起誓："此行若再不成功，臣必以死相报！"

肃宗实在没办法不心怀忐忑，这第三次对长安的用兵，砸进去的人力物力比前两次更多了，无疑又是他的一场豪赌。何况蜀地还有个太上皇，皇统合法性的争议一直让肃宗如鲠在喉，而收复长安就是最好的证明，眼下他真的是输不起，也等不起了，只能把希望全寄托在郭子仪身上。

唐军参战部队除了朔方、关内诸军，还有内调的安西、北庭各军。在这关键时刻，远在西方的拔汗那、于阗等中亚诸国不忘大唐威德，积极派兵勤王，就连已经成为吐蕃属国的南诏国，也象征性地派了人手予以支援。

鉴于郭子仪认为回纥骑兵骁勇善战，主张多加征调用以平叛，因此在大军序列的众多外来队伍中，最受肃宗倚重的莫过于回纥人了。为了尽快收复长安，肃宗甚至还主动向回纥提出了一份颇为后世所诟病的承诺：城破之日，土地和男子归唐，财宝和妇孺任由回纥带走！

平定长安后，虽然在广平王李俶的苦劝下，没有兑现这个要命的诺言，但后来两次收复洛阳后，回纥人得以在城内"合法"地大肆劫掠，满载而归！在国力中衰的背景下，出卖子民固然带有一丝无奈，却也诚然是唐廷统治者屈辱之举。

到了九月，回纥援军终于不远万里抵达凤翔，叶护王子和大将帝德奉可汗之意，带来了四千人，交给和回纥关系密切的仆固怀恩统领。别看人数虽然不算多，但个个是以一敌十的百战精锐，这让肃宗底气大增。

九月十二日，中外多国蕃汉联军十五万人，对外号称二十万人，在天下兵马元帅、广平王李俶的统率下，从凤翔浩浩荡荡地向东进发了。无论来自哪里，不管出身什么种族，军中每个成员此刻心系同一个目标，那就是夺回属于大家的长安！

"泉声咽危石，日色冷青松。"王维是如此描绘香积寺景象的，这座净土宗名刹的清幽古朴不禁令人神往，直到今天，每逢秋日时节，寺内银杏叶落的美景，也常能吸引大批游客赏玩。不过在一千两百年前，这里的不远处将见证一场决定大唐王朝命运走向的关键性战役。

至德二载九月二十七日，香积寺的西北方尘土飞扬，此处位于沣水以东，背后抵靠终南山，前方又正是一片地势自南向北趋低的原野，郭子仪把这里预设为对唐军有利的战场。山野上，十五万人集结的唐军大阵气势如虹，长矛鳞次栉比，旌旗遮天蔽日，南北连绵长达三十余里。前方几里处严阵以待的，是燕军大将安守忠、李归仁所率的十万猛士，恶战一触即发。

叛军故技重施，李归仁率先挑战引诱来攻，唐军箭如雨下，将其逼退并发起追击，很快杀向了叛军的心腹所在。转瞬之间，叛军诸将发起合围，乘机以豕突狼奔之势，直捣唐军前阵，猛地将对方撕开了一个缺口！唐军招架不住，被搅得方寸大乱，眼看马上溃不成军，就要重演清渠的惨剧，叛军却出乎意料地掉了链子，争先恐后地去抢夺唐军丢弃的辎重，攻势小有迟缓。

在这千钧一发之际，郭子仪人生中的一颗幸运星，也是大唐不世出之猛将——成名于西域的"神通大将"李嗣业救场来了。当时，郭子仪和李俶坐镇中军，王思礼作为后军，而大阵的前军主帅，就是时任安西四镇、北庭行营兵马使的李嗣业。情势危急，李嗣业对郭子仪高喊道："眼下局面，若我等以身啖寇，拼死作战，或许万死还能求得一生，不然，我军将全军覆没！"

好一个"以身啖寇"，颇有气壮山河之势！接下来，让两军兵士都瞠目哆口的一幕出现了，只见李嗣业卸下了战甲，赤膊上阵，紧握一把陌刀冲到阵前，瞪大了双眼怒吼道："谁敢拦我长刀，人马碎尸万段！"李嗣业奋勇当先，拼力砍杀，接连阵斩了数十人，稳住了唐军阵脚。有了李嗣业的亲身鼓舞，前军士气恢复，迅速得到整顿，各部士卒手执陌刀，结成一面巨大的人墙，如潮水一般奋不顾身地向叛军推进，所向披靡。

其他方向的战况同样十分惨烈。唐将靳元曜酣战忘死，不慎坠马，凤翔都知兵马使王难得眼看部下危险，驰援来救，却被叛军一箭射中了眉处，剥落的皮肉甚至遮住了眼睛。王难得竟然徒手拔去箭矢，扯掉皮肉，血流满面仍奋战不已，给叛军带来极大的视觉冲击，无不胆战心惊。

安守忠还留了一记后手，在战场东面设下了伏兵，打算乘机偷袭唐军的后侧。所幸唐军侦察人员工作到位，探得这一敌情，仆固怀恩领命，亲率数千回纥锐士，将这批伏兵悉数消灭，叛军士气一落千丈。李嗣业以其人之道，还治其人之身，竟然带着一支回纥军队，同样绕到了叛军阵后，与郭子仪的中军形成了前后夹击，胜利的天平已经开始倒向唐军一方。

这场恶战从正午时分，一直持续到了黄昏。经过数个小时的搏杀，已是夕阳西下，秋风萧瑟时，鲜血染红了整片原野——横陈着六万余具叛军尸首，掉入沟壑摔死的也有两万多人，还有两万人弃械投降，唐军取得了来之不易的胜利！

叛军残部纷纷遁入长安，直到入夜，喧哗喊叫声都没停止。当晚，唐军获悉，除了郭子仪的老对手安守忠、李归仁、安太清三将以外，叛军在长安的两位最高长官，西京留守张通儒、京兆尹田乾真也收拢败卒，全部逃离了长安。

香积寺之战后第二天，即至德二载九月二十八日，唐军开入长安城，西京光复。这一刻距离长安被叛军占据，已有一年零四个月了！捷报传至凤翔，肃宗君臣不禁热泪盈眶。

大军未逗留太久，三天后东出长安，以收复东京洛阳为要务。唐军乘胜追击，连战连胜：王难得在武关大胜，拿下上洛郡（即商州）；郭子仪也收复了自己的故里华阴郡（即华州），在潼关斩首五千级，继而攻克弘农郡（即虢州，今河南省灵宝市），杀向通往洛阳的最后一道关卡陕郡。

唐军咄咄逼人，身在洛阳的安庆绪自然坐立难安，他孤注一掷，在洛阳周边搜刮了十万人，交给心腹御史大夫严庄统率，与张通儒的败军会于陕郡，加上附近兵力，共集结了十五万人。

十月十五日，唐军重走当年哥舒翰出关攻打崔乾祐的路线，即将抵达弘农东北的曲沃镇。也正因为吸取了昔日灵宝之战的教训，郭子仪这次尤为提防南面崤山地区的伏兵，先派回纥大将鼻施吐拨裴罗进入南山索敌，事后证明，正是这一关键措施，扭转了不利局面。大军很快在曲沃西面的新店，遭遇从陕郡倾巢而出的叛军，对方背靠南山列阵，居高临下地向唐军发起进攻。

平心而论，与另一位同期名将李光弼相比，郭子仪在统领大兵团，执行具体战术层面的指挥上略有薄弱，他更偏向是一位卓越的帅才，却不是一个顶尖的将才，先前的清渠、香积寺等战事就是典型例子。通过多次交手，叛军似乎也发现了这点，而针对郭子仪的用兵风格，叛军似乎使惯了示之以弱，诱敌深入的战术，此番自然也不例外。

叛军派两百轻骑挑战，被郭子仪的两队人马逼退后，再派兵前来，随即飞马回阵，如是进行了几番你追我赶。对方意图显然是想引诱唐军出战，郭子仪本人也没少用这招，自然看在眼里，他于是将计就计，每次都加倍增加人手，但没到敌营就返回，也是想要使对方放松警惕。等到叛军又一次出动，郭子仪突然趁势发起总攻，率全军横穿了叛军大阵，不料还是正中对方下怀，叛军从两翼将唐军包夹起来，实在是郭子仪的预判被叛军预判了，这正是高手过招的精彩之处。

叛军战力强大，实在过于难缠，战况逐渐陷入胶着，时间拖得越久，对陷入包围的唐军就越是不利。让唐军更为惊慌的是后路被断了，叛军不知道何时分出了三千兵马，出现在了身后！这个情景对唐军猛将李嗣业而言，可不仅是似曾相识那么简单，万幸这位关键先生再一次救急，率陌刀队挺身死战，使唐军没有瞬间崩盘，李嗣业的存在，实在是郭子仪和大唐王朝的幸运。

突然，叛军的侧后方扬起了漫天黄尘，并夹杂着数抹白光，十几支箭矢猝然从尘土中射出，击杀数人。看到那不同寻常的箭矢和白色大旗，叛军将士相顾失色，发出颤抖的惊呼："回纥人来了！"何以回纥援军姗姗来迟？原来，燕军果然在山中设下了伏兵，为了解决这伙人，本着"拿人钱财，尽心办事"的原则，回纥人不得已费了点时间。

既然回纥人是从背后出现的，就意味着山间伏兵已经完蛋了，这让叛军士气大衰，很快在李嗣业和回纥人的猛击下土崩瓦解，遭唐军追杀二十余里。香积寺的梦魇再一次降临在新店上空，叛军一败涂地，竟被唐军斩了十万人，东西三十里地，尸横遍野！

严庄和张通儒等人弃了陕郡，向洛阳仓皇逃去，郭子仪遣仆固怀恩等将追击，不想给对方一丝喘息的机会。十月十六日夜，恐慌万状的安庆绪君臣从洛阳禁苑北逃，此前被叛军俘虏的名将哥舒翰、程千里等人在这时被杀害，足见叛党们的失张失智。

至德二载十月十八日，广平王李俶同郭子仪率军进入洛阳，在天津桥南陈列大军，沿路士民无不欢呼，东京光复，距洛阳第一次陷落已有一年零十个月。

数日后，朔方左厢兵马使张用济、右武锋使浑释之领郭子仪之命渡过黄河，相继收复了河阳、河内郡（即怀州）等地，严庄等燕国臣属纷纷来降。

在一个多月的时间里，郭子仪以副元帅之职，辅佐广平王完成了光复两京的功业，肃宗和玄宗两位蒙尘已久的天子，也在不久后相继回到故都。肃宗随即派人奔赴洛阳，再度拜郭子仪为司徒，封为代国公，享食邑千户。

郭子仪凯旋时，肃宗以隆重军容亲自前往灞上迎接，亲口对他说道："虽吾之家国，实由卿再造！"如此至高评价，也正是郭子仪后半生的真实写照。

河朔风暴

大河以南战场，各地叛军获悉洛阳归唐，争先改旗易帜，唐廷在接下来的数月之内，就收复了包括青州北海郡在内的河南道全境。随着范阳史思明、云中高秀岩的先后投诚，河北道大部、河东道也全部归降了唐朝。

明面上，只差安庆绪在河北南部占据的七郡六十余城之地①尚未被唐廷收复，大唐江山重归一统，似乎指日可待了。

当初，燕帝安庆绪抛下洛阳后，部众离散，身边仅跟着三百骑兵和不过千名步卒，狼狈逃往了河北，总算在邺郡（即相州）立住脚跟，随即就改邺郡为成安府（成就安氏大业之意），改元天成（又记天和、至成），不遗余力地宣扬安燕政权转危为安，以此来聚拢人心。旬日之内，蔡希德、田承嗣、武令珣等各路叛将带领本部兵马，从四面八方汇聚于邺下，加上安庆绪在河北新募的人手，兵力达到六七万之多，重振了叛军声势。

而在收复两京之后，肃宗朝廷就忙于休整军队、诱降叛将，同时还要与回纥开展新一轮的外交谈判，一时还顾不上对安庆绪实施斩草除根。经过交涉，为了再次获得回纥支持借兵，除了回纥英武可汗的少子移地健（即不久后的牟羽可汗）娶仆固怀恩一女为妻，肃宗也将亲生女儿宁国公主嫁与英武可汗，是唐朝第一次用真正的帝女投身和亲事业，国势衰颓显而易见。

反观燕国小朝廷，虽然境内的军粮器械尚且十分充足，大有再与唐朝一决雌雄的势头，但有识之士们很快意识到了：安氏难安，末日将至！自从在相州安稳下来，安庆绪和他的亡父一样不思进取，只知沉溺酒色、大兴土木，流连于琼台玉阁间；旗下的大臣高尚、张通儒等人则热衷于争权；刚正敢言的老资历大将蔡希德遭到冤杀，本部数千士卒为此叛逃；军界的一把手却又换成了残虐好杀、不得人心的崔乾祐……广大军民无不对这个政权感到失望愤恨。

---

① 即相州邺郡、卫州汲郡、魏州魏郡、博州博平郡、贝州清河郡、邢州钜鹿郡、洺州广平郡，大体相当于囊括了中唐初期的相卫、魏博、昭义三个藩镇。

就在安燕政权君臣失道、江河日下，走向了没落时，唐肃宗终于在两京光复次年的下半年完成了一系列准备工作①，全面向相州的叛军余孽发起总攻。对已升任中书令的郭子仪来说，这一天等了太久，自去年年底收复东京以来，他就长期驻守洛阳，为进取河北积极筹备。

乾元元年（758年）九月二十一日，肃宗宣布，以朔方节度使郭子仪②、河东节度使李光弼、关内潞沁节度使王思礼、镇西③北庭行营节度使李嗣业、襄邓节度使鲁炅、平卢兵马使董秦、兴平节度使李奂、滑濮节度使许叔冀、郑蔡节度使季广琛、河南节度使崔光远等十员大将，统领十万兵马，号称二十万大军④，讨伐罪不容赦的安庆绪。

这一回，比较特殊的是，如此规模之大、意义之深的战事，肃宗竟未指派上述十人中的任何一位充任主帅。昔日名义上的元帅、广平王李俶如今已是太子，取而代之者是肃宗的亲信宦官鱼朝恩，号"观军容宣慰处置使"，中晚唐宦官的一大职称"观军容使"由此发端。换句话说，鱼朝恩的这个观军容使职衔，使得他已不是陕郡时的边令诚、陈涛斜时的邢延恩这些监军可比，虽无元帅之名，实质上却有着公开的主将之权。

对于肃宗这手"奇葩"操作，一般认为是因为他"体贴"地想到，郭子仪、李光弼是平起平坐的功臣，不宜安排由谁统属谁，所以特意不设元帅以表关怀，改让观军容使代天子协调。

这只是表面上的借口，背后恐怕另有不能轻易与人言的隐情。自从灵武即位以来，由于安禄山这等封疆大吏掌兵作乱，搅得山河破碎的恶劣影响，肃宗内心不得不忌惮武人专权，即便是迫不得已的情况下，他对郭、李这类元勋藩臣仍心存猜忌。针对中央禁军败坏，早已无兵可用的现实难题，一回到长安，肃宗就积极重建了神武、英武等亲军，为的就是建立完全忠于天子

① 为示除旧布新，肃宗不仅把纪年单位从"载"改回"年"，玄宗晚期的行政区划"郡"也恢复为"州"。

② 朔方军中包括了回纥这次派来的三千精骑，仍由仆固怀恩率领。

③ 因憎叛贼安氏讳，肃宗改"安西"为"镇西"。

④ 《资治通鉴》称唐军共有六十万人应为夸大，有学者考证，实际兵力当为十万有余，最多也不会超过十五万人。

的爪牙，从而振作集权，好与日趋尾大不掉的地方藩帅相抗衡。

基于这一层考虑，肃宗首先要想的是平定叛乱，其次就是不让郭、李再以某某副元帅之职立下大功，省得将来削权工作难办，观军容使应运而生。早在郭子仪收复河东前，肃宗就曾向心腹谋臣李泌发表隐忧："郭子仪、李光弼如今都已名列宰臣，如果他们克复两京，荡平四海，到时候无官可赏，又该怎么办？"

这就是肃宗的帝王术，但他也肯定想不到，历史再一次给他开了个玩笑。鱼朝恩的入场，恰恰直接促使了即便是安庆绪败亡，这场大乱也尚未落下终幕，而最后以河北副元帅之职平定大乱的人，又既非郭子仪，也并非李光弼。

乾元元年十月初，郭子仪自洛阳出发，经汲县杏园口北渡黄河。在卫州以西九十里的获嘉县（今河南省获嘉县），郭子仪迎面撞上安太清，当即毫不客气地痛击这位老对手，斩首四千级，俘虏五百人，随即将安太清遁入的卫州包围起来，旗开得胜。

十月七日，李嗣业、鲁炅、季广琛、崔光远等部队也相继来到，与朔方军会师，只要攻克了卫州，北上相州的道路便畅行无阻，何况此处还有黎阳仓这一重要粮库。卫州不容有失，安庆绪即便是再昏庸，也不会不懂如此浅显的道理。他立即集结起相州周边全部兵力，带着麾下所有能征惯战的将领倾巢而出：安庆绪自领中军，孙孝哲、薛嵩为辅；崔乾祐率上军，安雄俊、王福德为辅；田承嗣率下军，敬荣为辅。燕国七万大军兵分三路，向卫州进发。

望着越来越近的烟尘，郭子仪采取了故技重施，事先在营垒墙垣背后埋伏好三千名弓箭手，下了命令："等到我军稍有退却，叛军一定争先追击，那时你们就登上墙头擂鼓呐喊，万箭齐发，好好招呼他们！"两军交战，唐军假装败退，燕军不出所料地按照郭子仪的"剧本"乘胜追击。在吃了一阵乱箭攒心后，燕军毫无悬念地溃败了。安庆绪的弟弟郑王安庆和不幸被俘，随即被押送到长安斩首，卫州也在混战中被唐军攻克。

安庆绪捎上安太清向北败逃，一直被郭子仪追杀到了相州附近，许叔冀、董秦、王思礼及河东军兵马使薛兼训各路人马业已抵达,众人一齐发力,在汤阴县的愁思冈二度大破叛军。光是卫州和愁思冈的两场战斗,唐军就杀、俘燕军精锐四万余人,加上沿路伤损,安庆绪手头的兵力已折耗大半。燕帝不敢再战,逃入相州固守,目睹自己被唐军围得水泄不通,徒叹无可奈何。

等到李光弼的河东军主力抵达,相州城内的生存空间越发逼仄,安庆绪万般无奈,只好咬咬牙,派薛嵩突围北上幽州,代他向昔日臣子史思明低下了高傲的头颅。安庆绪表示,只要能救他于水火,愿将这燕国皇位拱手相让,他非常清楚,现在自己形同瓮中之鳖,已失了争霸天下的本钱,无异于提前出局,安氏的王图霸业终究是浮云一场,梦醒时分的安庆绪,只奢求苟活了!

几个月前,原本降唐的史思明已经同朝廷撕破脸,反心昭然若揭。如今安庆绪遭难,唇亡齿寒,史思明没有理由不出兵南下支援,何况他本就有取安氏而代之的心思,又何须他看不上的安庆绪让位!不过,老谋深算的史思明鉴于唐军势力庞大,决定暂行观望,先派李归仁率领步骑一万三千人,进驻相州以北六十里的滏阳(今河北磁县),遥为安庆绪声援,实际上是寻求战机。

到了十一月间,随着河南节度使崔光远进攻魏州的战事打响,史思明没法继续淡定下去了。一旦相州东北方向的魏州得手,唐军不但可以把相州外围的袋口扎得更紧,还能阻遏来自北面的攻势。史思明自然看透其中意图,亲率大军,从幽州兵分三路南下。

就在崔光远攻克魏州数日后,经洹水南下的燕军就到了,正是史思明亲自带队的一路。崔光远忙派部将李处崟迎敌,但连连败于士气甚锐的燕军,李处崟只好退回城中。史思明再使出了一招离间计,声称:"李将军召我们前来,怎么不出城迎接呢?"崔光远竟信以为真,将深得军心的李处崟用腰斩酷刑处死,士卒大丧斗志,人心涣散。魏州本来是一座坚城,但面对燕军的猛攻,崔光远却束手无策,竟在夜间突围出城,一溜烟地渡过河,逃往自己的地盘汴州。魏州失去了主持者,在十二月二十九日被攻陷,竟有军民三万多人被史思明屠杀!

何以相州的唐军大营对魏州战事视若无睹?这或是郭子仪为数不多的一个污点。因为《新唐书》披露了一个说法:崔光远在卫州之战时不够卖力,郭子仪怀恨在心,不仅推举了崔光远去镇守魏州,而且有意不出兵援救,最终坐视了魏州陷落!

不过,在狠狠批判行事如此反常的郭子仪私德有亏、缺大局观之前,这个说法似乎忽视了一个最重要的前提:观军容使鱼朝恩,才是大军实际上的统帅。无论此说真假,魏州被史思明占据,意味着幽州南下的燕军已经在东、北两个方向上,对唐军形成了进逼之势。

就在这个当口,史思明却突然放缓脚步,按兵不动。两天后的新年之际,即乾元二年(759年)正月初一,史思明竟然在魏州行祭天礼,自称大圣周王,建元应天了!

相较于去痛斥史思明的大逆不道,李光弼的侧重点在于一眼窥见了其中杀机,对鱼朝恩说:"史思明此举,正是想要等我军懈怠,乘机用精锐发起掩袭!请准许我率河东军和郭公的朔方军一起进逼魏州,向叛军发起挑战。史思明对当年的嘉山大败仍心有余悸,必定不敢轻易出战。如此一来,敌我两方对峙旷日持久,相州一定可以被我军拿下,等到安庆绪一死,史思明自然没了号召力,不足为患!"李光弼知道安庆绪耗不起,所以对史思明的办法也是一个字:锁!

然而,鱼朝恩却不愿分兵,拒绝采纳李光弼"围点锁援"的建议,白白错失了能够牵制燕军外援的时机。唐军在相州的四周建立了三道长墙,又挖掘了足足三重深壕,可谓已经包得密不透风。显然,在鱼朝恩看来,在己方兵力占了三倍多的绝对优势下,对相州采取近似围而不攻,无须大动兵戈,是比较保险的办法。可他为什么就不愿多思考一下,只要尝试用类似方法,主动压制住魏州的史思明,拿下相州难道还会远吗?

从去年冬天开始,为了加速相州城破,郭子仪和郑蔡节度使季广琛商定了一条毒计:先堵塞更靠北的漳河水道,再不惜人力开渠四十里,将漳水向南引入相州北的洹水,把这滔滔大水灌入城内。这个方案之所以能顺利实施，想来也是因为没有违背鱼朝恩以"围"字为主的方针。

冬去春来，由于安庆绪对史思明坚信不疑，相州成了一座"威尼斯"。城中的井口泉眼早已溢满，水流成河，百姓只能在一片汪洋上搭起木栈居住，苦不堪言。但粮食还是吃光了，价格飙升到每斗米七万余钱，创造了大唐近三百年历史上的最高米价纪录，连一只老鼠都值四千钱！

虽然军队主将已经从崔乾祐换成了安太清，但这对饥荒于事无补，士卒只能挖出墙土里的麦秸，滤出马粪中的残渣，来喂养战马。可那些买不起粮食的百姓呢？易子而食的惨剧再次发生，想要投降的军民也被大水困住，根本出不了城，这可真是求生不得，只好求死啊！

唐军看似形势大好，处于不败之地，杜甫当时就有诗曰："河广传闻一苇过，胡危命在破竹中。祇残邺城不日得，独任朔方无限功。"老杜焉知，郭子仪头上有个鱼朝恩，焉得独任？

早在这场围城进行到第三个月时，由于多日未有突破性的进展，唐军将士无不产生了疲态和倦意。唯独那位猛将中的佼佼者李嗣业，仍然多次奋勇杀敌，勉强鼓舞着众人的斗志，但不幸的是，他在一次战斗中被流矢射成了重伤。李嗣业在军中好生休养，伤势也将痊愈，却因为一次偶然听到金鼓声，忍不住起身大声喊杀，导致伤口破裂，流血过多而死。李嗣业时刻不忘为国杀敌，乃至殒命，实在令人感佩，也正是这位军中猛人的陨落，让唐军本就低落的士气雪上加霜了。

对唐军的无所作为，史思明在魏州看得真切，起初确实是有点摸不着头脑，但经过一段时间的观察，他惊喜地发现，对方确实对自己的存在无动于衷！罢了，罢了，既然天予弗取，不妨让我来取！史思明亲领数万大军从魏州开拔，命令诸将在距离相州五十里处安营扎寨。

接下来，史思明做出了一系列部署：每个军营摆置了多达三百面战鼓，安排专人每天发了疯似的狂擂，传出无数震天撼地的声响，使得唐军士卒开始心惊胆寒；每营遴选五百精锐骑兵，负责日常前往唐营挑战抢掠，唐军出来交战，就马上逃回本营，如此一来，唐军每天都要遭受不少损失，燕军专挑驮马牛车下手，使得采集薪柴变得十分艰难；唐军白天戒备，燕军就挑晚上来袭，唐军晚上设防，燕军就换白天下手，搞得唐军精疲力竭。

当时境内遍地饥荒，唐军的粮饷都是专门从江淮、河东地区运来的，望着车船相继不断，老奸巨猾的史思明再生一计。不多时，那些运粮的民夫就碰到一群官兵打扮，但动辄斥责、随意杀戮的"唐军"，不由得惊恐万分；到了各地车辆船舶抵达时，不怀好意的"唐军"又暗中大肆纵火，焚毁大量物资。让人十分抓狂的是，这些燕军假扮成的官军行踪飘忽，聚散无常，他们自己相互之间可以辨认，但唐军的巡逻士卒却无法识别，也侦察不出行迹，根本束手无策。

如此惨无人道的疲敌战术，又疲又饥的唐军吃尽苦头，尤其对经历过嘉山之战的郭子仪、李光弼而言，对这一招最为熟悉不过。眼看"高徒"史思明效仿自己的招牌绝学，而且发挥得青出于蓝，只因头上还有个观军容使百般掣肘，两大名将纵是有心想要破解，也无能为力，真是欲哭无泪。唐军多日食不果腹，寝不能寐，已经处于精神崩溃的边缘，到了二月底，鱼朝恩也撑不下去了，只好向史思明摊牌，相约决战。

交战日期定在了乾元二年三月初六，一个充满了诡异色彩的日子。

那天，十万唐军在相州以北的安阳河畔摆开阵势，展示出了背水一战的态势。史思明亲率五万精兵南来，鱼朝恩望见这批人，竟以为是叛军前哨的游击部队，丝毫并不介意，直到对方突然加速，发起猛攻，才慌忙下令迎战。李光弼、王思礼、许叔冀、鲁炅等部率先接敌，同叛军展开厮杀，一时伤亡相当，直到一支流矢，不偏不倚地射中了鲁炅。

襄邓节度使鲁炅，先前以守卫南阳郡（即邓州）孤城一年有余，誓死不降叛军，又成功扼守了襄汉通道而闻名天下。然而，这位猛将在关键时刻中了一箭后，却失了李嗣业那般视死如归的精神，也违背了自己的本性，竟是直接率本部一万人撤出了战场！

鲁炅一撤，引发了唐军的骚乱，而由于鱼朝恩的胡乱调度，各部之间全无配合。正当郭子仪要带着朔方军顶上缺口时，仿佛是上天也想凑一次人间的热闹，平原上突然刮起了一阵堪称魔幻大秀的狂风！风暴席卷入场，整个天地间瞬时陷入一片昏暗，伸手难见五指。树木拔地，风沙肆虐，敌我莫辨的唐燕两军在此刻达成了高度一致的共识——撤！唐军向南溃退，叛军向北遁逃，一场大战就这么稀里糊涂地结束了。双方七损八伤，遍地是被丢弃的器械辎重，甚至唐军还在相州大营中留了六七万石的粮食，可惜其后全为史思明所得。

十万唐军全线溃败，各路节度使纷纷撤出相州境内，各自逃回了本道。一些败兵的军纪尤其败坏，沿路大肆劫掠，各地官吏完全无法制止，其中又以跑在最前头的鲁炅部队抢得最凶，因此鲁炅也在不久后陷入悔恨惭愧，服毒自尽。

一场无名大风引起的动乱，竟然经过旬日才安定下来，就连回纥军队也失了往日威风，逃回长安时竟已锐减到十五人，唯独李光弼、王思礼二将还能保持平日作风整肃军纪，全军而还。

至于郭子仪，他在乱局中的表现也算及格，撤回河南后，他当机立断毁了河阳桥，率军驻防在谷水。随后，郭子仪又采纳左厢兵马使张用济的建议，摒弃了西奔蒲、陕的想法，决定坚守河阳。不久，燕军大将周挚果然来攻，在张用济、韩游瑰二将坚守下，河阳城得以守住，暂时确保了洛阳城的安全。然而，朔方军在此战的损失不可谓不惨重，比如原有三万匹战马，经历大溃逃后竟然只剩三千有余。

唐军没有完成消灭安庆绪的战略目标，反让原先的第三者史思明摘了桃子。

得知唐军败退，史思明重回相州，逼迫到最后还打算食言的安庆绪让出了权杖，随即将他和高尚、孙孝哲、崔乾祐等人全数斩杀，血腥地完成了燕政权的交接。四月，有恃无恐的史思明自立为大燕皇帝，将幽州定为国都燕京，这一政权当时也被称作"后燕"，该事件正式标志着安史之乱进入到下半场的史氏时间。

相州之战，也成为安史之乱这场大戏中，郭子仪作为平叛男一号的谢幕之战。

以身许国

既定的"最后一战"虎头蛇尾，肃宗只能重新委任郭子仪为东都畿、山东、河东诸道元帅，暂代东京留守，看似有意继续重用他。然而，这一切却越发激起了鱼朝恩的嫉恨，他丝毫没有自责的意思，反而乘机将相州败责全部推到郭子仪的朔方军身上。本就有意解除郭子仪兵权的肃宗顺势而为，在当年七月召他返回长安，虽然没有解除郭子仪的朔方节度使之位，但另外调任李光弼代替他担任朔方军行营节度使。

受当年张齐丘事件的影响，也缘于朔方军多有狂放无羁的胡人将士，郭子仪平日里的治军作风以仁爱宽厚为主，甚至是在士卒恃功违纪时，允以纵容姑息。因此，即便军纪不佳，但朔方军的将士们感念郭子仪的关爱体恤，多年来没人不唯他马首是瞻。

现在，得知郭子仪将离他们而去，而且还要换成治军严明的李光弼上任，朔方士卒无不大惊失色，以至于痛哭流涕，纷纷拦住传达诏命的中使，恳求将郭子仪留下来。郭子仪没有办法，只好连哄带骗着说："老夫只是要设宴为天使饯行，并非要走！"乘机跃马离去，前往长安。

虽然没了兵权，但郭子仪十分难得地毫无怨言，不曾表现出一丝愤懑，仍旧忠于大唐，一想到大乱没有平定，就忧心忡忡，这当然是肃宗乐见的。有人认为郭子仪不宜闲置，应当重用，肃宗也基本同意了这个建议，打算再任郭子仪为诸道兵马都统，却因鱼朝恩的百般作梗而搁置。

转眼已经到了上元三年（762年）年初，河东地区接连爆发了兵变，先是河东节度使邓景山，再是取代李光弼的朔方节度使李若幽，还有李嗣业之后的镇西北庭节度使荔非元礼，连续三任主帅竟然都死于乱军，事态十分严重。肃宗已积劳成疾，他十分担心这些乱军会串联发难，更怕他们勾结燕国叛军，但苦于新晋提拔的将领们尚无足够的威望镇抚，只好决定起用郭子仪。

郭子仪很快被封为汾阳郡王，再度执掌了朔方军，集于他一身的使职还有河中、北庭、潞仪泽沁等州节度行营兼兴平、定国副元帅，即将出镇绛州的朔方行营。

三月中，肃宗已病入膏肓，大臣不宜觐见，但郭子仪在动身前提出了请求："老臣受命，或许身死，若不能再见陛下一面，臣死不瞑目！"肃宗获悉，十分感动，将郭子仪召入内殿，强撑病体，对这位他又爱又忌、怀着复杂感情的老将做出了最后的嘱托："河东之事，一以委卿！"

郭子仪早已声泪俱下，他非常清楚，这将是他和肃宗这对君臣之间的最后诀别。当年四月，太上皇玄宗、今上肃宗两任大唐天子，在不到半个月里接连离世，昔日平定两京的广平王李俶，即太子李豫正式即位，是为唐代宗。

之前，由于李光弼、李若幽两任朔方军长官的治军风格都颇为严厉，引起将士的颇为不满，对郭子仪的宽大之风越发思念，突将王元振就是利用军中的这种不良情绪，制造兵变，杀害了李若幽。如今郭子仪回归朔方，王元振自认有功，因此沾沾自喜。

不料郭子仪一到绛州，愤然作色，将包括王元振在内的首恶四十余人全部逮捕，怒道："你们身临敌境，却谋杀主帅，如果叛军乘机发难，绛州早已沦陷！我身为宰相，难道还会接受区区士卒的私情吗？"话音刚落，几十颗脑袋全部落地，其余作乱的士卒忧惧不安，因为郭子仪三子郭晞贴身守卫长达七天，才没敢对郭子仪轻举妄动。有郭子仪这位大佬的带头示范，新任河东节度使辛云京上行下效，追究处死了谋害邓景山的数十人，从此，河东军镇大都能够尊奉法度。

宝应二年年初，随着燕国最后一位君主史朝义的自缢身亡，持续了八个年头的安史之乱宣告平定。可是，对郭子仪这些立有大功的武将勋臣而言，他们的处境，却并未随着战事结束变得阔达起来，只要稍有差池，就会被天子视为亟待清除的眼中钉。

早在史朝义灭亡前夕，代宗一度考虑，让已经复出的郭子仪担任天下兵马副元帅一职，辅佐元帅雍王李适，荡平河朔。由于鱼朝恩和程元振的阻挠，加上代宗顾虑郭子仪的威望太高，最终还是打消了这个念头，改让仆固怀恩担任河北副元帅，为平叛工作收尾。郭子仪也十分识相，坚决推辞副元帅之职，于是到他平息河东兵变入朝，就再次被代宗解除兵权，赋闲在家，直到又一场惊天事变的爆发。

近几年来，趁着安史之乱爆发，唐廷内调西北驻军的空当，吐蕃这个恶邻大肆趁火打劫，频频东侵河陇地区，截至代宗广德元年（763年，宝应二年七月改元）夏，吐蕃已经侵占了几乎整个陇右道，以及关内道的北境，直逼关中腹地，正所谓"今日边防在凤翔"。当年七月起，吐蕃以唐朝不如约交付绢帛为由，踏破大震关，攻占了凤翔以西、邠州（今陕西省彬州市）以北的大片领土，继而逼降泾州，将兵锋指向了长安所在，帝京危矣！

当时正是大宦官程元振掌权，为了打压边将，他竟然倚仗圣宠，胆敢私自扣留军报，导致吐蕃过了邠州，代宗才知道军情紧急，连忙下令各地藩镇勤王救驾。万般情急，代宗想到了郭子仪这尊大佛，任命雍王李适为关内元帅，实际上是以郭子仪为副元帅，让他出镇咸阳抵御外敌。

诚然郭子仪心里是一百二十分的公忠体国，可代宗是不是忘了，郭子仪闲居已久，部下早都离散，哪来的人手御敌？但郭子仪既没有推辞，也没有抱怨，只是紧急招募了二十个骑兵，强征了民间马匹就启程出发。到了咸阳一看，吐蕃联合西北诸部族的二十多万大军，让郭子仪也不禁倒吸一口凉气，连忙派遣行军判官王延昌回朝请求增援，却再次被该死的程元振阻拦了。

眼看吐蕃的推进取得节节胜利，代宗惊慌失措，索性学起祖父当年的"光荣事迹"，弃长安城而逃，不过这次方向是东边的陕州。郭子仪听说天子东迁，连忙赶回长安，等到抵达开远门，他迎面撞上了想要挟持丰王李珙等诸位亲王，前去迎接吐蕃军队的叛将王献忠所部。

郭子仪中气十足，一声怒斥，就将对方吓下马来。王献忠仍要推销自己的大计："皇帝东逃，京城无主，令公（郭子仪时为中书令）身为元帅，废立全在您一句话！"未等回话，人群里的丰王不知是否头脑发热，动了歪心思，抢上前来问道："您怎么不说话呢？"郭子仪把他们全部训斥了一通，派兵送往代宗所在，丰王仍口出狂言，不久即被赐死。

广德元年十月初九，西北异族的军队到底还是杀进了守备空虚的长安城，吐蕃大将恩兰·达扎路恭选中了金城公主的兄弟广武王李承宏，拥立他为皇帝。一时间，包括流散禁军在内的各路乱兵开始大肆劫掠府库，焚毁民宅，城内一片大乱。这可是自从贞观十二年（638年）唐蕃松州之战初交手，时战时和一百二十余年来，大唐子民无论如何也想象不到的灾厄！

遭此大劫，长安官民纷纷逃往终南山避难，其中就包括郭子仪及其家人仆从，以及他新招募的部曲数百人。郭子仪听从王延昌和监察御史李萼的建议，取道蓝田前往商州，沿途收拢溃散的禁军士卒，各路将领听说是郭子仪抵达，全部乐意听从调遣，停止了劫掠暴行。途中，因忧虑吐蕃追击代宗一行，郭子仪还特地驻留三日观察形势，抵达商州时，部众已有四千人之多。郭子仪当众潸然泪下，慷慨陈词，士卒们无不感动振奋，纷纷表示要与郭令公共雪国耻。

此时又传来了一些好消息，鄜坊节度使白孝德、邠宁节度使张蕴琦已在南下勤王的路上。郭子仪认为，是时候展开反击了，马上派遣左羽林大将军长孙全绪率两百骑兵为先锋，六军兵马使张知节、乌崇福率数千人为后继，出蓝田以观望敌情。

到达蓝田北面的韩公堆后，长孙全绪等人白天擂动战鼓，广张旗帜，晚上则燃起无数篝火，专门虚张声势。前光禄卿殷仲卿也带着一千人前来响应，又率领两百名骑兵渡过浐水，给吐蕃人造成恐吓。吐蕃人惊慌起来，向长安百姓询问情况，群众的智慧果然是无穷的，纷纷添油加醋地哄骗道："郭令公已率大军从商州东来，兵马实在是数不清啊！"吐蕃人信以为真，准备撤退。

长孙全绪又派遣射生将王甫入城，配合右羽林大将军王仲昇，纠集了数百名市井少年，一到晚上就在朱雀大街击鼓呐喊，让吐蕃人过了几个不眠之夜。到了十月二十一日，吐蕃军队全部退出，那位倒霉的李承宏，则藏匿于乡野之间，被郭子仪找到并送往陕州。虽然李承宏没有被代宗问罪，仅仅是被安置在华州，但不久就突然死去，如果联想到丰王李珙的结局，其死因甚是可疑。

长安被吐蕃占领了将近半个月，倘若没有郭子仪的力挽狂澜，后果将更加不堪设想。

代宗在陕州得到了吐蕃退兵的消息，喜不自胜，当即委任郭子仪为西京留守。在郭子仪从商州返回长安的途中，就听说了那位驱逐吐蕃有功的王甫竟然自称京兆尹，聚集了两千步卒、五百骑兵，在城中横行霸道，百姓不堪其扰。甚至还有人劝告郭子仪不要贸然进城，郭子仪不为所动，亲率三十名骑兵缓缓进入长安，派人传召王甫。郭子仪的强大气场，让王甫进退两难，只好前来拜见，一到就被当场杖杀，百姓纷纷欢呼，乱后长安城的秩序也由此开始稳定。

这是郭子仪人生中第三次收复国都，如此纪录，至少在整个唐代历史上，已经无人可破。

但事情并没有结束，程元振为免罪责，竟然给代宗出了个迁都洛阳的馊主意！郭子仪一听说这件事，顿时紧张起来，马上草拟奏章表示反对，有条不紊地剖析其中利害，最后说服了代宗。据说代宗看完奏章后，流着眼泪对左右感慨道："郭子仪用心良苦，真是社稷之臣啊！朕回京师决心已定。"至于程元振，也没逃得了责罚，被代宗削去官爵放归故里。然而他却不肯死心，想要再见天子重获任用，最后遭到弹劾，病死在了流放途中。

代宗回到长安后，亲自慰劳郭子仪说："朕没能及早任用爱卿，所以到了这个地步！"

值得一提的是，代宗在广德元年七月时，为纪念平息安史之乱，进行了一次图像凌烟阁的表彰事件。上榜成员共有三十余人，涵盖了李光弼、仆固怀恩这类平乱功臣，也包括李怀仙、田承嗣、李宝臣这些安史降将，甚至连鱼朝恩、程元振两位大宦官也赫然在列。

而代宗对郭子仪的表彰，则是在年初大乱初定后不久，就已完成。那一次，郭子仪被代宗特意和雍王李适等八人一起被列为凌烟阁功臣，其含金量自然不是另一份"人人有奖"式的名单可比。

前文多次提及，整个安史之乱中，仆固怀恩立下的战功并不亚于郭子仪和李光弼，其家族竟有四十六人为国捐躯，仆固怀恩也从朔方军左武锋使一路升到了朔方军节度使。特别是为了帮助大唐获得借兵，仆固怀恩前后更不惜两次嫁女于回纥，实在算是一位尽瘁事国的大功臣。

但也正因仆固怀恩和回纥有着亲密的翁婿关系，加上他有通好河北安史降将以自保的嫌疑，地缘上的矛盾，不免导致山西地区以河东辛云京、泽潞李抱玉为首的实力派和他产生了对立。加之仆固怀恩功高震主，鱼朝恩、骆奉先等宦官施以诬陷，代宗对此则是睁一只眼闭一只眼，逐渐让仆固怀恩陷于被孤立的境地，与朝廷貌合神离，成了又一个不稳定因素。

李光弼彼时将死，从这一刻起，郭子仪俨然成为代宗朝大唐唯一一尊守护神般的存在。

广德二年正月，仆固怀恩在河东与朝廷决裂，朝廷采纳颜真卿和李抱真的建议，以郭子仪代替仆固怀恩，迫其慌忙逃奔灵州；当年七月，仆固怀恩第一次引诱回纥、吐蕃、党项诸部入侵京西北，郭子仪亲自北上将其击退。回朝后，郭子仪坚拒尚书令一职，成为一段佳话。

永泰元年（765年）九月，仆固怀恩第二次招诱诸部进犯关中，不久暴病而死，吐蕃依旧大举来犯，郭子仪几乎是孤身前往敌营，说服回纥，合力大破吐蕃，仆固怀恩之乱及余波告终。

大历二年（767年）正月，郭子仪不费吹灰之力，平定了桀骜不驯的同华节度使周智光。

后十余年间，郭子仪反复往返于河中和京西北两地，多次抵御吐蕃的频繁入侵。直到大历十四年代宗去世，郭子仪受新帝征召回朝，兵权被夺，方才安度晚年。

深明大义

难能可贵的是，作为一位军事战场上的"兵形势家"，郭子仪对权力场上险象环生的政治形势，竟也能看得十分通透，仅仅是这一点上，李光弼、仆固怀恩、来瑱等人就远不如他。

郭子仪不仅洞察伴君如伴虎的厚黑哲学，而且熟谙谦恭谨慎的生存智慧，能够见招拆招，处理好官场上错综复杂的各类关系，最终收获了"五福"于一身的人生结局，实在颇不容易。

种种事件映射出来，代宗的疑心之重和报复心之强，较其父祖二帝，可谓有过之而无不及，况且还有大宦官们的谗言起着作用，导致皇帝和武将的关系一度非常紧张。中兴以来，大唐将领诸如李光弼，愤恨而死；如来瑱，获罪被杀；如李怀让，忧惧自尽；如仆固怀恩，更是被逼得举兵叛乱，誓要不死不休……除了平定祸乱的同侪难得善终，大历时代的强权人物如鱼朝恩、元载、刘希暹等人也相继倒台被杀，唯有郭子仪在历经沧桑后，还能保全自身。

当然，为了表示尊敬器重，代宗特意称郭子仪为"大臣"，从来不直呼其名。只是相较于对程元振等人的宠幸，这一虔敬表象下所蕴藏的，与其说是亲近，莫若说是一丝疏离感。至于广为人知的《醉打金枝》故事原型，也绝不是一则描绘了君臣相得、其乐融融画面的政治童话。郭子仪之子郭暧并非如小说戏曲所言，借着酒劲动手打了升平公主，更没有醉酒，而是在小夫妻俩闹了不和时，明目张胆地口出狂言："你不就是倚仗你爹是天子吗！实话告诉你，只是我爹不屑做这个皇帝而已！"

这大逆不道的话语，出自一个十几岁的少年驸马之口，虽童言无忌，但振聋发聩，甚至是可以令一位皇帝起杀念的。而且郭子仪并未把郭暧交给有司处理，最后只是自己私下杖责了事，这样的处置方式，虽然也确实是给了皇帝面子，但以代宗阴鸷的性情，他的心情真能畅快吗？恐怕未必，实在是郭子仪在军中的实权和威望之重大，迫使着他去强压怒火而已。

代宗朝的政局一度还存在着危险的三角关系，三个端点分别是皇帝李豫、宰相元载、权阉鱼朝恩。郭子仪身为军方的首脑，不得不在三者之间妥善斡旋，好在这方面他算是游刃有余。

大历二年年底，发生了一件震惊京城的大事，郭子仪出镇期间，其父郭敬之位于华州的坟茔竟然被贼人挖掘了，对郭子仪来说，这不啻天大侮辱！更蹊跷的是，虽然官府高度重视，出动了大批人手，却始终没有抓到罪犯。坊间纷纷传闻，炮制这一切的人，正是当时掌握神策军的天下观军容使鱼朝恩。以李怀光为代表的朔方系诸将，为此愤愤不平，打算亲自搜查物证来抓人，一时间朝野十分恐慌，观望此事会否激发郭子仪的怒气，逼得他走上仆固怀恩那样的道路，眼看矛盾一点就燃。

郭子仪到底没有让渴望和平的大多数人失望，他入朝拜见代宗，在提及此事时，竟然毫不发怒，反而痛哭流涕起来，恳切自责："我带兵多年，难免杀害他人父兄，又没有能力禁止军队暴行，常有手下士卒破坏别家坟冢的事。想要杀我报仇的人无数，但报国之心，纵死无悔，现在轮到了我受此侮辱，此乃天谴，无关人事啊！"不愧是郭子仪啊，一场即将引爆的冲突就这样消弭于无形，时人莫不惊叹他的城府深厚。

不过，那位缺德的幕后黑手，果真就是鱼朝恩吗？不妨讨论一二。

虽然鱼朝恩与郭子仪早有过节，自从肃宗朝以来就积怨颇深，但不代表他可以蠢笨到丝毫不避嫌，就敢贸然冒犯军方的一号人物，至少在表面上，鱼氏还不敢和郭子仪闹辩。

就在掘墓事件当年的年初，郭子仪平定同华节度使周智光后入朝，鱼朝恩就参加了郭家府邸的庆功宴，并出了三十万钱作为缠头赠礼。何况，谁不知道周智光就是鱼氏党羽，现在鱼朝恩低调做人还来不及呢，又岂能开罪于郭子仪！毫不夸张说，大历年间的郭子仪咳上两声，整个长安都得震上几震，如果一定要惹毛了他，鱼朝恩又能从中获得什么好处呢？这实在是太说不通。

比较符合利益逻辑的一种猜想是：有第三方希望通过制造这一次冲突，让郭子仪和鱼朝恩二人潜在的矛盾公开扩大化，好维持朝局上微妙的平衡关系。

这让人不由得联想到宰相元载，以及当时和他处于同一阵营的代宗。天下之大，有足够的胆魄和能力做出如此行径的人，除了天子，应该也没有第二个了！这既是代宗甩给郭子仪的一道难题，也是对他有无二心的一次试探，幸好郭子仪洞若观火，没有钻入圈套。

这个推测并非空穴来风。大历四年（769年）年初，这一时段的鱼朝恩，大约也是对代宗的不满微有体察，于是开始积极地寻求同盟，经营和军方实力派的关系，十分难得地主动向入朝的郭子仪发出了同游章敬寺的邀请。

得知此事，反应最为强烈的不是别人，正是宰相元载！他唯恐二人结盟，遂私下请郭子仪的军吏发出了警告："鱼军容恐怕要对令公有所不利啊！"鱼朝恩的使者一到，郭子仪麾下就有三百将士出列，主动请求内穿铠甲，随从大帅出行，以备不虞。

和一年多前掘墓事件的逻辑相同，郭子仪当然不信鱼朝恩敢加害于己，对手下怒道："我乃国家重臣，鱼朝恩如果没有密旨，他怎敢害我？如果这是天子的命令，难道你们又想做什么吗？"

当然，郭子仪也是自有底气在的，作为当时唐朝最强大的藩镇，朔方系的势力范围已经涵盖了灵武、河中、邠宁等地，这就是他的立身之本和信心底牌。一旦汾阳王真有什么岔子，忠于他的将士自然不会服气；比起端掉郭子仪，朝廷也更希望有一个能镇住场子，又值得信赖的老将，而不是群龙无首，甚至会威胁到统治的乱军。所以无论是皇帝还是鱼朝恩，都不会随意乱来。

于是，仅仅带着数名家僮，郭子仪就前往长安城郊的章敬寺，等到鱼朝恩来迎接时，也不禁感到惊奇地问："令公的排场何以这么俭省？"郭子仪就把听到的事情一五一十告知，还不失幽默地说道："怕军容动手的时候，给您添麻烦啦。"

听罢，一代大奸鱼朝恩竟被昔日的假想敌感动得稀里哗啦，不禁捶着胸脯，拉住郭子仪的手说："如果不是您这样的长者，我一定会被怀疑的。"不轻信元载挑拨，待鱼朝恩以真诚，郭子仪又一次凭着优秀的情商和智商避开摩擦，化解了一场会被有心人掀起的风波。

不仅八面玲珑，而且郭子仪颇有识人之能。一次他患了病，百官前来造访，都不需要屏退侍妾，唯独听说卢杞到来，郭子仪立即吩咐侍妾们退下，独自接待对方。家人询问缘故，郭子仪感叹道："我见卢杞这人貌丑心坏，左右的人见到他的模样，一定会忍不住发笑。那样，一旦此人掌权，我家必遭灭族大祸！"郭子仪一语成谶，这个一副蓝色面孔的卢杞，后来果然成为祸国殃民的一代奸相，有赖德宗庇护，郭氏家族在卢杞手下逃过一劫。

代宗皇帝有鉴安禄山的惨痛教训，颇感朔方军的威胁之大，正因郭子仪多年来至诚卫国，才让他始终没有下定决心改组。直到德宗一即位，担心夜长梦多，便麻利地罢免了郭子仪的关内河东副元帅等一系列职务，将其兵权一概解下，改由李怀光、浑瑊、常谦光三位朔方系将领各自掌控。在这个过程中，忠于皇室的郭子仪始终积极配合，使得朝廷顺利实现对朔方军的分化。

作为补偿，也是君臣之间心知肚明的"交易"，郭子仪得到的崇高荣誉和丰厚待遇一样不少：先是在名分上被赐号"尚父"，官迁太尉，仍兼中书令；再是得实际封邑两千户，每个月可以享受朝廷供应多达一千五百人的口粮，以及两百匹马的草料。至于郭氏满门子弟及诸女婿（七子八婿），加官晋爵的就有十余人，无不显贵一时。

整个大唐历史上，郭子仪之外仅有两人获得"尚父"尊荣，分别是前朝权阉李辅国和唐末军阀王行瑜。唯有郭子仪安然享尽了荣华富贵，寿终正寝。

郭子仪有孙子多达数十人，以至于到了孩子们来向他问安时，老迈的郭子仪不能准确地辨认出每一个，只能点头示意。郭氏家族常与皇室联姻，成了中晚唐时期最为煊赫的名门望族之一，以郭子仪的孙女，郭暧和升平公主所生郭氏为例，她一生经历八朝，身兼多个身份——德宗外甥女、顺宗儿媳、宪宗贵妃、穆宗母后，以及敬、文、武三帝的祖母，加上宣宗朝，共做了四代太皇太后。

作为平定安史之乱的三大元帅，比起李光弼和仆固怀恩两人的凄惨结局，晚年的郭子仪雄风仍在，威望不减当年。朔方系将领自不必说，包括李怀光、浑瑊、韩游瑰等名将在内数十人，虽然多已位列王侯，但只要在老上级汾阳王面前，他们就犹如郭府奴仆一般，甘愿被随意使唤。

就连地方上专横的藩镇军阀们，同样对郭子仪心怀敬畏。大历末年，汴宋留后李灵曜阻断了江淮运路，图谋割据一方，只有郭子仪的贡赋财税经过境内，李灵曜不但不敢扣下，还要亲自率军护送，唯恐一不小心得罪了郭子仪。就连河朔三镇初代掌门人之一的魏博节度使田承嗣，十几年来霸道跋扈，对朝廷也是傲慢无礼，却唯独愿意给郭子仪的使者行跪拜大礼，还指着自己膝盖对来使说："我这双老伙计不屈于人，已经好多年了，现在特意为令公而跪！"

建中二年夏六月十四日，大唐的柱石名将，一生极具传奇色彩的"五福老人"郭子仪在家中安然离世，享年八十五岁。天子闻讯，大为哀恸，为郭子仪废朝五天，下诏追赠他为太师，谥曰"忠武"，陪葬肃宗建陵，后又配享代宗庙庭，给足了极致的哀荣。

无论是政坛还是战场上，形势都是瞬息万变的，郭子仪却能在这两大环境中灵活应对新的危机，这正是他的独到之处。在河北战场上，虽然取得了较大优势，但郭子仪仍小心应对，以疲敌战术拖累并击溃了史思明；在收复两京的战场上，郭子仪吸取了清渠之战的失败教训，针对叛军强悍的形势，他能够妥善利用唐回联军的精锐，采取梯次配置，多面夹攻敌军，最终获得了决定性胜利。其后，郭子仪更是多次力挽狂澜，在后安史之乱时立下收复长安、单骑退回纥等多件功勋，均彰显出他过人的胆略和高超的审时度势能力。

沙场明枪不易躲，政局暗箭亦难防，如何能够两全？郭子仪的人生正如一份完美的答卷。虽然不以太过突出的战绩胜率见称，但郭子仪为"兵形势家"增添了一种别样风致，成为历代君臣文武景仰追慕的模范。九百多年后，康熙帝如是评价："自汉唐以来之勋臣，功名最盛而福祚克全者，以郭子仪为首称！"

王忠嗣

兵技巧家之

盛世骄阳·盛唐名将

将门遗孤

开元二年（714年）秋，时值唐玄宗李隆基粉碎政敌太平公主一党，坐稳皇位一年之际，朝政大有起色，但长安西北方向的上空，却又一次被战争的阴云笼罩了。

唐朝接到了来自雪域高原的挑战书，老奸巨猾的吐蕃人先是假意提出重定划界的请求，丢出一颗屡试不爽的外交烟幕弹，希望唐军上下放松戒备，随即便露出凶狠的獠牙，在边境屯集重兵，号称有十万大军。当年八月，吐蕃人迫不及待地撕下伪装，悍然杀入陇右重镇洮州，扑向岷州、兰州（今甘肃省兰州市）等地，四处烧杀抢掠，前锋更是直抵牧马重地渭源（今甘肃省渭源县），大肆劫掠这里的马匹。

是可忍，孰不可忍！玄宗得报，遂在八月底委任陇右防御使薛讷为主帅，由他节制防御副使郭知运、太仆少卿王晙、左武卫将军白道恭、右威卫将军杜宾客、右威卫中郎将杨楚客、右监门卫将军安思顺、太子右卫率府率王海宾等各路将领，奔赴陇右战场杀敌卫边。

光凭史料能留下如此详细的参战将领名单，玄宗对此战的重视程度可见一斑，接着他又下诏，在民间招募选拔大批猛士，源源不断地将兵员投入前线。到十月初，吐蕃气焰依旧嚣张，玄宗再也按捺不住，决定御驾亲征。天子的情绪异常高涨，不过尚未成行，捷报便接踵而至！

薛讷、王晙等人不负厚望，率军在渭源西北的武街驿（今甘肃省临洮县东南）、长城堡（即秦长城起点，今甘肃省临洮县北）等地接连取得大胜，将敌军打得满地找牙。在唐军的围追堵截下，吐蕃抱头鼠窜，军队全线崩盘，除了将领六指乡弥洪遇擒，阵亡一万七千余人，被俘数万人以外，另有近八万匹马、四万头牛羊成为唐军的战利品，为这次入侵付出了惨痛代价。洮水两岸，吐蕃人的尸首堆积如山，染红的河水为之不流。后来，"七绝圣手"王昌龄亲临此地时，望见了这累累白骨，不禁有感而发，留下诗篇《塞下曲四首·其二》（也作《望临洮》）：

饮马渡秋水，水寒风似刀。平沙日未没，黯黯见临洮。

昔日长城战，咸言意气高。黄尘足今古，白骨乱蓬蒿。

经过了半个多世纪的对外扩张和经营，吐蕃除了自身综合实力不断壮大，新近还在地理上占了个天大的便宜。后武周时代，唐中宗李显基于战略考虑，为能专心对付威胁日甚一日的北方劲敌后突厥汗国，决定与不久前同样经历内乱的吐蕃达成和解，在景龙四年（710年）同意将金城公主嫁给吐蕃可汗赤德祖赞。

但变故迭生，从中宗暴崩到睿宗继位，唐廷政变频仍，对于无利不起早的吐蕃而言，立马来了趁火打劫的兴趣，频频挑起争端。唐廷内忧外患，为了继续维护和吐蕃之间脆弱易碎的关系，睿宗李旦病急乱投医，授意鄯州都督杨矩，应允吐蕃的无理请求，以充当金城公主汤沐邑的名义，宣布将河西九曲之地割让给吐蕃。

近来学界又有一说，交割九曲实乃出自玄宗授意，但无论如何，唐廷这次攘外以安内的举措，着实是犯下了一个拙劣而致命的失误——因为这片唐蕃两国之间的"闲壤"实在是太紧要了。九曲的范围，大概是以今青海省同德县为中心的黄河东岸广袤地带，北至贵德县、同仁县一线，南抵甘肃省玛曲县，得名于该段黄河呈字母"S"形的回环曲折走势，这是一大片发展畜牧业再合适不过的膏腴之地。更重要的是其地理位置，一旦九曲落入吐蕃之手，意味着只要吐蕃想进攻唐朝，则可以避开北面的"硬骨头"，即唐朝经营数十年的河湟军事要塞，直接从九曲东部杀出，兵临唐朝防御力量相对薄弱的陇右南部。

除了吐蕃在西部得到九曲之地，北方还有自武周以来猖獗近三十年的后突厥汗国，如果再加上东北的奚族、契丹两蕃，以及西北心怀叵测的突骑施，大唐周边可谓强敌环伺，承受着巨大的边防压力。在被视为盛世的近半个世纪的开元天宝年间，大唐投入大量兵力、财力，几代将士赴汤蹈火、浴血奋战，将收复九曲视为军人永恒的使命，以及无上的荣光。

临洮大战后，朝廷特别设立陇右节度大使（治鄯州）继续驻防，加上睿宗朝所设河西节度大使（治凉州），执掌抵挡吐蕃最紧要的两大重镇。而开元二年的这场临洮之战，也是十数年来唐朝对吐蕃的第一场空前大捷，论功行赏自然是不能少的，前述序列中的参战人员几乎都得到了升迁，唯独一位将领成了特例。皇城中的天子浏览着将士名册，视线在其中一处停下，"太谷县开国男、太子右卫率府率兼丰安军使，王海宾，战殁"。

王海宾，华州郑县人，是唐军中名震一时的骁将，有多次当先锋、打头阵的军事经验，就在本年的年初，还一度被编入北伐后突厥大军的序列，充任行军总管。武街之战时，正是在王海宾奋勇争先的表率下，先头部队接连击败吐蕃，多次为大军扫清阻碍。接着，王海宾更以猛虎下山般的追击之势，将敌军逼到了长城堡的洮河边上。

眼看无路可退，吐蕃军人怒发冲冠，顿时迸发出了可怕的斗志，回头与追兵决一生死，王海宾部顷刻陷入吐蕃大将坌达延、乞力徐的反包围圈内，一场殊死缠斗也就此展开。唐军这边，虽有主将奋不顾身的感召，众将士无不推锋争死，但奈何敌我双方的人数悬殊，以寡敌众的王海宾很快力不能支，不幸和近卫们殒命疆场。就在这支部队面临全军覆没时，薛讷所率大军终于赶到，向苦战多时的吐蕃人发起总攻，取得了胜利。

关于唐军主力姗姗来迟，王海宾孤立无援的原因，史书一般归咎于诸将对王海宾立下大功的嫉恨，所以才会互相观望，采取隔岸观火的做法，最后又恬不知耻地窃取了胜利果实。不过，玄宗的旌表诏书中有另一种解释，即所言"单骑赴难""轻敌致陷"。也就是说，主要还是王海宾犯了孤军深入、恃勇冒进的兵家大忌，不怪各位被甩在后头的将领见死不救。当然，这也许是天子有意掩饰众人的过失，至于真相到底如何，只有当事人自己才知道了。

这样一位为国舍生忘死的猛士，在大战取胜的旦夕之间孤勇倒下，让玄宗不由得感慨万千，嗟叹良久。天子下令，王海宾"身殁功存，诚节尤著"，追赠为左金吾卫大将军，又派紫微舍人（即中书舍人）倪若水前往临洮，专门祭吊烈士。

王海宾的家中留有一个儿子，名叫王训，时年九岁，凭着烈属身份，被授予朝散大夫（从五品下散官）、尚辇奉御（从五品上职官）之位。就在拜见玄宗的时候，王训突然伏地，号啕大哭，让皇帝颇为动容。玄宗弯下身，轻抚王训说道："这好比是霍氏遗孤①啊！孩子，等你长大，朕便让你担任大将，到时做个万户侯，又岂在话下？"这还不止，玄宗发自内心地喜爱王训，当场做出决定，要将他接到宫中收养。

为了纪念王海宾的忠勇，玄宗亲赐王训新名"忠嗣"，以寄托忠臣后继有人的愿景。孩子拭去了泪水，稚嫩的眼神初显坚毅，王忠嗣这个名字，将成为盛唐时代军事上的最强音。

天纵英才

年幼的王忠嗣来到了大内，玄宗说到做到，多年下来，派人悉心照顾其起居。王忠嗣每每随着诸王一起向天子问安，俨然被视为异姓养子对待，这一时期，他最要好的小伙伴是皇三子陕王（后改封忠王），二人结为手足至交，小皇子也将王忠嗣视为兄长，到了"同卧起"那样亲昵无间。

王忠嗣长大之后，其婚事也是由忠王生母杨贵嫔一手操持的，天子一家与王忠嗣的感情可谓形同家人，让少年失怙的他感受到了浓烈的暖意。那位忠王不是别人，正是未来的唐肃宗李亨，这段交际对王忠嗣未来的人生轨迹产生了巨大的影响，甚至多年以后，他和忠王二人差点儿死在同一个人的手里。

岁月如流，转眼到了开元中期，王忠嗣多年来受到优良的皇家教育，加上自己争气，长大以后颇有乃父之风，长得威武雄壮，平日沉默寡言，一看就不简单。玄宗留意到了王忠嗣的不同寻常，有意与他交流军事，发现他对答如流，发表的言论往往有过人之处，遂大喜道："你以后一定会是朝廷良将！"不多时，眼见孩子也大了，老在长安闲散着也不行，玄宗决定派给王忠嗣一个代州别驾的职务，虽只是一州副手，但多看多学，也能得到历练。

---

① 指霍去病之子霍嬗，汉武帝曾寄予厚望，期待他能继承乃父功业，可惜同样英年早逝。

少年郎的心气总是比一般人要高，尤其对王忠嗣而言，他没有忘却养父玄宗当年的拜将承诺，更不敢将生父战死的家仇抛之脑后。玄宗没有想到，胆大的王忠嗣一逮到机会，就要跑到边境上，来几回惊心动魄的出塞。深秋八月，满怀豪情壮志的王忠嗣信马由缰，驰骋在漠南的广阔原野上，闻着周遭散发的草木气息，尽情寻味边关的别样风情。不久，就有人不乐意了。

令人意外的是，对王忠嗣这趟不知深浅"跨国游"提出抗议的人，不是那些被王忠嗣整治得不敢轻易出门的代州豪强，而是比他小六岁的忠王。忠王一听王忠嗣莽撞的行为，不由得对兄长的人身安全产生了深深的忧虑，生怕他万一碰上同样好勇斗狠的突厥人，怕是还没成亲就要马革裹尸，于是在玄宗面前大哭大闹："王兄逞能，太不要命，我担心他回不来了！"

玄宗自然希望养子早日成才，但忠王的话不无道理，当即点头同意，召回起初一头雾水的王忠嗣，给他塞了个未央宫卫尉的宿卫闲差。正好，小王确实也到了加冠成家的年纪，玄宗又委托杨贵嫔安排婚事，希望这小子能够先收收心。

不承想，王忠嗣立功报仇心切，并没有沉浸在宴尔新婚中，反而常常茶饭不思，还被观察到独处时偷偷抽泣的情形，人也消瘦了些。无须太多时间，玄宗自然捕捉到了王忠嗣的情绪，长叹一声，只得遂其心愿，同意他以中郎将的身份赴边从军。

王忠嗣先后在朔方节度使李祎、河西节度使萧嵩两大牛人的手下担任兵马使，藩镇兵马使的职务可以说是不低了。但玄宗事先留了个心眼，向李、萧二人都发了话，要求他们都悠着点，不得授予王忠嗣领兵权，免得这小子再次擅自出兵。为此，从开元十五年（727年）至开元十七年（729年），虽然王忠嗣血气方刚，却不得掌兵，寸功未立，憋闷地在凉州待了三年。

反观主将萧嵩，虽是文人出身，但数年来在他的领导下，河陇军队多次击败吐蕃进犯，更采用反间计除掉了敌国大将悉诺逻恭禄，可谓硕果累累、名声大噪，他也凭借军功接到入朝拜相的调令，获得了极大的实质性荣誉。在萧嵩临行前，低调了很长时间的王忠嗣来到他面前，从容说道："我已追随大人三年，却没有立下一点功劳，您回朝也没法向天子交代吧？"

王忠嗣这三年以来在军营中的表现萧嵩都看在眼里，于情于理，这次都不太好拒绝年轻人对实战的渴求。雄鹰注定是要展翅高飞的，任谁也拦不住，于是萧嵩难得胆大一次，同意了王忠嗣的请战，虽然只调拨给了王忠嗣七百人。

王忠嗣总算开始了他人生中真正意义上的第一次征战，为了这次行动，王忠嗣早就在情报搜集上下了不少功夫，探得了一条重磅消息：近日，将有吐蕃高层在陇右道河州、廓州交界处的郁标川（约位于今青海省尖扎县）进行一场阅兵。调拨给他的那七百人里，有相当一部分是来自甘州地区（今甘肃省张掖市）的资深劲弩射手，显然王忠嗣已经做好打算——伏击敌人。

彼时的王忠嗣尚不清楚，对面驾临的那位大人物正是吐蕃最高首脑赞普赤德祖赞。就在当年，即开元十七年三月时，吐蕃位于九曲北端的一大要塞石堡城被唐军攻陷了，唐朝逐渐重新掌握河湟战场的主动权，时年二十有六，雄心勃勃的赤德祖赞为此不惜发动多次亲征。但非常可惜，年轻的赞普这次碰上了虽然仅比他小一岁，却同样立功心切的王忠嗣。

从河西到陇右，唐军一路长途奔袭，真到了郁标川，众人目瞪口呆，这场阅兵式的规模和之前说好的不一样啊，敌我悬殊也太大了吧！将士心里直打退堂鼓，纷纷劝说王忠嗣退兵。但在报仇雪恨和军功荣誉的驱使下，王忠嗣完全不予理会，和当年父亲的选择一样，毅然率军冲进吐蕃人的主场，以强弓劲弩向对方发起攻势，两军旌旗相接，场面顿时陷入混乱。就在这时，老天爷也不愿闲着，突降暴雨，使得弓弩受潮软化，再也无法发挥原有的强效，原先被打蒙了的吐蕃人见有机可乘，怒吼着杀来，让唐军再次产生了怯意！

进亦难活，退亦必死，不如置之死地而后生。那一瞬间，王忠嗣没有多言，下令全军舍弃远程武器，亲自提刀突入战阵，斩杀无数。有主将的以身作则，唐军七百勇士战胜了恐惧，无不奋勇杀敌，展开了近身肉搏，卷起一阵阵血雨腥风！杀红了眼，如同血人般的王忠嗣更是突破重围，径直冲向了赞普所在中军，阵斩敌军骨干将领，吓得赤德祖赞连忙后撤。赞普成功脱身，但这一撤退很快演变成了大溃散，吐蕃人彻底丧失了战意，在推搡踩踏中坠下山崖摔死者无数。

郁标川一役，王忠嗣凭借果敢威猛，以七百之军，与十倍于己的吐蕃军队死战，斩杀数千，俘获羊马数万，还差点结果了吐蕃赞普，由此天下闻名，风头不亚于当年首战告捷的霍去病，也向世人证明了自己的军事才能。玄宗登上勤政务本楼，检阅王忠嗣的战利品，对养子的表现赞不绝口，特意追封王海宾为安西大都护。其后数年间，王忠嗣的仕途一路绿灯，升任左领军卫中郎将，赐紫金鱼袋，封清源县开国男，并重新回到了梦开始的地方——代州，担任检校都督。

但王忠嗣还是太年轻了，被一时的恩宠和赞誉冲昏了头脑，开始与人交恶，尤其看不上那些虚有其表的关系户，比如老前辈王昱。这位王昱本是前朝才女上官婉儿的表弟，在开元年间做到了河东节度使，具体不知为何和王忠嗣结上了仇，被指摘了过失，因而怀恨在心。

王昱本人能力一般，但有个为唐蕃停战立下大功的义兄皇甫惟明。皇甫惟明本人颇有才干，也是忠王一党，可能正是因为这一层，本就对王忠嗣这个新秀分外眼红。得知义弟不甚痛快，皇甫惟明决定也要让王忠嗣不痛快，给他安了个罪名，导致王忠嗣被贬为东阳府的左果毅都尉。在这件事上，很难说玄宗没有借此事敲打王忠嗣的意思，而刚正不阿，这个王忠嗣性格上不算缺陷的缺陷，在此时已经初露端倪。

此刻，唐朝、吐蕃两国各怀心思，虚假的和平注定无法维持太久，随着赤岭会盟碑的拆毁，河陇地区战火重燃，收复九曲再度被大唐将士提上日程。而对新上任的陇右节度使杜希望（即杜牧的曾祖父）来说，吐蕃在西北面的据点新城（今青海省门源回族自治县）位置非常尴尬，正处在鄯州、凉州之间，被他视为第一个务必要拔掉的钉子。

在官场上，像王昱这类闪闪发光的人，并不都是金子，但王忠嗣这块金子，既然已经发过光了，就很难被人忽略了。有一位不知名的仁兄，看出了杜希望的忧虑，便大力推荐了既兼具武勇和谋略，又富有多年戍守河陇经验的王忠嗣，声称杜公如果想要拿下新城，非获得王忠嗣的帮助不可！杜希望对王忠嗣的大名早有耳闻，当即向朝廷点名要人。这下，王忠嗣也不用做什么当时颇受人轻视的府兵将佐了，老老实实远赴西北。开元二十六年（738年）三月间，杜希望攻下新城，并在此安置千人镇守，更名威戎军，这全要归功于王忠嗣的建言献策。

对王忠嗣这个高端人才的到来，杜希望非常受用，让他专门负责陇右行军的兵马，唐军在七月又将兵锋转向九曲，攻陷了吐蕃在河州一带的黄河大桥，在河西修筑了盐泉城（今青海省循化撒拉族自治县）。吐蕃随即发兵三万，在秋季的一个清晨向盐泉城发起了反扑，尤其是听说王忠嗣在此后，对方杀气腾腾，誓要雪年初新城之恨。

新建不久的盐泉城中，鄯州来的军士同样只有千人，敌众我寡，众人的勇气再次动摇。只见一个高大的身影出现，率部杀向吐蕃军，在阵中东冲西突，无人敢挡，转瞬之间就给对方造成数百人死伤，此人就是让吐蕃人魂飞魄散的王忠嗣！王忠嗣故技重施，主动充任敢死队，竭力给敌军造成了巨大恐慌，后继军队备受鼓舞，适时冲出，合力大败了吐蕃。此战后，升任左威卫中郎将才半年的王忠嗣，再被升迁为从三品的左金吾卫将军。

王忠嗣跻身地方一线军事大员，在开元二十八年（740年）时，成了河东节度大使（治并州）。由于唐朝惯例，常以亲王遥领节度大使，地方上由节度副大使掌权，一般也省称节度使，而王忠嗣当时正只有三十六岁，成为那会儿大唐最年轻的节度使。

开元二十九年，王忠嗣兼领朔方节度使（治灵州），虽然不久河东节度使由田仁琬接任，但王忠嗣还是成为继郭知运、王君㚟、李祎、盖嘉运这些老前辈之后，唐朝历史上第五位兼统多个藩镇的节度使，前途不可限量。

印累绶若

在玄宗朝十大藩镇中，处于长安正北方的朔方节度使设于开元九年（721年），雏形是贞观年间曾设置的宁朔大使，和河东节度使同样，朔方肩负起了防御后突厥汗国的重任。当时间迈入天宝年代，朝廷安排王忠嗣坐镇朔方，也标志着他的主要对手已从吐蕃换成了后突厥，这还得从突厥内乱说起。

自从后突厥的中兴之主毗伽可汗被臣下毒害，仅仅数年，突厥国内便如走马灯似的换了几任可汗，同姓、异姓相互残杀，一发不可收拾。联络漠北铁勒九姓部落，向突厥发起夹击，是唐朝对付突厥汗国的一贯策略，远的有太宗拉拢薛延陀灭东突厥，近的有开元初年，初代朔方节度使王晙招诱拔悉密部掩袭突厥之举。这次，唐廷敏锐地捕捉到了战机，在开元二十九年七月派出左羽林将军孙老奴和中使远赴漠北，图谋联合九姓共灭后突厥。

孙老奴的外交之行颇有成效，得到了回纥、葛逻禄、拔悉密三部的积极回应，三部首领杀死此前自立的阿史那氏骨咄禄叶护，阿史那近支出身的拔悉密酋长被拥立为新汗，是为颉跌伊施可汗，与阿史那余部新立的乌苏米施可汗分庭抗礼，后突厥陷入分裂。但奚、契丹、室韦等部盘踞东北方，多年来在唐突两国间首鼠两端，仍然不容小觑。很快突厥的重要同盟，奚族五部之一的怒皆部就率先发难，向单于都护府频频发起侵扰，唐将赵承先回击，反遭惨败。

奚人此举显然是非常冒失的，须知道，单于都护府隶属朔方节度使管辖，加上王忠嗣本就长期关注突厥汗国的形势，怒皆部的一连串动作，等同于在老虎头上拔毛。在天宝元年八月，王忠嗣点起朔方兵马，联动邻境的河东军发起北伐，在紫乾河（即今内蒙古浑河）流域同怒皆部展开数次对抗，三战三捷，悉数夺回降户和辎重，重挫了奚族元气！

紫乾河会战后，漠南地区依附突厥的势力几乎被一扫而空，王忠嗣携新胜之威，兵临大漠南方的碛口，极大震慑了漠北诸部及东北两蕃。他以雷霆铁腕向周边各族释放了一个再明显不过的信号：谁要是再敢站错队，奚人就是你们的前车之鉴！

虽知道拔悉密自立是得到了唐朝的暗中支持，但面临三部夹击的巨大压力，乌苏米施可汗为了生存，施展缓兵之计，遣使向唐朝请求内附，希望得到保护。玄宗积极回应，派出内侍尹招倩前往晓谕，并派王忠嗣前往木剌山（今内蒙古包头市西北乌拉山）接应可汗。王忠嗣对突厥人的那点心机再清楚不过，料想不可能主动归附，干脆在戈壁设下重兵观望，顺便探听虚实。

乍一试探，对方果然借故拖延，不愿如期而至，朝廷这下不爽了，要求王忠嗣马上向乌苏米施可汗发起进攻。不急，至少现在还不是时候，漠北的形势瞬息万变，王忠嗣的谍报人员送来一份大爆料：乌苏米施可汗没有闲着，竟然在短时间内就与拔悉密部达成了和解！如果两部冰释前嫌，唐朝之前付出的努力都会落空，若如期与拔悉密会师，大概率钻入对方的圈套。

王忠嗣顶住玄宗多次要求出战的压力，立即向朝廷献上了平戎十八策，详细阐述不能马上出兵的理由，并给出继续分化突厥诸部联盟的策略。此时的王忠嗣颇有李靖遗风，略施离间小计，再次让以拔悉密为首的诸部选择站在唐朝一方，抛弃了阿史那氏。王忠嗣也适时出兵，重创后突厥的右厢主力，迫使乌苏米施可汗远遁，成为只能在漠北辗转逃亡的丧家之犬。

从天宝三载（744年，是年玄宗改年为载）的秋季到冬季，王忠嗣再次施展他的拿手好戏——超长途奔袭，发起北伐穿越大漠，直捣后突厥王庭，在萨河内山击溃了左厢十一部。可怜的乌苏米施可汗又一次落荒而逃，最后被拔悉密部追杀。乌苏米施可汗的弟弟得到了右厢拥立，号称白眉可汗，但好景不长，在王忠嗣与回纥部的夹攻下，他很快也丢了脑袋，首级和哥哥的一样被传送到了长安，献予太庙。时为天宝四载三月，后突厥汗国宣告灭亡，阿史那氏称雄北中亚两百年的荣光，从此真正烟消云散了。

在后突厥败亡前夕，玄宗出于对王忠嗣能力和功绩的认可，决定让他再度兼任河东节度使，战后晋其爵为清源县开国公。截至天宝五载（746年）年初，当时大唐国内共有三位兼领数镇的节度使，即朔方河东节度使王忠嗣、平卢范阳节度使安禄山、河西陇右节度使皇甫惟明。

在玄宗晚年"开边意未已"的心态下，王忠嗣与那两位热切追求边功的同僚，或者说与天宝年间的绝大多数将领相比，他无疑是最为特立独行的。虽然在年轻时代，王忠嗣以勇猛刚强闻名，打起仗来也像他父亲那般不怕死，但到执掌数个藩镇后，他意识到了地位越高责任越大，遂一改作风，行事持重稳健起来，此前不轻易对后突厥用兵就是一例。

王忠嗣曾对旁人说："国家处在太平时，咱们将帅只需要安抚部众就够了。我不愿疲国家之力，来成就自己的功劳啊！"因此，他在任上不求寻衅邀功，只是平日里加强对军队的训练，查漏补缺。王忠嗣有一把重达百五十斤的漆弓，常常有意收藏在袋子中，几乎不拿出来使用，运气好的士卒才能看到，以此表示自己不畏战，但也绝对不好战。

正所谓"凭君莫话封侯事，一将功成万骨枯"。任何一场战争，给天下苍生带来的灾难都是不可想象的，轻则动荡不安，重则生灵涂炭。王忠嗣有一份仁厚之心，实属难能可贵，不禁引人鼻酸，宋人罗大经评曰："汉惟一赵充国，唐惟一王忠嗣，本朝惟一曹彬，有三代将帅气象。"

在无仗可打的时候，军士百无聊赖，王忠嗣也有办法：多派几批探子侦察敌情，一有战机再出奇兵突袭。如此既保证了胜率和安全，又能让日夜思战的军士轮番立功，军中上下都很服气。相对的，王忠嗣也制定了严格规章，要求每次出征之前，各将按量发放武器给士卒，都要登记在册，哪怕是一支箭矢。战事结束后，如若发现谁有非战损遗失，当即治罪。在这样的氛围下，军中形成了铁一般的纪律，人人自勉，武器充足。

后突厥虽已灭亡，但新兴崛起的回纥也不容小视，针对这个假想敌，王忠嗣非常注重边防，沿着朔方到云中数千里之地，依据险要开辟边塞，修筑了大量城堡。中宗时代，名将张仁愿在河套地区修筑了三受降城，四十年来有力阻遏了后突厥汗国的进犯，时人都认为当代名将，只有王忠嗣继承了他的功业。甚至多年后，北部边境上还流传着张、王两位名将英魂重现，为大唐讨伐安史叛军的民间传说。

与挑起外战相比，王忠嗣"弱敌"以"强己"的方法也很有一套。冷兵器时代的战马不啻是最重要的战略资源之一，唐朝开国以来就非常注重马政，除了广设监牧，到开元初年，更形成和突厥等胡族互市贸易，以金帛交换战马的成法。自打王忠嗣坐镇朔方，每到互市，就故意将马匹的价格抬得十分夸张，南北胡商们听说有这等好事，纷纷抢着交易。王忠嗣对此来者不拒，笑脸相迎：只要你敢卖，我就敢买！

时间一长，因为马匹渐少，北方诸胡实力是肉眼可见地弱化了。反观唐朝，军中战马变得既多又精、保质保量。河西、陇右很快共享这一福利，得到了王忠嗣从朔方、河东送去的九千匹骏马充实军队，有了优良马种后，至天宝末年时，河陇战马繁衍，在这点上丝毫不怵吐蕃人。

正所谓"技巧者，习手足，便器械，积机关，以立攻守之胜者也"。王忠嗣虽然是不世出之猛将，但他的治军风格，却是兵技巧家中集大成者的典范。

天宝五载正月，朝廷下了一纸调令，已出色完成北方使命的王忠嗣，回到了他阔别多年的西北战场，此时他的身份，已是集河西、陇右、朔方、河东兵权于一身的四镇节度使。

后来的安禄山，仅仅携平卢、范阳、河东这三镇之兵十五万人，就将大唐搅得天崩地裂。很难想象，此刻掌握二十余万，已达到全国近半兵力的王忠嗣若有什么不臣之心，会引发什么样的灾难。当然，这个假设毫无意义，王忠嗣之所以受后人敬仰，就在于他一心为国，绝非安禄山的狼子野心可比！

史称王忠嗣"佩四将印，控制万里，劲兵重镇，皆归掌握，自国初以来，未之有也"。如果不算唐末朱温、李茂贞这些趁朝廷式微，兼领多个藩镇的割据军阀，就领镇数量和军队实力而言，王忠嗣可以说是大唐历史上最强的节度使！

从另一个角度上来看，王忠嗣本人对于唐朝最大的贡献，还在于其识人有道，知人善任。王忠嗣深知发掘人才的重要性，在他节度数镇时，赏识、提携了不少优秀将领，包括李光弼、郭子仪、哥舒翰、仆固怀恩、王思礼、李晟等重磅级名将，他们都将在未来的历史进程发挥重大作用。虽然年纪不大，但无论是品行还是成就，王忠嗣都算是盛唐军界排名靠前的人物。

铁刃荣辱

现今，玄宗让王忠嗣兼领四镇，又将他调回河西，绝非为了让养子体验一下衣锦荣归的快感。实际上，西北正有个比较棘手的难题在等待着王忠嗣解决，麻烦制造者仍是死对头吐蕃人。

从郭知运开始，经过历代陇右节度使的十余年精心经略，唐军在九曲以东的军事防御大幅增强，思前想后，吐蕃人只好硬着头皮，仍将进取北面的河湟谷地视为首要任务。

石堡城，位于今天青海省西宁市的湟源县日月乡大小方台，因其易守难攻的险要地势，后来又被吐蕃人唤为"铁仞城"。自从信安郡王李祎在开元十七年攻陷石堡城后，吐蕃就从未放弃抢回这一重要据点。开元二十九年，吐蕃赞普赤德祖赞再次亲率倾国大军出动，进攻河西走廊、青海湖南北地区，虽然一开始遭到重挫，但由于新任河西、陇右节度使盖嘉运傲慢轻敌，吐蕃人还是在当年冬天捕捉到战机，一举袭破了石堡城和廓州达化县等地。

严格来说，石堡城的失陷，并未给河陇局势带来根本性转折，但盖嘉运好歹是曾平定突骑施汗国的名将，此番表现着实让人大跌眼镜，玄宗怒火中烧，果断将其撤职。其后数年间，继任的河西节度使王倕、陇右节度使皇甫惟明表现尚可，多次击败吐蕃。皇甫惟明甚至深入九曲，在天宝二年（743年）攻克廓州（今青海省贵德县）的洪济城。不过好运到此为止，天宝四载秋，皇甫惟明强攻石堡城，遭遇大败，唐军副将诸葛诩当场战死。对这个结果，玄宗显然是不太满意的，加上皇甫惟明很快被卷进储君风波，遭到贬黜，再放眼天下，除了王忠嗣，玄宗选不出第二个河陇主帅的合适人选。

王忠嗣回到河陇后，并未急于直取石堡城，而是花了不少心思清扫外围据点。从天宝五载起，王忠嗣多次领兵在青海湖、积石军击败吐蕃，还长途奔袭至祁连山以南、哈拉湖一带的墨离川，大败已成为吐蕃属部的吐谷浑聚落。

不过就在之前，到天宝五载五月时，王忠嗣却坚决辞去了朔方、河东二节度使的职务。

传统史书对此事的解释，一是王忠嗣的盛名遭到当朝宰相李林甫的嫉恨，二是王忠嗣在河陇"颇不习其物情"，又"以功名富贵自处"，不再像当初那般得军心了。这些说法，显然都是经不起推敲的，因为右相李林甫的相权，尚且没有大到可以威胁王忠嗣，而王忠嗣起初从军，就是从河陇地区开始的，而且有着十几年的丰富经验，何来不习物情的说法？比较合理的解释是，此时后突厥汗国已灭，北线军事压力大加减轻，出于把战略重心重新放在西北军务上的考虑，王忠嗣才决定请辞两镇，专心对付吐蕃。

如果一定要说其他原因，那可能就是王忠嗣想要避免同安禄山的摩擦了。彼时，安禄山已身兼平卢、范阳二节度使，加上善于阿谀逢迎，成为颇受天子宠任的政坛新秀，在多数人还毫无察觉的时候，王忠嗣已经窥见了其野心。

也怪安禄山的胃口实在太大了，竟毫不客气地将黑手伸向了王忠嗣的口袋。他有样学样，上奏朝廷，告知将在蓟州东北修筑一座雄武城，以阻遏两蕃侵扰，请求在这一业务上经验颇丰的王忠嗣出点人力，协助邻镇友军工程。这些年安禄山为了邀功，没少无端寻衅生事，借故欺压奚人和契丹，什么时候变了性子，搞积极防御那套了？王忠嗣何等聪明，一眼看出安禄山没安什么好心——这明摆着就是想强挖自己手下的精兵！

王忠嗣决定将计就计，鉴于对方递了个合理的借口，无人敢拦，他索性不通知安禄山，提前带人前往。到了当地，王忠嗣又不等安禄山到来便连忙离开了——这可不能怪我不出力，大老远过来帮扶，结果你人不在，大家平时都很忙，有事下次再说吧！居然碰了个软钉子，安禄山被整治得有气无处发。王忠嗣一回到辖区，就多次上书朝廷，言明安禄山暗怀鬼胎，请求谨防作乱！但很可惜，玄宗丝毫没有听进良言，而安禄山和他的靠山李林甫，则对王忠嗣越发恼恨了。

眼看唐军在河陇取得多次大胜，玄宗龙颜大悦，对石堡城更是势在必得，要求王忠嗣马上将收复此地提上日程。但也就是在这件事上，王忠嗣和贵为天子的养父第一次产生了严重分歧。王忠嗣也不废话，直言道："石堡城地势十分险要，城垒坚固，为了守住这里，吐蕃甚至愿意动用全国的兵力。唐军一定要打下来的话，至少要付出数万人伤亡的代价！臣正担心得不偿失，为此向圣人建议，不如暂时厉兵秣马，等待对方露出破绽再图进取，此乃上策。"

王忠嗣所言不无道理，甚至可以说，他对此战怀有最清醒的认识。石堡城三面悬崖峭壁，想要登顶，只有一条崎岖小路可行，唐蕃双方的这个必争之地，是天造地设的要塞。虽然吐蕃只在这里安排了数百人戍守，但城中储存大量粮食物资，以及用来阻碍攀登的檑木滚石。唐军如果要采取强攻，基本上只有两个法子：第一，坐等守军乖乖饿死；第二，用战死的军士堆成天梯！在此前战事，无论是李祎还是吐蕃，确实都是通过发动奇袭才夺取石堡城的。

即便是为占得一个重要军事据点，但要白白牺牲广大唐军将士的性命，给国力造成沉重负担，这是一贯坚守"持重安边"的王忠嗣所不能接受的。王忠嗣打心里仍将玄宗视为家长，但他在文书中的语气越是恳切，玄宗的脸色就越是难看。

道理也很浅显，无论王忠嗣劝谏的初衷是什么，都等同于给皇帝的热情泼了桶冰水。在年迈而昏聩自满的玄宗看来，石堡城的得失正是唐蕃实力强弱的体现，这关乎天家颜面，王忠嗣毫不留情规劝，不递一点好话，实在是得意忘形之举！说到底，王忠嗣从未看清这场战争是为谁打响，同时又高估了自己在玄宗心中的地位。

现太子李亨不是李林甫心仪的储君，近年来，右相苦思冥想，千方百计地寻机扳倒东宫一党，此前皇甫惟明的倒台就是一例，从小与太子情同手足的王忠嗣自不例外。善于见风使舵的李林甫见状，没少在皇帝身边火上浇油，控告王节度使的黑状，内容无非是他手握重兵，深孚众望，和现在的太子即原来的忠王走得太近云云。

虽说王忠嗣是玄宗自己看着长大的，但历来天家无父子，他不是没有做出过一日赐死三亲子的事，更何况是养子呢！长此以往，晚年越发好大喜功的玄宗，对王忠嗣的意见和猜忌也越来越大，只剩最后的爆发，悲剧就此埋下了引子。

是个人都能看出来，晚年的玄宗对夺取石堡城存在着一种近乎疯狂的殷切，投其所好的投机分子可以晚到，但不会缺席。天宝六载秋，大将董延光主动请缨，献策攻打石堡城。玄宗大喜过望，心想这一次没有王忠嗣，石堡城照拿不误，并命令河陇军分兵协助行动。王忠嗣对董延光这类人自然不屑一顾，虽然出兵数万，但使了点手段，刻意不宣布赏格激励将士，相当于默许大家划水。

董延光对此大为不悦，王忠嗣的一位亲信也察觉到了不妥，连忙来到大帐，苦苦相劝："大夫（王忠嗣此时身兼御史大夫）素来爱惜士卒，如今虽有天子军令压制，但为了不让董延光成功，您不惜破坏他的行动！要问我为什么知道吗？您现在固然把数万大军都交给了对方，却没有赏格，如此一来谁愿意给他卖命？不成功便罢了，但此战是天子拿定的主意，如果失败，董延光一定会把罪责全数都推到你身上！既然府库充盈，大夫何不将数万段绢帛作为赏格，来堵住董延光的嘴呢？"此人言辞激烈，但确实是处处为王忠嗣着想，他正是当时河西军中的兵马使，未来大唐的中兴名将李光弼。

望着来人，王忠嗣略带欣慰地笑了，随即表情又变得凝重起来："用几万人来争夺一座城池，我思前想后，得到石堡城并不能降伏敌人，得不到它，也不会对朝廷有害处。如果天子怪罪下来，只会把我调回中央，做个金吾、羽林之类的环卫官，最差也不过是贬到黔中那样的地方当个佐官，我王忠嗣岂能用数万将士的生命来换取自己的一官半职！李将军，您诚然是爱惜我的，但我心意已决，不用多说了！"

"之前担忧此事会连累您，所以不敢不多言，现在看来，您能行古人之高义，实在是光弼不能相比的！"李光弼已是泪流满面，给自己敬重的人深鞠一躬，退出了大帐。

那董延光是十足的庸才一个，过了期限，仍未能攻克石堡城。如李光弼所言，董延光见势不妙，果然向朝廷控诉，诬告是王忠嗣从中作梗，刻意延缓出兵，又百般阻挠。埋伏多时的李林甫见火候已到，便指使前朔州刺史魏林，揭发了王忠嗣的一大"罪状"，指控其在河东节度使任上时，曾私下扬言说："我小时候与忠王（即现在的太子李亨）一同在宫中长大，日后若有必要，我一定起兵尊奉太子！"

先前是皇甫惟明，现在又轮到王忠嗣，凡此种种都离不开"太子党"三字，玄宗最敏感的心弦再次被李林甫挑动，无法遏制心中的怒火。王忠嗣当即被召回长安，正可谓成也玄宗，败也玄宗，王忠嗣孩提时代和皇家父子产生的特殊情缘，此时却像是一副重重的枷锁，直接害他被扣上了谋逆的嫌疑。经玄宗示意，王忠嗣特别得到了三司会审的待遇，严刑逼供下，这位曾在战场上叱咤风云的奇男子，如今却几乎被置于死地。

眼看就要冤死在狱中，关键时刻，曾得到王忠嗣大力提拔的部下——新近接任陇右节度使的哥舒翰挺身而出。由于哥舒翰当时颇得玄宗宠信，他仗着这一层关系，准备在入朝时为老上级求情。有人劝说哥舒翰多带一些财物打点上下，哥舒翰却拒绝道："如果天下尚存公道，王公一定不会冤死，如果天下已然无道，那带再多的钱财，又有什么用呢？"

见到玄宗时，哥舒翰声泪俱下，竭力诉说王忠嗣的冤情，甚至提出用自己的官爵换取王忠嗣一命。玄宗不耐烦，起身回宫。哥舒翰仍不放弃，不停叩头紧追，总算用言行感动了皇帝。奄奄一息的王忠嗣免了死罪，被贬为南方做汉阳郡（今湖北省武汉市）太守，时人都赞许哥舒翰的高义。前有李光弼，后有哥舒翰，重情重义的下属们，也是王忠嗣人格魅力的侧面体现。

天宝八载六月，玄宗再一次擂响了战鼓，哥舒翰领命，率领陇右、河西、朔方、河东、突厥降部共六万三千人的庞大兵力，最后用伤亡数万士卒的惨重代价，攻克了仅有四百人戍守的石堡城，并将其更名为神武军。至天宝十二载，经过长久的不懈努力，唐军在哥舒翰的领导下收复了九曲之地，唐朝在西陲的领土也真正推进到了青海湖以西，对吐蕃取得了绝对优势。河陇从此流传着一首名传后世的颂歌："北斗七星高，哥舒夜带刀。至今窥牧马，不敢过临洮。"但一切又正如王忠嗣所言，正所谓"君不见，青海头，古来白骨无人收"。

哥舒翰誉满天下之际，那位大唐王朝的"霍去病"，几被朝廷遗忘的盛唐第一名将，早于天宝八载在汉东郡（今湖北省随州市）太守任上暴病去世，年仅四十五岁，本是建功立业的大好年华，不禁令人唏嘘。

后世总有人认为，若王忠嗣不倒不死，必能压制安禄山的野心，安史之乱可能也不会爆发。即便真的爆发，以王忠嗣远超哥舒翰的才能和威望①，

---

① 未来的灵宝之战，虽说哥舒翰是被迫出关，但他一则身体状态每况愈下，中风疾病缠身；二则缺失大局意识，热衷争权内斗；三则不免轻视来敌，中计遇伏大败，最终致潼关沦陷。

让他担任平叛主帅，也不会让这场大乱延续八年，将大唐盛世拖入万劫不复的深渊。

历史当然不能假设，这不过是后人遐想千年前的往事时，流露对王忠嗣和盛唐的惋惜之情罢了，不知落难蜀地的玄宗，是否能想起王忠嗣当年的忠言呢？

未来的肃宗、代宗二帝（即当年的忠王父子）没有忘却王忠嗣。肃、代两朝的宰辅元载之所以能得到肃宗重用，王忠嗣女婿这层身份或许就是原因之一。安史之乱刚平定，唐代宗有感王忠嗣的旧部在平叛过程中的巨大功勋，下令追赠其为兵部尚书、太子太师。若泉下有知，也许能给昔日的名将带去一丝慰藉吧。

兵技巧家之

中兴上将·中唐名将

李光弼

将门有将

"请将唐室中兴事，可比汾阳再造功。"

狄仁杰，世人谈起这位武周名相，每每看重其在复辟李唐一事上的先期作用。不仅当着武则天的面劝说立李显为皇储，老成谋国的狄仁杰在世时还推荐了张柬之、桓彦范、敬晖、姚崇这些在神龙政变中发挥了至关作用的人才，客观上为储君保驾护航，促使日后大唐复辟这一成果得以达成，因此，后人将狄国老和中兴名将郭子仪相提并论。

不过，狄仁杰断不会想到，他的另一善举，也恰为大唐半个多世纪后的中兴播下了种子。

武周万岁通天二年（697年）七月，曾接连大败周军，蹂躏河北腹地的契丹领袖孙万荣被杀，首级传到神都，宣告令武则天头疼不已的契丹、奚族两蕃之乱落下帷幕，至久视元年（700年）六月时，朝廷接纳了一批两蕃降者，便开始对东北的叛党残余靺鞨人进行打击。

荡平余孽之前，唐廷注意到了两个新近归降的契丹将领，二人骁勇绝伦，多次凌虐周军，而且又是在孙万荣死后才投降的，实在是罪孽深重，朝臣纷纷请求将他们夷灭三族。

其一名叫骆务整，刚猛善战，有过屠赵州的案底；另一人名唤李楷固，也是叛军中颇有名气的骁将，尤其精通套索、弓槊的搭配使用，在战阵中所向披靡，一套一个准，宛若神仙一般，之前周军大将张玄遇、麻仁节就是吃了这要命套索的亏，双双被俘，其女婿李楷洛也是一员悍将，让周军吃了不少亏。官员们一再强调，这两个罪魁实在是太可恶了，不杀不足以平愤雪仇，杀了他们也算是为此次平乱祭旗了！

以事后诸葛亮的眼光来看，如果李楷固就这么被杀，大唐王朝将会错过一个中兴栋梁。幸好，晋升内史（即原中书令）不久的狄仁杰出来发言了："李楷固等人勇猛无比，既然可以为他们的主君效力，也一定能为我们效力，如果用恩德安抚，他们自然都可以为我们所用！"可是这两个契丹人的所作所为，实在是积攒了太多怨气，亲友们纷纷劝狄仁杰打消求情的念头，以免惹祸上身。然而，狄仁杰只是说："如果有利于朝廷，岂能为我个人打算？"依旧多次上奏请求赦免二人。

武则天的内心同样对降将们的才华赞赏有加，最终同意赦免了二人，又应了狄国老所请，任李楷固为左玉钤卫将军，骆务整为右武威卫将军，指派他们领兵讨伐靺鞨。逃过灾祸的李、骆二人尤其卖命，果然不同凡响，斩杀了叛乱余党，靺鞨大酋乞四比羽。回朝后，武则天特地升李楷固为左玉钤卫大将军，封燕国公，并赐国姓武氏，给予了极高待遇。

不久，乞四比羽的侄子大祚荣整编部众，有割据辽东一方之态势，武则天的眼里见不得这一粒沙子，遂令李楷固再征东北。这一次，李楷固就没那么幸运了，周军向东翻越天门岭（今吉林省威虎岭）后，随即挨了一闷棍，大祚荣军早已集结了靺鞨、高丽部众据险固守，重创来人，周军几乎全军覆没，李楷固本人到了仅以身免的地步！也正是在此战之后，大祚荣站稳了脚跟，雄踞东牟山（今吉林省敦化市六顶山），自立为震国王，是为渤海国的前身。

与大祚荣做大做强形成了强烈反差，此役过后，李楷固仕途受挫，因为天门岭之败，外加恩主狄仁杰的离世，李楷固从此不再得武则天重用，很快被冠以一个"贪财好色"罪名，贬到潭州（今湖南省长沙市）乔口镇做一个守将，因水土不服，加上郁郁寡欢，不久便抱恨而终了。

如果故事到这里就告一段落，那狄仁杰的义举就似乎无足轻重了，然而，李楷固的女婿李楷洛，便要比老丈人幸运得许多。李楷洛同样是沙场上的一个万人敌，在一起躲过几乎被族诛的劫难后，他凭借征讨靺鞨、突厥立下了不俗战功，但没有受到岳父的过多牵连，仍活跃在后武周时代的疆场上。景龙二年（708年），李楷洛家中喜得第四个麟儿，这个孩子就是大唐第一中兴名将——李光弼。

出于望子成龙的心情，李楷洛夫妇在李光弼的幼年时期，就施以十分严厉，甚至有些苛刻的家庭教育。李光弼六岁玩耍沙堆时，有一次被李楷洛撞见，当即便被父亲严肃地批评："我儿不要再玩了！"从此，慑于父亲的威严，李光弼不再进行娱乐游戏，专心修习文武，在他尚未成年时，就以工于骑射闻名，而且能够通读《左氏春秋》《史记》《汉书》等名著。这也培养成了李光弼严于律己，同时却严以待人的个性，一言以蔽之，这是一个不苟言笑，甚至有点无聊的蕃族将门子弟。

凭借父荫，李光弼入仕武官，从开元到天宝年间，历任边州长史，积累了丰富的军务经验。天宝元年，父亲李楷洛病逝后，李光弼作为一个契丹族蕃将，在守丧期间竟然展现出了超人的意志力，"终父丧不入妻室"，为此被欧阳修盛赞，他绝非庸人武夫之流所能比拟！

到天宝中期，李光弼已经得到了当时第一名将，朔方、河东、河西、陇右节度使王忠嗣的高度赏识。早在朔方军时，王忠嗣就十分喜爱李光弼的才能，对这个比他小几岁的同龄下级有着特殊的感情，即便是老部下也不及李光弼得到的优待。王忠嗣甚至常常对旁人放话说："将来能够掌管我部队的，必定是李光弼，他一定能做到我这个位置！"王忠嗣果然没有看错人，未来的朔方军将在李光弼的率领下，抗击当世最为凶残的敌人，守护大唐王朝的国运。

王忠嗣赴任河西后，就把李光弼提拔为河西兵马使，这正是王早年时干过的职位，同时还让李光弼兼任赤水军使。赤水军虽在河西军下辖，但掌握多达三万三千人、一万三千匹马的建制，实际上是超过当时安西、北庭、岭南等藩镇的实力派军镇，王忠嗣这一举动，俨然是把李光弼视为自己的接班人。

李光弼也非常感念王忠嗣的重用，在天宝六载石堡城之战前，就曾苦求他积极配合朝廷，最终只得选择成全对方的大义，泪洒当场。王忠嗣和李光弼这对同龄人，一个早早成名，一个大器晚成，史评王忠嗣"工谋于国则拙于身"，为了家国大计，不惜触怒龙颜，几乎惨死狱中，而李光弼日后的道路，也和老长官何其相似！

天宝十一载（752年），已经跻身名将之列的李光弼重返朔方军，出任单于副大都护一职，在两年后，他又得到了河西、朔方节度使安思顺的重视。为了拉拢李光弼，安思顺表奏他担任朔方节度副使知留后事，充当朔方军的二把手，还想要把女儿嫁给已过不惑之年的李光弼。没想到，李光弼对此大为不情愿，竟不惜选择了称病辞官，其中缘由，与李光弼、郭子仪早年不和的原因如出一辙，安思顺的脸色想来是十分难看，这可真是个难啃的铜豌豆啊。

事实上，李光弼的大名早已响彻军界，连安禄山麾下最有谋略的将领何千年，在起兵前就竭力要求，把李光弼争取到叛军阵营中，安禄山一时没有采纳，不久又后悔了，思忖良久，才幽幽冒出一句："史思明也可以胜任。"不久的将来，李光弼和史思明这一对"平行时空中的同侪"，将在战场上联袂演绎几场精彩绝伦的对手戏。不过，何千年恐怕打错了算盘，即便安禄山愿意拉拢，就凭李光弼忠贞不贰的性情，连上级安思顺都敢拒绝，又焉能加入大逆不道的反贼一伙呢？

百计制敌

安史之乱爆发后，李光弼得到郭子仪的大力推荐，在天宝十五载年初被玄宗相继任命为云中郡太守，充河东节度副大使知节度事，又兼魏郡太守，充河北道采访使，更重要的是，郭、李二人就此捐弃前嫌，携手投身于平叛事业中。

当然，目前河东军的治所云中郡仍被叛将高秀岩占据着，李光弼这个河东节度使，自然也不可能落实。而他现阶段的任务，就是带着朔方军步骑万人、太原弩手三千人挺进河北，牵制叛军的脚步，联动各路军队收复洛阳。李光弼东出井陉前夕，河北形势已再度变得严峻起来，史思明等人攻陷常山郡后，相继攻克了原先已经反正的各地郡县，唯独饶阳郡（即深州）在太守卢全诚的坚守下，一时尚未陷落。

饶阳郡为朔方军的到来，争取了长达二十九天的宝贵时间，一直到二月十五日，李光弼抵达常山郡境内，恒州城中三千团练兵闻讯，底气十足，杀死叛军，抓获了叛将安思义出城投降，再度反正。李光弼一见到安思义，狠狠地痛斥他："你好好想想，自己该不该死！"安思义俯首不语，李光弼又问："你久经沙场，看看我的部队能否匹敌史思明？如今不如替我想想该怎么办，如果计策可行，我就不杀你。"

李光弼先给一巴掌，又塞一颗糖的攻心计瞬时奏效，非常识趣的安思义马上回答："您的兵马远道而来，师老兵疲，如果猝然同强敌交锋，恐怕难以阻挡。不如率军入城，先做好部署再做出兵的打算。叛军虽有破竹之势，却难以持久，一旦难以获取胜利，就会灰心丧气，到那时就可以击败了！史思明目前在饶阳郡，距离常山郡不到二百里，昨夜我已向他发出了求援，估计明天早晨他的前锋就将到达，大军接踵而至，您一定要多加留意！"李光弼闻言大喜，马上为安思义松绑，移军进入恒州城内。

安思义的估算分毫不差，次日尚未天明，叛军的前锋部队从东方出现在恒州守军的视野里，紧接着，就是史思明亲率的大军接踵而至，两万铁骑如潮水一般直逼城下！虽然人数仅有对方的一半，但李光弼此时泰然自若，派出了五千步兵从东门出击迎敌。叛军果然死命地堵住城门，坚决没有退却，眼下急需打开局面，李光弼将视线投向了太原弩手们。

相比唐初弩仍作为并用类武器，到了唐中期，由于广设藩镇，依托城垒作战的兴起，弩在唐军与突厥、吐蕃等交手的阵地战中屡见不鲜，由此衍生了专职弩手，尤其是在城池攻防战中，轮番射击战术也得到了普遍应用，在李光弼的领导下，弩手这一兵种将大放异彩。李光弼召来弩手们，分出五百人，在城头上向敌军狂射，逼迫对方后撤，随即又将一千弩手分成四支小队，分批不断射击，叛军的战士和战马们经受不住如此癫狂的攻势，只好撤往大道以北。

李光弼特意以五千步卒手执长枪，组成了巧妙的方阵，经大道以南，与叛军隔着滹沱河扎下大营。史思明偏偏不信这个邪，还想继续倚仗铁骑，多次发起了冲锋，无奈唐军方阵前布枪兵，后藏弩手，让饱受穿刺之苦的叛军叫苦不迭，史思明不得不宣布撤军休整，等待步兵到来。

先前进入恒州城后，除了守备工作，李光弼十分注重战区军民的心理疗伤。望着原野上、滹沱河中到处都是唐军遗骸，李光弼大为痛心，他亲自拂去烈士们口中的尘土，逐一好生收殓安葬，哀恸痛哭，祭奠亡者，让幸存的常山军民万分感动，无不同仇敌忾。为此，附近百姓甚至积极主动兼任侦察工作，为李光弼送去了一个重要信息：有大约五千叛军，正从饶阳向常山赶来，已经到达九门以南的逢壁（今河北省石家庄市藁城区北），时下正在休息。

李光弼自然不愿放过这一大好良机，立即亲率步、骑各自两千人，偃旗息鼓，沿着滹沱河悄悄进军，准备歼灭叛军的这支有生力量。逢壁的叛军正在用餐，就遭到从天而降的唐军突击，甚至尚未吃完他们人生中的最后一顿饭，五千步卒就这样被一口气全数歼灭，史思明听说这个噩耗，没有继续逗留的勇气，马上率军退守九门。常山郡的九个县，除了九门、藁城两地尚被叛军占据，其余的不是被李光弼收复，就是得到他的感召，主动归顺了唐军。

因为需要分出兵力，把守各处县城，让李光弼原本就少于叛军的兵力越来越捉襟见肘，而史思明通过几次交锋，也学得乖巧，通过断绝常山郡的粮运，迫使城中的唐军日益窘困不堪。李光弼唯有时不时地派出小队南下，从唐将张奉璋把守的石邑县（今河北省石家庄市）取粮，尽管有赖于这些小队都配备了弩手，史思明每每不能得手，但他很快改变思路，让蔡希德去强攻石邑，张奉璋只能艰难地坚持着，无法很好地兼顾支援常山。

经过了四十多天的僵持，无论是李光弼还是张奉璋，都快经受不住了，李光弼只好向郭子仪求救，二人通力合作，继而有了郭、李联军的九门、沙河、嘉山等大捷。直到风云突变，潼关、长安接连沦陷，郭、李二人被迫撤出河北，前往灵武拜见新君。联军西撤，史思明卷土重来，唐军先前的成果毁于一旦，到至德元载十月，河北郡县全境沦陷。

由于洛阳、长安都已易主，太行山以西的北京太原府（今山西省太原市）自然就成为唐、燕两军战略上的最后一处必争之地。太原见证了当年李渊父子晋阳起兵的开国史，是唐朝的发祥地，自然无须赘述，而且眼下若让叛军将太原占去，那么燕国的河北、河南、河东将连成一片。

史思明甚至由此得出结论：只要拿下了太原，燕军长驱直取朔方、河西、陇右都不在话下！西北诸军是唐朝最后的复兴希望所在，若如史思明所言，李氏在北方的统治必然岌岌可危，天下很有可能重新陷入南北分裂的大乱世，因此，太原不容有失！

李光弼临危受命，早在至德元载八月初，他便毅然从朔方南下，前往太原坐镇，手上仅有从河北带去的五千团练兵。当时，太原军政不修，晋阳的军队更可谓是乌合之众，加上李光弼补充的部队，城中竟然只有不满万人，因此李光弼决定，第一件事就是整顿军队。不立威无以整军，不见血无以立威，拿谁开刀呢？当然是那些军中最骄横的家伙了，偏偏就有这么一个人，在等着李光弼收拾他。

原为太原实际长官的太原尹王承业常常不理军务，肃宗朝廷派去侍御史崔众，收缴了他的兵权，不久又派宦官赐死王承业。之前颜杲卿在河北反正，常山郡遭叛军攻击，王承业却为贪功而见死不救，此人也可谓死得其所，然而那位崔御史借此多次羞辱王承业，甚至还披甲持枪，闯入府衙，在堂上公然戏谑对方，李光弼听说后十分介怀，对这种行为尤其愤愤不平。

李光弼上任后，一向狂妄轻浮的崔众，依旧飞扬跋扈，既不主动避让李光弼的仪仗，也不肯立刻交出兵权。如此既不讲礼又不讲理，搞得脾气本就不太好的李光弼更加愤怒了，当即以崔众拒不交权为由，下令将他收捕入狱。

不久，朝廷派来了一位宦官中使，准备宣读擢升崔众为御史中丞的敕令，询问崔御史人在何处。李光弼板着面孔答允："崔众罪大恶极，已经被关押起来了！"中使大吃一惊，忙从怀里掏出敕书，请李光弼阅览，不料对方看也不看，正色道："今日，我将要杀的只是侍御史，如果宣读了命令，我就多斩杀一个御史中丞！就算拜他为宰相，我也要杀了这位相公！"中使哪里遇到过如此狠人，不敢多加争辩，连忙收起文书退下。

次日，李光弼派军士押着昔日我行我素，现在却是蓬头垢面，可能还在一直求饶的崔众，在碑堂下将其当众斩杀，还允许他的亲属前往凭吊，李光弼由此威震三军，号令无人不从。

史思明打探到，李光弼手下并无足够强大的兵力，据此认为，拿下太原易如反掌。经史思明的鼓动和怂恿，至德元载十一月，安禄山派出燕国四员大将分别从东、南、北三个方向，领兵进攻太原：史思明从博陵，蔡希德从天井关，高秀岩从大同，牛廷玠从范阳，共计发兵十万余人，行将集火晋阳一处。

面对十倍于己的兵力悬殊，太原将士们闻讯无不惶恐忧虑，主张赶紧修缮城池。李光弼却说："城池周长四十里，贼寇马上就到，我们现在才动工的话，岂不是没见到敌人，就让自己先疲困了？"说完，便亲率士卒百姓，在城外挖掘壕沟，又用掘出的泥土，制作了数十万块砖坯，制造深壕来阻碍敌军的步骑，这尚且能够理解，但是要那么多的砖坯有什么用呢？众人都不知道这样做的目的，又不敢违背李光弼的军令，只好乖乖照办。

到了十二月时，叛军前来攻城，李光弼只是让人增高加厚城墙，只要墙面一有损坏，就让人在城内随时进行修补。用来"升级打补丁"的材料，正是那些砖坯，城中老幼恍然大悟，对李光弼的深谋远虑赞不绝口，原本胆怯的兵卒也因此士气大增，纷纷积极请求出战。

人们发现，晋阳城的东南隅出现了一个小帐篷，那恰是李光弼本人在战争期间的居住场所。他坚持在第一线指挥接应，路过家门口时，也从不回头张望，直到战斗结束后三天，才搬回府邸休息，主帅尚且如此，众人备受激励，誓死同太原共存亡。

史思明派人从河北运来了一批攻城器械，由三千名胡人专门护送，但在他们抵达广阳县（今山西省平定县）时，却遭到了李光弼埋伏在此的部将慕容溢、张奉璋截击，全军覆没。

有谁规定，器械一定只能用来攻城的？李光弼有了启发，反其道而行之，他下令拆除城中的一批民房，用那些工料制作了许多辆巨大的礌石车。每一辆车需要二百余人牵拉，被安置在内城四面，等到敌军逼近就立刻启动。每发从天而降的巨石，平均就能造成二十多人的死伤，加上还有太原弩手的加成，居然有两三万名叛军死在李光弼的远程武器下。见人海战术行不通，史思明眉头紧锁，不得不令全军撤往离城墙数十步开外的地方，仍将城池团团围住。

为了应对李光弼自上而下的重火力攻击，史思明转换思维，意在高度上压制唐军。他先令人赶建了一种高层楼车，名为"飞楼"，上有用木板围成的屏障，四周又铺上一层布幔，专门用来防备弩砲，再让人堆起高高的土山，又一次逼近了太原城墙。

此前，李光弼在军中广募人才，凡是具备一技之长的人就能入选，根据各自才能，达到人尽其用。史思明的楼车和土山颇具威胁，李光弼第一时间想出地道战的化解之法，于是有三个来自安边军的铸钱工匠脱颖而出，正因他们非常擅长挖掘地道。再加上之前挖了深沟，使得地道比较容易被掘通，土山坍塌，楼车深陷，史思明构筑制高点的策略破产了。

一计不成，史思明再生一计，为了迫使守军出城交战，他在城外大摆筵席，特别请来倡优，在高台上嘲谑大唐天子，叛军将卒一边宴饮，一边取乐。唐军的怒气就要爆表，李光弼仍保持着一百二十分的清醒。到了晚上，宴会仍在进行，突然从地下冒出一批唐军，生擒了优伶，打破了叛军的欢快氛围，史思明吓坏了，只好将中军大帐迁到更远处。叛军从此终日对神出鬼没的唐军提心吊胆，甚至将李光弼称为"地藏菩萨"，行走时还不忘紧盯地面的动静，生怕被逮了去。

攻城战持续了一个多月，原本坐拥十倍人数优势的史思明，竟也黔驴技穷了起来，打算采取相对蹩脚的声东击西之策。他拣选了一批精锐作为游军，命令他们在叛军主力攻城时，专门悄悄地选择其他方向，进行偷袭。然而，李光弼早就部署得十分周密，城池四面的守军毫不懈怠，各自严防死守，叛军潜行多时，竟然找不到下手的机会。

就在史思明无计可施，开始心烦意乱时，忽然传来一个不可思议的喜讯：李光弼因为弹尽粮绝，决定臣服燕军，择日投降！已经心力交瘁的史思明为之一振，竟被冲昏头脑，不假思索地答应了请求，约定日期受降。

到了那日，李光弼伫立在城头，派遣裨将率领数千人出城，完全卸下戒备的史思明喜出望外，马上亲自率领大部队前往，准备接受宿敌的投降。李光弼突然发号施令，倏忽之间，叛军一阵眩晕，只见脚下地动山摇，眨眼间冒出了一个巨大的陷坑，下方布满了各种尖桩，千名士卒瞬时落入坑内，活活摔刺身亡。

没等叛军完全反应过来，李光弼乘机擂鼓进军，唐军高声呼喊着出城冲杀，向陷入慌乱的叛军发起猛攻，一战即斩杀、俘获了一万多人。史思明又一次领悟到"地藏菩萨"的恐怖之处，也再度体会了嘉山之战时心胆俱裂的滋味，幸好跑得够快，躲过一死。原来，李光弼使了一出诈降，发挥技术层面的优势，暗中在叛军营地的前方掘通地道，制造了一个大坑，再用木头顶住地面支撑，最后只等史思明前来了！

史思明的心理防线几乎瓦解，恰逢安禄山在洛阳被杀，新任燕帝安庆绪令史思明回守范阳。史思明整天担心自己被李光弼抓了去，不敢多加停留，乘机连忙离开太原这个伤心之地，留下蔡希德担任攻城主帅，率领剩下的七万余人，继续负责这件倒霉差事。

蔡希德也算是叛军中一位颇有才干的将领，但他的本事显然远不如史思明，在接下来的一个月内，叛军表现平平，无所作为。正好郭子仪收复了河东郡，使得叛军日益不安，李光弼瞅准了这个时机，亲率敢死战士出城反击，与叛军决一死战。斗志已衰的叛军甫一交战就溃不成军，几乎全军覆没，一战被阵斩七万余人，蔡希德本人也仅以身免，落荒南逃。

从至德元载十二月到次年二月，太原保卫战历时五十多天，就此以唐军的大获全胜而收官，李光弼保住太原，使得唐朝免于陷入更大的分裂局面，也成功牵制叛军，顺利配合了肃宗和郭子仪在西线的军事行动，为接下来唐军收复两京的行动开了个好头。

浴血河阳

光复两京以后，在乾元二年年初合围安庆绪的相州之战中，由于观军容使鱼朝恩不肯听从李光弼牵制史思明援军的建议，终致溃败，在那场戏剧性的大败退中，也只有李光弼和王思礼两部还能保持严明军纪，全军而还，实属难能可贵。

因鱼朝恩百般构陷，郭子仪黯然退场，平叛重担落到了先后晋封魏、郑国公的李光弼肩上，是年八月，位列司空兼侍中的李光弼成为新一代的天下兵马副元帅①，并代替郭子仪统领朔方军，担任朔方行营节度使，但名义上郭子仪仍为朔方节度使，实现了王忠嗣昔日的预言。

尽管李楷洛、李光弼父子二人均曾在朔方效力多年，在军中属于老资历将领，但相比郭子仪宽容大度的治军风格，将士对李光弼的刚正严明十分不感冒，为此还出现了哭着挽留郭公的场面。因担心生变，李光弼轻装简行，率领五百名河东骑兵奔赴洛阳，趁夜来到了朔方军营中。李光弼一到，马上整饬军纪，改弦更张，军中风貌焕然大变，但也很快激起了一部分人的不满。

数年之前，李光弼也曾担任朔方军的左厢兵马使一职，而今屯驻在河阳的朔方左厢兵马使张用济，似乎正抱着一种把新上级视为平级的态度，在军中大肆扬言："咱们朔方军又不是叛贼，李光弼却要在夜间上任，你们说，他怎能如此猜疑我等呢？"张用济敢想敢做，甚至准备利用将士的畏惧情绪，撺掇众人披挂上马，衔枚以待，进行一场突袭洛阳，驱逐李光弼，迎回郭子仪的行动！

眼看众人要干傻事，朔方军的二把手，已擢升节度副使，充都知兵马使的仆固怀恩发了话："郭公为相州溃败担责，所以朝廷罢免他的兵权。如今我们要是驱逐李公，强行迎回郭公，岂不是和造反无异，是能干的事吗？"右武锋使康元宝同样投了反对票："你要是强迎郭公，朝廷一定会怀疑是他暗中指使，这不是害他家破人亡吗！郭公家中百余口人，有什么地方对不起你？"

张用济自知理亏，加上几位实力派均不赞成，只好打消了这个疯狂的念头。不过，张用济依然气不过李光弼的走马上任，在接到召见军令后，他仍在河阳逗留，想甩给对方一个下马威。

李光弼率领数千骑兵，来到汜水巡视时，张用济才单骑谒见，就凭他

---

① 应李光弼的请求，正元帅一职由赵王李系担任。

敢孤身前来，足见没把李光弼放在眼里。李光弼正想找人开刀，大力整肃军纪，而张用济的那些小动作他有所耳闻，这下可撞枪口了不是！他当场历数张用济的罪过，在军门将其斩首，由心腹将领辛京杲代理左厢。

朔方诸将闻讯，不敢有丝毫怠慢，仆固怀恩更是提前谒见李光弼，不过有了张用济的前车之鉴，他精明地让五百精骑跟随其后，又假装得到消息，走出李光弼的大帐，责备那些部众："已经告诉你们不要来，为何违抗军令？"李光弼心中一颤，知晓了仆固怀恩的意图，打起了马虎眼："士卒跟随自家将帅，没有什么好怪罪的！"命令杀牛置酒招待，足见李光弼的城府之深。

几个月前，史思明取缔安庆绪，成为燕国新帝，全盘承袭了安氏的兵力和领土，又派遣安太清向西攻略，拿下了与洛阳仅有一水之隔的怀州。经过一段时间的休养，史思明重整旗鼓，在乾元二年九月底亲率河朔大军从幽州南下，兵分四路渡过黄河，一路攻打滑州，其余的三路兵锋则直指汴州。

李光弼正在巡视黄河沿岸，获悉燕军大举来犯，立即返回汴州，对汴滑濮节度使许叔冀说道："您只要能守住汴州十五天，我必将率军来救！"言毕，马上赶回洛阳。许叔冀原本满口答应，一定死守汴州，奈何能力跟不上嘴皮子，很快就被史思明大败，随之毫不含糊地携汴州投降燕军，一起降燕的，还有和许叔冀一样，曾经参加了相州会战的平卢兵马使，现任濮州（今山东省鄄城县）刺史董秦。

李光弼刚进入郑州地界，就听说了许叔冀战败降敌的消息，史思明乘胜袭来，陷入极大被动的李光弼即刻整军缓行，总算成功返洛，汴、滑、郑等州在几天之内相继失守，叛军攻下洛阳的戏码眼看就要重演。不过，李光弼显然吸取了封常清五战五败的沉痛教训，深知洛阳不可坚守，遂同东京留守韦陟商议对策："叛军携相州战胜的余威来攻，我们应按兵不动，不宜与敌速战速决。如今形势，洛阳是必定难以守住了，您看有什么办法吗？"

韦陟的建议是放弃洛阳，在陕州驻军构建防线，同时将主力撤到潼关，以固守险要，来挫败叛军的锐气。这种观点，实际上也是当时多数人的意见，之前无论是封常清还是郭子仪，都几乎在洛阳不可守时采纳了相同的对策，即撤往陕州和潼关，二者唯一的不同点是，郭子仪最后还是听从了张用济的建议，扼守河阳击退叛军，并未完全将洛阳拱手让人。

说来很有意思，尽管张用济为跋扈付出了生命的代价，但李光弼此刻却沿用了他的思路，拒绝一味地向西撤退，主张积极防御，再寻求时机，化被动为主动。

"您说的是兵家常法，并非出奇制胜的策略。两军如果实力相当，尺寸之间贵在进取，忌于后退，现在要是平白放弃五百里地，叛军气焰就会更加嚣张！不如向河阳移军，与北面的泽潞地区相连，有利就行动，不利就固守，只要我军表里互相呼应，可以阻遏叛军，迫其不敢向西行进，就好比猿猴长臂一般伸缩自如。说到朝廷礼仪，我不如您；论军事指挥，您可就不如我了啊！"

韦陟无言以对，一旁的元帅行军判官韦损似乎想给宗人撑腰，质疑道："东京洛阳是天子家宅，怎能随意放弃？"李光弼没有动怒，一再强调现实的形势："如果坚守东京，那么汜水、崿岭、龙门一带全要布下兵力设防，既然您是行军判官，不妨想想看，分兵布防能守得住吗？"韦损哑口无言。李光弼一声令下，东京留守韦陟、河南尹李若幽分别带领城内的官民出奔，李光弼则留下来，率军运送油、铁这些军用物资，向河阳转移，洛阳成了一座空城。

史思明主力已到偃师，前锋部队业已抵达洛阳东门外的石桥一带，李光弼正率领五百骑兵殿后，唐军诸将发问："现在应该从洛阳城北绕过去，还是就从石桥经过？"李光弼斩钉截铁说道："就走石桥！"暮色四合之际，李光弼命令士卒们手持火炬，缓缓行进，看着唐军严整有序的阵容，叛军只敢紧随其后，但不敢有所靠近，至二更时分，李光弼的部队安然抵达河阳南城。

九月二十七日，史思明率军进入洛阳，东京在唐军收复近两年后再一次沦陷了。面对这座空城，史思明徒叹晦气，又害怕河阳方向的李光弼突然进攻侧后方，故而不敢入驻皇城，决定暂时撤出洛阳，将部队驻扎到城外的白马寺南。史思明仍深感不安，又修筑月城于河阳城南，以防备唐军，可见果然忌惮河阳，不敢西进，李光弼的战略起到了四两拨千斤的作用，史思明的下一步自然要把矛头对准河阳。

河阳又名孟津，实为由黄河两岸的三座城池——南岸南城、河中沙洲中潭城、北岸北城——组成的城垒体系。跨河的孟津大桥始建于西晋，由名将杜预主持建成，三城则建于北魏、东魏时期，其中又以南城最大，河阳三城连通黄河两岸，亦是各朝势力把控洛阳的必争之地。对李光弼而言，河阳可动用的兵力只有两万，粮食仅能维持旬日，除了南面史思明的十万大军，北方又有安太清在怀州虎视眈眈，形势不容乐观。

战前，史思明来到城下，提出与李光弼相见的请求，似乎是想倚仗空前威武的军容，来逼迫对方不战而降。看来，史思明还是不够了解他的老对手啊，未等燕帝开口，李光弼义正词严地说道："我家祖孙三代为国尽忠，若我不死，你等逆贼必死我手！"一下让史思明颜面扫地。

十月初，史思明向河阳南城发起了第一轮进攻，叛军悍将刘龙仙领命，来到城下发难。这位刘龙仙十分桀骜，竟把右脚高高翘起，置于马鬃上，恣意谩骂李光弼，不文明用语不堪入耳。当时在中潭城的李光弼只觉聒噪，环顾诸将问道："大家谁能为我取下此人的首级？"仆固怀恩请战，李光弼笑着相劝："这事不是大将该做的。"左右纷纷力荐："白孝德可以胜任！"

白孝德，乃龟兹王族后裔，原是安西军中一员猛将，在内调勤王的战事中，他凭借骁勇屡立战功，被公推为最佳人选，并不奇怪。面对刘龙仙的出言不逊，白孝德不仅愿意出战，而且放话说，只需要自己孤身前往，即可对付贼人，李光弼非常赞赏他的勇气，但执意问他需要什么支援。"那就希望您挑选五十名骑兵出营，充当我的后援，大军在后方为我擂鼓呐喊助威，就可以了！"李光弼闻言，十分欣慰，轻拍白孝德的后背，派他出战。

只见白孝德挟带着两支长矛，策马渡河前行，他走到一半时，仆固怀恩欣然向李光弼道贺："这事成了！"李光弼有点好奇："尚未交锋，你怎么知道呢？"仆固怀恩笑道："我见白孝德手揽缰绳时毫不慌乱，沉着冷静，就可知他万无一失！"

南岸的刘龙仙远远望见白孝德，见他单枪匹马，十分轻视，遂仍然故我，继续高跷着脚骂骂咧咧。等到白孝德走近，刘龙仙才有所反应，但白孝德却摆手示意，似乎此行并非来战，刘龙仙有些莫名其妙，不断"口吐芬芳"。直到二人距离十步之遥，白孝德才主动搭话，怒目圆睁喝道："叛贼，你可认识老子？"刘龙仙反问："你是谁？"白孝德高喊："我乃国之大将白孝德！"

刘龙仙不知死期将近，嗤之以鼻："你个杂碎，又是什么猪狗？"话音未落，白孝德跳上战马，怒喝一声，舞动长矛袭来，从他身后也冒出了五十名骑兵，一齐冲杀，顷刻间战鼓如雷，呐喊震天。刘龙仙大惊失色，张弓搭箭为时已晚，只好拨马绕着堤岸逃走，白孝德将其追上，一刀砍下了首级，返回城中，叛军见状，惊骇不已。

白孝德阵前斩将，给叛军的气焰泼了一大盆凉水，史思明不甘示弱，随后几天，叛军拉出一千多匹骏马，放牧于黄河南岸的沙地上，往复不停，用来展示己方的武备精良，压过唐军士气一头。李光弼心生一计，在军中选出五百匹育有小马驹的母马，等到叛军的骏马来到河边洗浴，他就将母马放出城，并把马驹都留在城中。这些母马们思念孩子，嘶鸣不已，骏马为声音吸引，纷纷奔向北边去追逐母马，唐军得以照单全收。

李光弼巧施"美马计"，白得了一批良驹，大为恼怒的史思明再生一计。叛军在河面上排开了数百艘战船，又将带有易燃物的小型火船安置在大船前，企图利用火船为前导，将河桥焚毁，断绝唐军的南北往来和补给。李光弼自有良策，先备好了数百根长达百尺的木杆，在杆子前端装上用毛毡包裹的铁叉子，最后将木杆固定在巨木上。等到叛军船队来到，不管船大船小，无一不被铁叉钩住，不是自动烧毁，就是被桥上唐军的砲石击沉，叛军再次大败而逃。

史思明又将目光投向了河阳西南面的河清县（今河南省济源市），打算切断唐军的粮运，李光弼出了河阳城，进驻河清以北的野水渡，加以戒备。不过就在当晚，李光弼却悄悄北返河阳，临行前只给部将雍希颢留下了一千人留守。

李光弼又吩咐道："叛军中的将领高庭晖、李日越、喻文景，都堪称万人敌，史思明一定会派遣其中一人前来劫我。我暂且返回河阳，你们在这里静待，如果敌军来了，不要和他们交战；如果他们投降，就带着对方一起回来！"投降？诸将都怀疑自己的耳朵听错了，完全搞不懂李公的心思。

史思明那边果然遣李日越前去袭击，给他下了严令："李光弼擅长据城而战，如今他出现在野外，正可一战擒之！你率骑兵连夜渡河，把他活捉来，否则就不要回来见我了！"

清晨时分，李日越带着五百骑兵来到野水渡营前，雍希颢让士卒在战壕后观望，营中啸叫起来，军纪十分散漫的样子。李日越素闻李光弼治军严整，大为不解，发问："李司空可在？"雍希颢答："昨夜就离开了。"又问："这里有多少兵力？"答曰："千人。"又问："主将是谁？"答曰："雍希颢是也！"

李日越沉吟不语，思量许久，才对部下说："现在抓不到李光弼，我们回去无疑也是一个死，不如就此投降罢了！"遂与部众归降唐军。李日越本是奚王出身，部下都是奚族的百战精锐武士，李光弼又狠狠赚了一笔，给予李日越优待，叛将高庭晖听说了此事，也前来投降。

两员叛军大将莫名其妙地来降，有人颇为不解，李光弼解释："这是人之常情罢了！史思明一连再败，常常怨恨无法与我野战，得知我出了城，就以为一定可以将我生擒。李日越没有得手，仅仅俘虏了名气不太大的雍希颢，肯定不敢回去；至于高庭晖，此人的谋略和勇气都在李日越之上，得知李受我重用，当然会心生超他一头的想法，投降我军了！"

此言一出，众人惊叹不已，李光弼不但精准把握了史思明这个老对手的性情，又将李日越、高庭晖等人的心思揣摩得通透，如此攻心大法，实在是让人心服口服。

短短数日内，同李光弼的几次斗法，史思明皆落下风，惨遭压制，赔了战将又折马，他痛定思痛，决定采取最为笨拙的法子，集结重兵，准备猛攻河阳三城。

李光弼仍旧驻守在中潬城，兼顾策应南北两城的防务，并加紧修筑工事，把防卫南城的重任交给了郑陈节度使李抱玉，希望他能咬紧牙关，挺过最艰难的两天。李抱玉问道："超过两天，该当如何？"李光弼同意，若援兵逾期不来，可任由李抱玉弃守南城。

燕军大将，时为史思明宰相的周挚强攻河阳南城，眼看就要攻陷城池，李抱玉似乎等不到援军的到来，像许叔冀那样识时务地投降，也许才是上策。不过李抱玉原姓安，是开国功臣安兴贵的后裔，也是一员胡将，他耻于和安禄山同姓，早就得肃宗赐皇姓，现在焉有叛国的道理？

李抱玉采取诈降之计，宣称城中粮食已见底，请求次日早晨献城投降，周挚大喜，收兵候降。等到第二天，李抱玉早已连夜将城池修缮完毕，又增补了器械，哪里是要投降的样子！周挚恼羞成怒，攻势更加迅猛，不料李抱玉先前悄悄派出了一支奇兵，绕到对方背后夹击，大破叛军。

周挚悻悻而退，史思明只好再把目标锁定在李光弼所处中潬城，那里的守备相对薄弱。李抱玉为李光弼争取了两天宝贵的时间，中潬城的营寨外树立起大量栅栏，外围又挖掘了宽、深各二尺的壕沟。夜间，投降叛军的濮州刺史董秦再度反正，率众归附李光弼，增强了守军力量。

十月十二日，周挚杀向中潬城，李光弼亲自坐镇于东北角的城头，手执令旗，观察形势。就在战前，李光弼召集众人，将一把匕首塞进自己的靴中，抱着死战不休的意志宣言："胜负难以预料，光弼位列大唐三公，不可死于贼寇之手，如果不能取胜，我必自刎以谢天子！"说完，朝着长安的方向行叩拜大礼，三军将士无不感动，热泪盈眶，坚定了有进无退的信念。

镇西、北庭行营节度使荔非元礼领命，进驻中潬城外的羊马城迎敌，不多时叛军涌到城下，纷纷忙于填埋壕沟，在中潬城的三面兵分八路进击，伴随其后的，还有装满木鹅、艨艟、斗楼、橦车等各式攻城器械的战车千辆。眼看叛军即将劈开栅栏，开设通道，素来沉稳的李光弼也不禁有所慌张，忙派人质问荔非元礼："叛军填壕砍栅，正准备攻城，为什么你却纹丝不动？"

荔非元礼答复："司空您是想要坚守，还是出城作战呢？"李光弼略微不悦道："当然是想要与敌交战！"荔非元礼又回："既然想要出战，叛军正在给我们填壕筑路，为什么要阻止他们呢？"李光弼这才领略，笑道："您的计策真是巧妙，我的智慧不如您，那就努力干吧！"

叛军刚刚穿过各道栅门，荔非元礼便率领精锐，突然发起奋力一击，逼得对方后退数百步，不过考虑到叛军士气正盛，战阵坚固，难以轻易突破，荔非元礼很快退下阵来，打算等到叛军有所懈怠，再度发起突击。脾气火爆的李光弼刚刚平复心情，又看到荔非元礼后退，一股怒火不禁涌上心头，立即派人召见对方，想要把他按军法处置。谁知，荔非元礼竟也懒得搭理了，怒道："战况危急，召我干什么？等我破敌，再见不晚！"坚持率军退入栅中，叛军也不敢进逼。

良久，荔非元礼才对部众说："方才司空召见，差点就要杀了我，我们战殁也是死得其所，不要因为无所作为，而白白被杀！"荔非元礼看准时机，再次发起了一次猛攻，在中潭城西大破叛军五千人，一战阵斩千余人，生擒五百余人，因慌乱逃散而做了黄河水鬼的叛军，更是多达半数，至于李光弼发火归发火，最后没有处罚打了胜仗的荔非元礼。

中潭城一战受挫，周挚不依不饶，渡过了黄河，联合怀州安太清部，聚集三万人攻打河阳北城。李光弼率军驰入北城，登上城头，望着叛军战阵说道："贼寇虽然人多势众，然而他们的队伍混乱不整，不足为患，过不了中午，我向各位保证，一定攻破敌军！"遂命令诸将出击。

可是苦战到了正午时分，尚未决出胜负，将领们不免有些灰心丧气。李光弼决定调整部署，询问诸将："叛军的战阵，一般以哪个方向最为坚固难攻？"众人认为是西北角，又以东南角次之。于是，李光弼召来爱将郝廷玉、论惟贞[①]，命令二人各自负责对付西北、东南两个方向的叛军。

不过，郝廷玉的部众以步卒为主，论惟贞则不通步战，二人都希望李光弼各补充骑兵五百人、骑兵三百人。李光弼并没有完全满足请求，只是给二将增派三百人、两百人的骑卒，又牵出四十匹马分发给他们，也许是希望用这样的方式来唤起将士们的决死之心吧。最后，李光弼举着红色令旗，对全军说道："各位将士看旗帜行事，如果缓慢挥动，可以随机应变；如果上下

---

① 吐蕃名将论钦陵的曾孙，祖辈投奔了唐朝。

急速摆动了三次，就全军齐发，冲入敌军。此战须得拼死作战，敢后退者，莫怪我定斩不饶！"

李光弼密切关注着战局进展，没过多久，就望见了郝廷玉退下阵来。李光弼大惊："郝廷玉如果退却，情况就十分危急了！"命左右前往执法，将他的脑袋取来，郝廷玉连忙解释："是我的坐骑中箭了，并非败退！"李光弼闻讯，给他换了匹马，郝廷玉重新跃马上阵，拼死杀敌。不一会，又出了状况，仆固怀恩和儿子仆固玚稍有退却，李光弼见状，马上派人前往处置。仆固氏父子一回头，就看到提着大刀来势汹汹的处刑者，吓得当即掉转马头，继续冲入敌阵厮杀。

叛军败势初显，时机已到，李光弼接连三次猛挥令旗，顷刻间，唐军杀声震天，一鼓作气击溃了叛军！河阳北城一战，唐军阵斩万余人，擒获八千多人、两千匹战马，收缴了数以万计的粮草、辎重，叛将徐璜玉、李秦授皆成俘虏，主帅周挚率数名骑士逃去，安太清也逃遁怀州自保。

史思明尚不知周挚等人大败，仍在河阳南城作战，李光弼将俘虏全驱赶到中潭城所在的沙洲南岸，毫不犹豫地杀了数十人，剩余的人纷纷想要投河游向对岸，也被抓回斩杀，无一幸免。如此情状，令叛军心惊肉跳，史思明连忙撤军，息兵三日，李光弼这个对手实在太可怕了！

乾元二年十月的这场河阳之战，敌我双方斗智斗勇，你来我往，堪称是安史之乱期间最为精彩的一场大戏。尽管李光弼处于非常不利的劣势局面，但凭着他过人的智谋胆略，最终率领唐军大获全胜，扭转了河南陷落后的不利局面，也使得史思明西进的计划一时搁置。

尽瘁事国

盘活了河南战场的这局大棋后，从翌年即乾元三年（760年）的二月起，升任太尉的李光弼转守为攻，多次发兵攻打安太清占据的怀州，意在拔掉河阳北面的这枚钉子。史思明前来救援，却先在沁水边大败，留下了三千尸首，后又在河阳以西受挫，死伤一千余。可见河阳之战后，叛军锐气大减，即使是史思明最擅长打的野战，也难以从李光弼身上占到便宜。

到当年十一月，对怀州的这轮围攻已持续了一百多天，唐军甚至采取攻打相州时的老办法，掘开沁水以浸灌城池，却仍未拿下这个硬茬。最终，李光弼派人成功挖通地道，令仆固怀恩和郝廷玉潜入城中，才里应外合攻下怀州，生擒了安太清这位郭、李二人共同的老对手，以及在陈涛斜之战投敌的叛将杨希文等人，将他们悉数送往京城，李光弼也凭借此功，晋爵为临淮郡公。

安太清先后侍奉安、史两姓伪朝，是叛军中举足轻重的一员大将，等待他的结局可想而知，死罪是难免的。仆固玚同样心知肚明，竟把安太清颇有姿色的妻子劫持到帐中，打算据为己有。李光弼秉性刚正严明，见不得军中有这类事，严令送还，仆固玚不但不从，还安排士卒守着安氏，彻底发火的李光弼派出骑兵抢人，为此还射杀了七个守卫，终把安氏夺走，归还给安太清。仆固怀恩得知此事，大为光火："太尉他这是要为了叛贼，杀死官军士卒吗？"朔方军最靠前的两位大佬之间潜在的矛盾，由此朝着公开化方向发展。

由于李光弼扼守河阳，使得史思明虽然占据洛阳，但慑于卧榻之侧芒刺在背，不敢轻举妄动，两军由此基本进入一个相持阶段。直到上元二年（761年）年初，一则奇怪的消息不胫而走，传到了陕州，又刚好钻进观军容使鱼朝恩的耳朵里，"洛阳的叛军将士都来自幽燕地区，长期在外十分思念故乡，叛军上下离心离德，此时向他们发起进攻，一定可以将其消灭！"鱼朝恩为此大为振奋，多次上奏肃宗，请求乘机收复洛阳。

这个流言来自史思明派出的谍者，他不愿干耗下去，遂想出这个办法，诱使邀功心切的家伙上钩，功夫不负有心人，在陕州驻防的鱼朝恩主动扮演了这条大鱼。在鱼朝恩的不停怂恿下，肃宗同样动心，命令李光弼马上率河阳、怀州等地兵力消灭叛军，一举收复洛阳。

李光弼始终保持着清醒的头脑，知道决战时刻尚未到来，屡次上书劝谏："叛军士气仍比较旺盛，我军应该伺机而动，一定不可以轻举冒进！"

虽然李光弼挂着朔方行营节度使的职务，但名义上的朔方节度使仍是被罢了实权的郭子仪，所以仆固怀恩这个节度副使在军中的地位实则和李光弼相当。而仆固怀恩早就对治军严苛的李光弼心怀不满，甚至打算取而代之，于是他开始下绊子，极力附和鱼朝恩，暗中上书肃宗："叛军可击！"肃宗下定了决心，接连派去中使催促出兵，这一刻的李光弼，既觉得无奈，又倍感孤独。

上元二年二月二十三日，李光弼迫不得已率五万大军南下，令李抱玉镇守河阳，自己会同仆固怀恩、鱼朝恩及神策军节度使卫伯玉部，一同抵达洛阳以北的邙山。

在排兵布阵的问题上，李光弼要求依据险要列阵，仆固怀恩却有意无意地犯了一个低级错误，选择布阵于平原。李光弼看出不妥："依托险要，进可攻退可守，如果把军队押在原野，一旦失利，就会全军覆没！万万不可小看了史思明！"要求仆固怀恩立刻转移军队。今时不同往日，倚仗着背后有鱼朝恩撑腰，之前对李光弼存有几分敬畏的仆固怀恩，却公然和李光弼唱起了反调来，拒绝听从副元帅的指示，产生了争执。

唐军迟迟无法部署完毕，窥见战机的史思明马上出击，又佯装败退，故意丢下了辎重。仆固怀恩的部队果然争相抢夺，阵形更加混乱，史思明父子掉转马头，与四周冒出的伏兵一同夹攻，大杀唐军，阵斩数千人。邙山一役，唐军一败涂地，军资器械尽数遗弃，落入敌手，而这一切果然都不出李光弼所料！

战后，李光弼和仆固怀恩连忙渡过黄河，逃奔河东绛州境内的闻喜，鱼朝恩和卫伯玉也撤回陕州，随着寡不敌众的李抱玉无奈地弃守河阳，怀州也再次陷落了。只是因为鱼朝恩和仆固怀恩的私心作祟，加上肃宗误判形势，使得李光弼苦心经营一年半载的河阳三城体系白白丧失，大好形势又化作了泡影，实在令人扼腕叹息，遗憾不已！

一切仿佛回到了一年半以前，史思明刚攻占洛阳时的原点，既然河阳、怀州已下，他终于再无后顾之忧，火速向西发起进攻。天意偏偏同样给史思明开了个玩笑，正在他踌躇满志，剑指长安之际，太子史朝义因担心储位和性命不保，与同党发动兵变，软禁并缢杀了史思明，和安禄山父遭子弑的结局何其相似。史朝义上位后，燕国内部随之发生了几轮火并，各地诸侯大都不愿听从这个小辈，叛军的凝聚力也大不如前。根基不稳的史朝义自知无力继续图谋关中，只好一改乃父生前的策略，将兵锋转向唐军战力相对薄弱的东南方，意欲斩断江淮这条经济命脉。

邙山之战后，李光弼身为副元帅，主动承担了战败的责任，请求辞去太尉、中书令的职务。肃宗虽没有另外加罪李光弼，却也没责罚鱼朝恩、仆固怀恩这些真正的害群之马，毕竟拍板定案的人，正是皇帝自己。战前，李光弼多次劝阻用兵，肃宗就没有听从，如今又接下辞呈，改任李光弼为河中节度使，撤销他对朔方军的掌控权，以及天下兵马副元帅的头衔，可见天子对李光弼的热情还是大不如前了。

不过，为了应付史朝义新一轮的攻势，肃宗不得不搬出李光弼这尊大神，仅仅两个多月后，就再度拜他为太尉，并委任他为河南副元帅，都统河南、淮南东、淮南西、山南东、荆南、江南西、浙江东、浙江西等八道行营节度，专制东南方的军务。这个都统看似威风八面，实则并不能完全掌控上述藩镇，李光弼本人只能带着少数兵马上任。肃宗此举，仅仅是乞灵于李光弼这位宿将的威望，希望派他坐镇泗州（即临淮郡，今江苏省盱眙县淮河北岸），可以稳定东南地区动荡不安的局势而已。

在半道上，李光弼生了急病，只能乘车南行，加之一路上还要与境内叛军势力交战，迁延了时日，总算在宝应元年（762年）五月抵达了泗州，同时被新帝代宗晋封为临淮郡王。

当时，宋州危急，诸将认为叛军兵锋正盛，而己方兵力稀少，建议李光弼渡过淮河，暂且退保扬州，甚至还有人建议过长江，前往润州（今江苏省镇江市）躲避。李光弼大义凛然道："国家安危系我一身，我如果再退缩，那朝廷还有什么希望？只要我军出其不意地发动攻击，贼寇又怎么知道我们的力量多少？"遂坚决拒绝南渡，反而掉头北上，前往毗邻宋州的徐州，再度踏进了战争的重灾区。李光弼一驾临徐州，以徐州刺史田神功为首的各路地方实力派忌惮他的威名，收敛起来，停止了无谓的劫掠和内争。

燕帝史朝义亲率大军，围攻江淮的重要屏障宋州（即睢阳郡）已有数月，城中粮食快要吃光，眼看张巡的惨剧将在宋州再度上演。不过，宋州刺史李岑的运气，要比当年的张巡和许远好太多了，所幸李光弼遣郝廷玉、侯仲庄、田神功合兵大破史朝义，得以解围。

李光弼坐镇徐州期间，不仅以河南副元帅的身份，强抱病体，率军参与了平定史朝义的战事，结束了安史之乱，还派兵扫灭了浙东爆发的袁晁等人起义，使东南形势转危为安。

安史之乱在广德元年终于底定，秋季，代宗赐李光弼丹书铁券，图像于凌烟阁。天下无人不服这位"兵技巧家"的赫赫威名，虽然与郭子仪齐名一时，不过"守城大师"李光弼凭着他谋定而后动的作战风格，以及数次以少胜多，屡建奇功的辉煌战绩，又被时人推崇为胜过了郭子仪的中兴第一名将，史称"光弼行军治戎，沉毅有筹略，将帅中第一"。

广德元年冬十月时，获悉吐蕃入寇京畿，代宗紧急出奔陕州，虽有赖于郭子仪力挽狂澜，很快夺回了长安，但代宗却对从此李光弼越发不满。史书记载，正是出于饱受猜嫌的缘故，所以李光弼没有积极响应朝廷的勤王征召，殊不知这是天大的误解！

且不说，徐州距离长安有两千六百里之遥，诏书尚未传到李光弼手中，郭子仪就已经收复了长安，李光弼无论如何是无法及时，也不需要出兵勤王的。再者，李光弼久病缠身的处境，也实在不允许他亲临战场了，这一点从他以车代马上任泗州就能看出来。除了过问重大军事，晚年的李光弼已不堪处理其余公务，而全部委托给自己的行军判官张参——这位自从李光弼担任天下兵马副元帅以来，就一直随行身旁的心腹幕僚。另外，在李光弼抱病平定史朝义时，曾留论惟贞镇守徐州，临终又上表由他继任，可见李光弼自知时日无多，已将论惟贞视为接班人。

令人唏嘘不已的是，虽然李光弼真正做到了鞠躬尽瘁、死而后已，但代宗却对他的病情一无所知，反倒因为大宦官鱼朝恩、程元振等人进谗中伤，竟然怀疑起李光弼有自重的野心。在从陕州回到长安后不久，代宗就打算李光弼为东都留守，借此来试探他的进退取舍，却又迟迟不下制书。李光弼听说了这件事，颇为忧虑，加上之前又有同华节度使李怀让被逼自杀、襄州节度使来瑱被赐死的先例，让这位一心为国的忠臣陷入了孤独和煎熬中，终于沉疴难起。

广德二年七月初五，怀着对朝中奸佞的愤恨，李光弼在徐州郁郁而终，享年五十七岁，代宗为他辍朝三天，谥曰"武穆"，李光弼也是首位获得这一谥号的名将。

弥留之际，李光弼不忘派遣亲将孙珍前往长安，通过遗表，向天子陈述自己未能入朝觐见的种种原因，又愧于自己长期负责军务，不能侍奉母亲养老，既尽大忠，又是大孝；李光弼还另外吩咐，将他私库中的绢布各三千匹、钱三千贯全部分发给麾下，这是大义。将士无不感激流涕，他们用这些财物置办丧事，号哭吊唁，依照遗愿将灵柩送往京师。同年十一月，李光弼的灵柩从长安运往富平下葬，代宗令宰相以下的百官前往延平门相送，哀荣备至。

然而，鉴于安史之乱的教训过于惨痛，肃、代二帝对功臣武将始终保持高度警惕，为了消弭李光弼在河南的影响，处置论惟贞和郝廷玉两位嫡系亲将，成为朝廷亟待解决的一大功课。

李光弼死前，曾在遗表请求由论惟贞代领军队，代宗明显不可能采纳，很快便把论惟贞调入长安，充任无甚实权的宿卫将官，河南副元帅一职，也由皇帝信任的宰相王缙来接任。代宗永泰元年九月，即李光弼去世一年多后，时任河南副元帅都知兵马使的郝廷玉响应征召，率部前往京畿驻防，抵御在仆固怀恩引诱下大举入侵的吐蕃。借着这个由头，朝廷在事后顺势将郝廷玉留在长安，担任神策军将，再没能让李光弼的这位"嫡传弟子"重返河南。

也正是在吐蕃来犯，郝廷玉屯驻便桥时，军中来了一位不速之客，观军容使鱼朝恩早就听说他善于布阵，提出了观看演练阅兵的请求。郝廷玉集合部伍，一声令下，金鼓齐鸣，士卒们伸张舒展，或离或合，行止进退的动作整齐划一，毫不夸张地说，好似同一个人般和谐。鱼朝恩不禁赞叹："我在军中待了十余年，今天才知道世间有此训练军队的方法！如此治军，前方又怎能再有强敌是您的对手呢！"

郝廷玉闻言，目光低垂，黯然神伤。"这实在非我擅长的事务，那都是临淮王遗留的战法！他在世时善于治军，有功必赏，有过必罚，每到挥舞令旗操练士卒的时候，稍有不从军令的，就将其斩首示众。因此我军中人人尽心效力，奋不顾身地赴汤蹈火，直要那叛军心碎胆裂！可自从他故去，世上不复再有挥旗练兵的事了，我这点手段，又哪里值得军容您称道呢？"

　　再看面前的那位观军容使，赧颜汗下，早已默然无语。

兵技巧家之

张巡

孤城忠魂·中唐名将

独行客

在今天河南省商丘市的睢阳区，以商丘古城的南门为起点，沿着南关街向南直行六百米，可以看见一座祠庙坐落于湖畔，穿过正门和广场，巍峨正殿的匾额上刻有"忠烈千秋"四个大字。

为了纪念死守睢阳的英雄烈士们，从唐朝中后期直到清代，以睢阳为中心，全国各地已经建立起将近两百座之多的"双忠祠"，一千多年来，人们的祭祀对象几无更易，为首者就是张巡。

天宝十四载年末，安史之乱爆发，黄河以南的陈留、荥阳、洛阳等地相继沦陷，叛军铁骑朝着河南的东南方席卷而来，一时各郡县长官或是认命投降，或是闻风而逃。

幸好，仍有一批人不愿降敌，在东平郡（即郓州）太守嗣吴王李祇、济南郡（即齐州，今山东省济南市）太守李随等人起兵后，隶属睢阳郡管辖的单父县（今山东省单县）也在县尉贾贲的领导下起义。贾贲的这支义军打着吴王的旗号，南下进攻睢阳的治所宋城，驱逐了叛军任命的太守张通晤。很快，李随带着数万兵力入驻睢阳，被长安委任为河南节度使，有效地遏制了叛军的兵锋。

同时奋起抗敌的，还有一支毗邻睢阳郡的义兵，他们来自谯郡（即亳州），刚刚违抗了顶头上司。

不久前，谯郡太守杨万石没有为国效死的觉悟，打算投降叛军，纵然他的下属真源县（今河南省鹿邑县）县令百般劝说，提出加固城防、招募兵马来御敌的建议，杨万石仍是油盐不进，坚决要做一个投降派。杨万石不但不听，还要给县令"升官"，塞了个谯郡长史的职位，又命令他代表自己西上迎敌，而这位真源县令，正是张巡。

张巡，以字行于世，邓州南阳人，玄宗开元年间进士，据说身长七尺，又长着大胡子，看上去不怒自威。在清河县令任上，张巡不仅为政有方，平时做派也是正气凛然，若有人遇到困难需要周转，他往往毫不犹豫，倾尽资产帮助对方，故而贤名在外。

但也正因刚正不阿，孤傲的张巡难免得罪不少人，才会入仕多年，却长期盘桓于县令一级的基层岗位上。近年正是奸相杨国忠当权，阿谀逢迎之辈往往吃香，有好事者劝说张巡，建议走走杨右相的门道，或许可以得到重用，张巡竟正色道："那都是大唐的妖异，朝中的官，不当也罢！"

真源县内的地主豪强不守法度，为祸一方，官府或同流合污，或奈何不得，直到张巡上任，果断铲除了号称"南金口，明府（即县令）手"的奸吏华南金，一时风气大变，百姓称快。

而今，接到了杨万石要他迎接叛军的这一任务，以张巡崇尚节义的性情，他的内心该是何等失望和愤慨！志气高迈的他，决定要和背离国家大义的杨万石分道扬镳，自行组织抗敌。

真源县的前身，正是老子的故乡苦县，李唐天子把李耳认作祖先，追尊他为"玄元皇帝"，因此把这里更名为"真源"。于是，张巡亲率下属百姓，来到玄元皇帝庙哭祭了一番，宣布起兵讨伐叛军，在场群众热泪盈眶，激起了款款忠君报国之心。

无须更多呼吁，张巡很快得到了境内数千人的响应，他从中拣选可用的一千精锐，毅然北上，穿过睢阳郡，前往陈留郡境内的雍丘县，与同样率领千人前来的贾贲会师。

令狐潮，这位雍丘县令与安禄山的谋臣高尚是故交，如今安禄山自称大燕皇帝，高尚做了中书侍郎，不甘居于县令的令狐潮自然也想做个燕朝的开国元勋，于是打算献城投降。燕廷任命的河南节度使李庭望得到这一消息，派兵南下，准备接收雍丘，趁着令狐潮出城接应的机会，城内不甘降敌的唐军俘虏们杀死守卫，夺取了县城。贾贲、张巡的两千部众得以突入雍丘，杀死了令狐潮的妻儿以儆效尤，同时加紧城防守备，准备迎敌。

其实，令狐潮和张巡原本也有些交情，眼看妻儿陈尸城头，被灭门的令狐潮心如刀割、痛彻骨髓——张巡这个老朋友实在是过于不近人情了！道不同则不相为谋，张巡所坚守的那份忠贞，见利忘义之徒当然是永远无法理解的。

几天后，令狐潮引燕军开始猛攻，贾贲在混战中不幸遭踩踏而死，守军方寸大乱，有赖张巡不顾受伤，拼死奋战，终于击退了这次进攻。贾贲牺牲后，张巡整合部众，被推举为吴王先锋使，扛起守卫雍丘的大旗，接下来的半个月里，张巡每每奋勇争先，多次挫败令狐潮的复仇行动。

雍丘夜

天宝十五载三月初二，令狐潮等到了燕廷的新一轮有力支持，叛军大将李怀仙、杨朝宗、谢元同等人共率四万余大军，突然出现在城下，将雍丘团团包围。天下承平已有半个多世纪，强敌压境，本是临时招募来的唐军们心生畏惧，恐慌情绪随即萦绕在小城上空。

张巡看在眼里，仍然十分平静，镇定地对众人说道："叛军全是精锐，令狐潮又很清楚城中虚实，一定十分小看我们。我军正好可以利用这点，出其不意，主动杀他一个措手不及，对方必定惊慌溃散。事到如今，只有乘机打击对方的嚣张气焰，让他们吃点苦头，才能守住这雍丘！"

统一意见后，张巡留下千人守城，亲自率领另外一千多名兵士，分成数队人马杀出城门，直朝叛军大阵呼啸而去。叛军原本立足未稳，只是倚仗人多势众，心生怠意，完全没料到唐军竟发了疯似的杀来，登时慌乱不已，引起一发不可收拾的溃退，被张巡杀得抛戈弃甲，狼狈撤军。

叛军重整旗鼓，在第二天再次发起进攻，不同前日，他们这一次动用了上百辆砲车，用投出的巨石直接砸毁了一部分矮墙和城楼。不过，张巡事先在城头架起的木栅起了作用，使得叛军无法轻易登城，令狐潮决定采用人梯战术，下令蜂拥而上。张巡遂采用火攻，命人点燃灌满油脂的蒿草，充当"燃烧瓶"投下城去，叛军被烧得叫苦连天，在一片哀号声中收兵回营。趁着这个机会，天黑时张巡又利用夜色的掩护，用绳子缒下士卒，突袭叛军大营，把对方搅得鸡犬不宁。

接下来的两个多月里，张巡身先士卒，日夜披甲，受了重伤仍不下火线，竟在人数处于劣势的情况下，领导雍丘将士化解了叛军大小数百次的攻势。直到长安沦陷的噩耗传来，张巡仍不言败，还在一次战斗中乘胜追击，俘虏两千胡人士兵，甚至几乎生擒令狐潮，守军士气大振。

李怀仙等人面面相觑，令狐潮恼羞成怒，来到城下叫唤："潼关和西京相继失陷，朝廷形势万分危急，李氏大势已去！张公却要凭着一支弱旅守卫危城，即便尽忠竭力，也不能有所成就，为什么不和在下一起效忠新朝，苟图富贵呢？"

张巡恨不得朝故交的脸上啐一口唾沫，厉声怒斥："古时候若父亲被国君杀死，从道义上来说，儿子都不该报仇。足下平生自诩忠义，而今却心怀妻儿被杀的怨恨，借取贼寇的力量来对付我，你的那些忠义都进了狗肚子里吗？我倒是真想好好看看，当你的脑袋被悬挂在通衢正中，被后人侮辱耻笑，将会是什么样！"令狐潮羞惭而去。

玄宗一行仓皇逃奔蜀中，朝廷的命令早就无法及时通达，自然也顾不上河南诸州的安危了。此情此景，听闻了令狐潮的话，城中有人开始蠢蠢欲动，竟有六位官至开府、特进的将领直接禀明张巡："我们的兵力远不敌叛军，而天子的存亡尚未可知，不如投降好了！"

张巡先是心中一颤，后佯装同意，相约投降事宜。次日，张巡在大堂摆设天子画像，率领将士恭敬地朝拜，全体痛哭流涕，心思各异的六人见如此情状，心中直呼不妙，已来不及了。张巡一声令下，将叛徒们押到堂上斥责一番后斩杀，群情无不激昂，众人守城的决心越发坚定。

到了当年七月底，经过四个多月的消耗，唐军将士们犯起了难，原来城中的箭矢已经用尽。张巡作为守军的主心骨，很快心生一计——向叛军借箭！

且说打了这么久的交道，吃了不少亏的叛军一到夜间，就保持着高度警惕，不敢有半点的松懈。这天夜里，总算让叛军的斥候们撞见了一次大的行动，竟有千名全身漆黑的唐军，正被用绳子放到城下！面对如此明目张胆的挑衅，本就憋着一肚子火的叛军争先恐后地射击，不一会儿就把那些悬在空中的"唐军"们射成了一个个刺猬，好生解气！

叛军们兴奋不已，事后才反应过来，那些炮灰竟全是用稻草扎成的假人，也就是说，他们白白为张巡送去了数十万支之多的箭矢！《三国演义》中"草船借箭"的经典桥段，其中有一半历史原型来自孙权在濡须口用船招来曹军射箭，另一半自然是取材于张巡的"草人借箭"了。

不久后的一天夜里，从城墙上再次垂下了一批黑衣人，叛军以为张巡故技重施，乐得大笑，任由对方表演，对"草人"们无动于衷，不加设防。不承想，那五百多个假人突然"活"了过来，提着刀迎面发起猛攻，叛军大营顿时一片混乱，很快陷入了火海，城内的唐军顺势杀出，追击了叛军十余里才返回。望着已经化作灰烬的营垒和帐篷，再想想这哭笑不得的败因，令狐潮越发恼恨，继续加大兵力，紧缩对雍丘小城的包围圈。

还有一次，令狐潮在城下同张巡的偏将雷万春交谈，却暗中埋伏了弩兵，乘机向城头射去。六发箭矢不偏不倚，全部射中了雷万春的面庞，血流如注，而令叛军大为不解的一幕出现了，雷万春丝毫没有发出声响，仍然岿然不动①。

令狐潮不禁生疑：不对啊，难道那上面也是个木刻的假人？直到派出的侦察兵确认了事实，他大感诧异，遥遥地向张巡表示："方才见到雷将军，才知道您的军令有多森严啊！"直到这一刻，令狐潮仍不愿放弃说降与他有血海深仇的老友："天道择燕弃唐，你又何必执迷不悟呢？"张巡回击道："你丧尽人伦，有什么资格谈论天道？"令狐潮再度自取其辱，悻悻退去。

刚解决武器不足的难题，雍丘转而陷入粮资紧缺的窘况。燕廷早在城北的汴水（即通济渠）一侧建筑城垒，设置杞州，用以截断雍丘的粮运通道，几个月下来，城中军民的供给越发艰难。

张巡打听到有一批供应叛军的物资将走水路送达，遂在夜间率军出南门，摆出搭建营垒的架势，令狐潮得报，忙把兵力全部转移到城南，投入战斗。张巡采取的是声东击西之策，他同时派出一批敢死队，衔枚向北潜到河畔，轻易夺取了盐米千斛，顺便烧光了剩余的数百艘货船，让反应过来的令

---

① 此处有些不合情理，应当略有夸张。

狐潮暴跳如雷。

很快,城中用来生火的薪柴也不够了,令狐潮也很快收到了来自张巡的一封信件。读完内容的令狐潮难掩兴奋,原来在经过内心的一番心理斗争后,张巡决定携一部分人投降,顺便提出了一个看似不算过分的要求:希望大军向后退军六十里,方便他带人逃逸。令狐潮不知是计,欣然照做,张巡顺利率军民出城,拆毁四周的房屋营垒,带回大量木料作为储备,再度关上了城门。

令狐潮又被摆了一道,再次包围雍丘,未等责备的话语开口,张巡先发言了:"您一定要得到雍丘城的话,就请分给我三十匹马,只要我得到马就飞奔而来,让您占领城池,我说到做到!"看着张巡诚恳的神色,令狐潮的怒意动摇了,大方地给张巡送去了马。一转头,张巡就把这些战马分给了三十名骁勇将士,约定说:"等到贼寇来时,咱们每人抓一个叛将!"

等了一夜仍不见张巡来投,令狐潮痛斥对方失信,而张巡呢,却仍做出一副无辜的表情,解释道:"我本人是想走的,众将士不愿从命,我也实在是没办法啊。"令狐潮怒不可遏,准备列阵开打。

想打架?先问问张巡同不同意!未等叛军阵仗排开,城中突然冲出三十名骁骑,见人就砍。一场厮杀下来,虽说唐军将士们只生擒了十四名叛将,没有完全达标,却也斩杀了百余人,将毫无心理准备的叛军逼退。这天夜里,令狐潮仓皇撤回西北方的陈留县,丢弃了大量器械和牛马,被守军照单全收。也就是在此战过后,令狐潮与张巡彻底结下了梁子,二人其后的历次交战,悉数以叛军一方惨败收场。

叛军攻势稍缓,张巡率军东出,与雷万春等人先后在雍丘、襄邑、宁陵三地间的白沙涡、桃陵等地击破敌人,打通了粮运。得胜后,张巡展示了高度的人文关怀,只杀死俘虏中的范阳军及胡族士兵,至于那些在河南地区被裹挟的胁从人员,则一概不问,全部遣散,让他们回乡返业。远近兵民听说了这一厚道的善举,纷纷脱离叛军,旬日之内,前来归附张巡的人数就多达一万多户,张巡也得到新任河南节度使、嗣虢王李巨的认证,被正式委任为先锋使。

雍丘城的军民坚持到了当年的十二月，等来的却是河南道的一连串巨变。紧邻汴州陈留郡的颍川郡（即许州）、鲁郡（即兖州）、东平郡、济阴郡（即曹州）等地相继落入叛军之手，原先坐镇徐州的嗣虢王李巨也拔腿开溜，逃往临淮郡。

接连失去了多个重要外援，雍丘行将成为燕军汪洋中的一座孤岛，加上张巡获悉叛军的一则新动向，敌将杨朝宗打算攻克一百二十里外的宁陵，图谋切断雍丘的供给。形势危急，后路即将被断，继续坚守的意义也不大了，经过多番权衡，张巡决定率军向宁陵转移，雍丘最终陷落。至于那位令狐潮，后事不详，或许除了作为张巡的手下败将，他也不剩什么被记载的价值了吧。

来到隶属睢阳郡下辖的宁陵，张巡第一次同余生最重要的战友——睢阳太守许远会晤。

许远出身江南望族，家世显赫，他的高祖父便是曾在高宗朝大力支持"废王立武"的宰相许敬宗。不过，与被后人划为奸臣的祖先相比，许远不仅性情宽厚，而且坚守原则，和张巡颇有些共同语言。他曾在剑南节度使章仇兼琼手下担任从事，因坚决不肯做章仇兼琼的女婿，遭到对方整治，一度被贬岭南，直至被赦免。

安史之乱爆发，许远凭才干得到推荐，被玄宗委任为睢阳太守，作为前河南节度使李随的副手。李随可能在不久后离世，许远由此成为宋州地区的军政一把手，多次击退叛军来犯。

张巡、许远合兵一处，在宁陵西北同杨朝宗的两万步骑展开激战，历经昼夜多达数十次回合，唐军大获全胜，杀死对方万余人，叛军尸首塞满了汴水，杨朝宗惊慌失措，率余部连夜逃走。

流亡在外的肃宗朝廷得知宁陵大捷，虽然给不到什么实质性的支持，但仍下达了以张巡为河南节度副使的任命作为酬赏。这也意味着张巡反客为主，许远也要听其调遣，要知道许远的本官比张巡高，且张巡称他为兄长，如果换成一般人，自然不愿甘居人下。

难能可贵的是，许远却认为自己的军事才能不如张巡，并无一句怨言，反倒在之后主动承担起了后勤事务，专门处理军粮器械的调配，让张巡在前方指挥军事。张巡未加推辞，他们二人都很明白，眼下共度时艰、守住睢阳这片江淮屏障才是第一要务，已经无须分出彼此了。

至德二载正月，燕廷发生政变，安庆绪弑安禄山而代之，但并未给河南的唐军带来什么好处。安庆绪调整既定策略，召回了在北线作战的骁将尹子奇，取代了李庭望的河南节度使之位，企图进取东南。和尹子奇一同南下的，还有来自妫州、檀州的边军精锐，以及同罗、突厥、奚族劲旅，加上征募和裹挟来的士卒，这批军队多达十三万人，兵锋直指睢阳！

叛军从西北如潮涌至，许远忙向张巡告急，于是张巡带着三千士兵、三百匹马，从宁陵向睢阳郡治所宋城转移，加上许远原有的六千八百人，就是这不到万人的守军①，将在睢阳奏响一曲最壮烈的悲歌。

睢阳齿

尹子奇同样从未设想过，自己携十余万大军，以必胜的把握图谋江淮膏腴之地，竟要止步于睢阳一郡，遭遇他人生中最大的梦魇。

黑云压城城欲摧，乌泱泱的燕军聚集城下，全力进攻，张巡则再度发挥了身先士卒的精神面貌，不畏矢石，亲自督战，勉励将士奋勇苦战，有时竟在一天中就要与敌交战二十多次。张巡指挥若定，许远措置有方，将士赴火蹈刃，一连激战了十六天，竟能杀死叛军士卒两万多人，俘虏了敌将六十多人，守军士气大振！

其间，守军出了一个奸细，大将田秀荣私通敌人，让麾下部众全部戴上绿色头巾，诱使叛军前来攻打，实则是有意送人头。等到戴"绿帽"的士卒全部被歼灭，田秀荣却解释自己是在诱敌，还请求下一次派精锐戴锦帽出

---

① 《张中丞传后叙》记"初守睢阳时，士卒仅万人"。

战。张巡一眼留意到了其中的不对劲，在城头召来田秀荣，怒斥并斩杀了这个内奸，目睹了这场锄奸行动，叛军的士气一下萎靡不少，连战连败。

尹子奇第一次领教到了张巡和许远的厉害之处，乘着夜色遁去，至于被守军缴获的车马牛羊，张巡全部分给了将士，一点也没有往自己家中运送，众人都很感佩他的无私。

先前，为了激励在宁陵有功的将士们，张巡曾派人向河南节度使李巨讨要委任状和赏赐，不承想李巨十分吝啬，仅仅给出了三十通折冲都尉、果毅都尉的告身，还不肯给予一点财物。张巡痛斥李巨："宗庙社稷处于危难，圣人还流落在外，你怎能如此吝惜封赏和钱财呢？"李巨对此充耳不闻，这无异于给睢阳守军们头上泼了一盆凉水。

这李巨令人气愤的，还不止一件事。许远本在睢阳积攒了六万石的粮食储备，可以为军民支撑上一年，李巨却强令划出一半来支援濮阳、济阴二郡。许远坚决反对，这一点并非他私心作祟，不愿帮助友军，而是他很清楚在鲁郡、东平郡相继陷落的情况下，这批粮食根本解决不了河南道的燃眉之急，可惜许远没有张巡顶撞杨万石那般勇气，为了避免内讧，只得交粮。

果然，济阴太守高承义等人得到粮食以后，也没坚持太久，即刻投降了叛军。李巨见势不妙，马上就要从彭城撤往临淮，张巡有个姐姐正在徐州，挡住了李巨请他坚守，李巨却执意要跑。可以说，睢阳之所以缺粮少食、孤立无援，李巨变相资敌又主动弃地的行为要负很大责任。

张巡本想乘胜攻打陈留郡，尹子奇得报，再度率大军进攻睢阳。张巡为了鼓舞士气，激昂慷慨说道："我深受朝廷厚恩，决定死守这座城池，为国家效命。只是一想到诸位同样为国献身，血染原野，却难以得到同功勋相抵的酬答，真是万分痛心啊，张巡对不住各位了！"言罢，张巡下令杀牛设宴，犒劳三军，众将士深受感动，誓要拼死杀敌。

睢阳守军全数出动，也不过万人，包括尹子奇在内的十万叛军见对方人数如此少，纷纷大笑起来，嘲谑不已。只听鼓声震天，那是许远擂响了战鼓，张巡则手握战旗，亲率众将士直逼叛军大阵，一战击溃了对方，阵斩敌将三十余人，杀死士卒三千余人，尹子奇措手不及，被追赶了数十里！尹子奇次日再攻又被击败，只好增兵，打算凭借人数优势，加紧对睢阳的围攻。

张巡来到睢阳以后，除了见到志同道合的老朋友、城父县令姚誾，他还得到了一位猛将入伙。

南霁云，魏州顿丘人，本是一名划船工，安史之乱爆发后应征入伍，凭着精通骑射的过人天赋，他很快得到濮阳县丞尚衡的重用。当时尚衡已入驻彭城郡，派南霁云前往睢阳商议军务，其间，南霁云被张巡的真诚打动，大感相见恨晚："张公待人推心置腹，这才是我要效命的人啊！"他下定决心追随张巡，甚至还辞谢了尚衡的重金请归，又主动担任了张巡的敢死队队长兼头号狙击手，只要是南霁云在百步之内放箭，叛军无不应弦而倒。

两个月来，尹子奇尝到了令狐潮的同款苦楚，被敢于出战的张巡屡屡击败，还时不时地被掳走几个将领，睢阳宛若一道张牙舞爪的铜墙铁壁。可叛军越聚越多，而且新收割了麦子，和他们相比，守军的人数和储备根本经不起太长时间的消耗，张巡决定，要实施一场斩首行动。

一天夜里，楼车上的叛军留意到，城中战鼓作响，原来是张巡集结部队，像是要出兵的样子。叛军知道张巡擅长夜袭，不敢松懈，立即严加防备，这一等就从晚上等到了凌晨，直到张巡也停止擂鼓，下令军队解散，再看看城中，也没有任何动静，于是放松了警惕，脱下铠甲休息。

暗中观察的张巡见状，认定时机已到，马上率领南霁云、雷万春等十多名将领，各自带着五十名骑兵从城门杀出，再次冲向了叛军大营！唐军直逼尹子奇所在的中军大帐，营垒陷入了一片混乱，叛军有五十多名将领、五千余名士卒甚至刚从睡梦中惊醒，就被了结了性命。

张巡打算一战解决了尹子奇，但叛军乱作一团，自己又不认识他，怎么找到目标呢？张巡急中生智，用削尖了的草箭当作铁矢来射击，有那被射中了的士卒，发觉自己没有受伤，认为唐军箭矢已经用完而感到大悦，飞奔着就要向尹子奇报告这一喜讯。

尹子奇的所在处一下子被锁定，南霁云领命，伴随着他指间的弓弦震出声响，箭无虚发，人群中也传来了一声惨叫——正中尹子奇的左眼！唐军扑向尹子奇，几乎就要把他生擒，奈何叛军将士死命搭救，这才让敌首逃出生天，撤围而去。

经过一个多月的休整和养伤，瞎了一只眼的尹子奇贼心不死，又从他处征得了数万军队，在至德二载七月初六卷土重来，发起了第三次对睢阳的围攻。

"多亏"了李巨，历经长达半年的围城后，睢阳的粮食终于吃光了。相比叛军粮道畅通，兵员伤亡还能及时得到补充的优势，城中近万名守军伤亡殆尽，已经锐减到一千六百人。将士们每天只能分到一勺米，不得不依靠杂食煮熟的茶叶、纸张和树皮来充饥，而睢阳原有的百姓六万人，业已饿死、病死了两三万人！

料到唐军陷入困境，尹子奇的攻势越发猛烈，据张巡自言，围城到第四十七天时，敌我双方已展开一千两百多场战斗，相当日均交战二十多次！张巡依旧斗志昂扬，赋诗激励众将士：

接战春来苦，孤城日渐危。

合围侔月晕，分守若鱼丽。

屡厌黄尘起，时将白羽挥。

裹疮犹出阵，饮血更登陴。

忠信应难敌，坚贞谅不移。

无人报天子，心计欲何施。

此番攻城，尹子奇动用了特别设计的超大型云梯，形同半道长虹，上面安置了两百名精兵，再由下方的士卒推进到城墙旁，使得空中的精兵们可以跃入城内。张巡知晓后，在城墙上凿出各有用处的三个洞口，等到云梯接近，一洞伸出巨木顶住，一洞巨木带有铁钩，瞬时使云梯进退两难，动弹不得；第三个洞口伸出的巨木，则安置了盛满烈火的铁笼，马上将云梯从中端烧断，那些"空中飞人"们也全被烧死，发出了难闻的焦臭味。

叛军采用钩车，专门破坏城头的谯楼，张巡在巨木上安置铁锁和铁环，套住对方的铁钩，再用裹有皮革的吊车，把对方的车体吊起加以破坏；叛军又造了一批蒙着湿牛皮、内里容纳数人的"木驴"作为掩护来攻，张巡熔化金属，将滚烫铁水泼往对方，木驴随即被毁，叛军叫苦不迭。

叛军最后干脆采用最笨的方法，开始在城池的西北角堆积土袋和木柴，想要借此搭成梯道登城。张巡早有察觉，但考虑到己方人手不足，并不与敌直接交战，只是到了每天夜晚，就派人悄悄地投进一些松明和干草，连续十多天，叛军都没有发现异样。张巡乘机顺风纵火，叛军扑灭不了大火，狼奔鼠窜，眼看烧了二十多天才熄灭。

尹子奇机关算尽，无奈张巡见招拆招，甚至一度重施诈降计，让叛军大吃苦头。尹子奇只好暂缓攻势，在城外挖了三重壕沟，竖立木栅加以围困，张巡不甘示弱，在城里也挖了壕沟，同样制造了一批投石机，严阵以待。四百七十多年后的金代末年，宋州父老从地里挖出了一批炮弹（石头做的），上面刻有"大吉"字样，人们都认为是当年张巡守城时留下的。

战场从雍丘转移到睢阳，对手从令狐潮换成了尹子奇，张巡与敌作战大小四百次，前后共斩杀贼将三百人、士兵十余万①，而绝大多数军械铠甲，都是从叛军中夺取缴获的。张巡赏罚分明，待人诚挚，无论是严寒酷暑都要和士卒同甘共苦，即便是奴仆来见，也一定要整理衣冠，所以颇得人心，部下争先效命。

张巡的用兵风格从不依照古法，只是要求将士教习时，让他们各出己意。有人对此不解，张巡解释说："古人敦厚朴实，故而军队才分前后左右，而大将居中指挥，三军看着他的号令进退。如今胡寇致力于驰骋冲击，阵势变化多端，不可拘泥古法，因此我只需要让士卒了解将领的大略，将领也能了解士卒的想法，上下互相熟悉，人人各自为战，这就够了。"

经过多轮折损，坚守睢阳的士卒只剩下了羸弱不堪的六百人，城防也被分为两部，张巡负责东北方，许远负责西南方，二人各自率军固守，轻易不再走下城头一步。

让尹子奇大跌眼镜的是，张巡凭借其人格魅力，竟然挖起了叛军的墙角。叛将李怀忠一次来到城下时，张巡得知他父祖世代为官，也曾为国死

---

① 为了突出张巡的生猛，这一数目大概是有所夸张，不过比起李翰的"杀其凶丑，凡九十余万"还是小意思。

战，却已沦落叛军两年之久，于是高声劝勉道："自古以来，叛逆终是要被消灭的，一旦战乱平息，您的父母妻儿也将被处死，难道忍心见到这样的事吗？"李怀忠抹泪离去，不久后竟然率领党羽数十人前来投降。前前后后像李怀忠这样得到大义的感召，心甘情愿为张巡拼死效力的叛军将士还有二百多人。

和雍丘不同，睢阳严格意义上本不算作一座孤城，离当地最近尚有谯、彭城、临淮三郡为唐军据守，然而颇为讽刺，三地将领各怀鬼胎，最终到了见死不救的地步。张巡别无他法，只得再努力争取一下，派南霁云前去搬救兵。南霁云仅率三十名骑兵出了城门，尹子奇果然率数万人阻击，南霁云左右驰射，直逼敌阵，所向披靡，最后以伤亡两人的代价成功突围。

南霁云等人南行一百四十里，先抵达距睢阳最近的谯郡，向驻扎此地的河南都知兵马使许叔冀求援。许叔冀有自己的考量，没回话，只是向城外送去了几千匹没什么实用的绢布。南霁云见状，在马上破口大骂，喝令许叔冀出城和自己决一死战，许叔冀还是龟缩城内，一声不吭。

约在尹子奇南下时，河南节度使也从庸懦无能的李巨，换成了颇有手腕的贺兰进明。在谯郡吃了闭门羹后，可能因为与彭城郡（即徐州）的尚衡产生龃龉，南霁云没有浪费时间，掉转马头，奔往东南方向的临淮郡，请见贺兰。

可惜，朝野党争为睢阳的悲惨结局埋下了伏笔。先前，宰相房琯与贺兰进明不和，在地方上安排许叔冀加以钳制，而许叔冀这个都知兵马使自恃军队武勇，同样不太买节度使贺兰进明的账，两人都担心自己一旦出兵支援，对方就会乘虚来袭，因此才会坐观睢阳危亡。加上贺兰进明内心嫉恨张巡、许远的功绩，更不愿施以援手了，他反而更欣赏南霁云的武勇，整日大设宴席，安排乐队，想要借此让南霁云动心，留他为己所用。

看着丰盛的酒菜，南霁云不禁落泪道："睢阳遭强敌逼迫，已被围困半年之久，如今弹尽粮绝，兵员伤亡殆尽，实在毫无办法了！我虽想要饱餐一顿，可一想到城中将士已经多日没有吃饱饭，真是难以下咽啊！何况皮之不存，毛将焉附，一旦睢阳沦亡，下一个倒霉的就轮到临淮了！您手握重兵，却眼看睢阳陷落，没有一点出兵的意思，这难道是忠臣义士应该有的行为吗？"

贺兰进明自知理亏，有些不悦，冷冷说道："现在睢阳城不知存亡，就算我派兵前去，又有什么用呢？"南霁云的情绪越发激动："睢阳一定还没有被攻下，如果已经沦陷，我以一死来向您谢罪！"见贺兰进明默然不语，仍然无动于衷，南霁云悲愤不已，突然咬断自己的一根手指，满嘴是血，厉声说道："既然我达成不了主将交托的命令，那今天就留下这截指头，证明我来过这里！"言罢离座而去，贺兰进明大惊失色，在场的人也为此感动落泪。

离开时，南霁云的恨意仍无法散去，一怒下朝着某座佛塔射去一箭，足有一半深深扎入砖瓦中，怒道："我若破贼生还，必灭贺兰！"数十年后，这支箭矢仍在，成为当地的一段传说。

南霁云此行也并非没有一点成果，归途中，张巡曾在的真源、宁陵各献出了战马百匹、士兵三千。南霁云率众再度杀入重围，顺便驱赶叛军的数百头牛，成功冲进了睢阳，可惜这一过程中又折损了两千人。不管怎么说，南霁云的归来，让城中军民看到了生机，然而等待着他们的，却又是一个天大的噩耗：睢阳再无援军了！希望破灭，众人恸哭不已。

叛军的攻势与日俱增，城中有不少人建议放弃睢阳，逃往东方。张巡和许远到了这时，仍把天下大势放在首位，一致认为，一旦放弃睢阳这道江淮地区的重要屏障，叛军势必长驱直入，江淮恐怕不保；而且就算出走，部众羸弱难以抵御追击，肯定也是死路一条，决定坚守睢阳。

睢阳形势日蹙，茶叶和纸张吃完后，军队杀战马而食，等到马匹也没了，又开始抓捕鸟雀和鼠类。人人穷困饥馑，甚至煮熟铠甲和弓弩上的皮革来充饥，百姓易子而食的惨剧再度上演。

至德二载十月初九，睢阳陷落，其时城中仅剩四百人。

城破前夕，张巡向着西面，行了最后的拜礼，说："臣竭尽全力，但仍没能保住睢阳，即便化为鬼魂，也誓要与贼寇血战到底，来报答皇恩！"张巡、许远、姚闿、南霁云、雷万春等唐军将士随即被俘，迎接最后的结局。

听到俘虏中有人哭泣，张巡高喊道："各位安然处之，不要害怕！死，也是天命啊。"

对这个让自己蒙受奇耻大辱的对手，尹子奇产生了浓厚的兴趣，用一只眼俯视着张巡，以胜利者的语气发问："听说张公每次出战，都会睁大眼眶，咬碎牙齿，何至于此呢？"张巡嗤之以鼻，不屑说道："我只想吞灭逆贼，只恨力量不够！尔等追随贼寇，能活得长久吗？"当尹子奇用大刀撬开张巡的嘴，发现只剩三四颗牙时，不禁敬佩不已，动了留他一命的心思，想要以礼相待。旁边有人劝道："张巡是恪守节义之人，终究不能为我所用！何况他素得人心，如果不早日杀死，必为后患！"

见张巡宁死不屈，尹子奇只得放弃招降的心思，转而劝降南霁云这位猛将。张巡见状大喊："南八！大丈夫死了也就死了，不可为了不义而屈服！"南霁云笑道："我只是想有所作为而已，大人您是了解我的，我怎么会怕死呢？"同样拒绝了投降。

在尹子奇的授意下，三十多位唐军将士遇害，他们分别是——张巡、姚訚、雷万春、南霁云、石承平、李辞、陆元锽、朱珪、宋若虚、杨振威、耿庆礼、马日升、张惟清、廉坦、张重、孙景趋、赵连城、王森、乔绍俊、张恭默、祝忠、李嘉隐、翟良辅、孙廷皎、冯颜等人，还有几人的姓名没有留下记载。

张巡至死大骂叛军，死年四十九岁，和他同岁的许远则被押往洛阳，在安庆绪逃亡前夕遇害，离张巡被杀只有一周时间。又有一说，许远在偃师不降被杀，无论如何，正如韩愈在《张中丞传后叙》所言，以许远的性情和事迹来看，他也是最不可能投降的那个人，这点毋庸置疑。

不久前，收复了长安的朝廷开始重视河南战局，宰相张镐代替了贺兰进明的河南节度使，都统淮南、浙东、浙西、青州等四道节镇，正马不停蹄地赶来援救睢阳，可惜还是没能赶上，在城破三天后才抵达。现任谯郡太守闾丘晓性情乖张，在接到增援睢阳的命令后却不肯出兵，张镐大怒，将他杖杀，也算是为张巡等人出了口恶气。

虽然攻克了睢阳，但叛军的魔爪也未能继续向南深入，因为仅仅在睢阳城破的十天后，郭子仪的大军收复了洛阳，河南地区的光复运动随即进入高潮，不久尹子奇也在陈留郡被杀。可想而知，如果临近州郡可以摒弃成见、一致对外的话，稍假时日，睢阳定能守住，惜哉，痛哉！

以陈留为起点，汴河运路穿睢阳、亳、彭城、临淮等地而过，正因张巡等人死守睢阳这个交通枢纽，将十余万叛军牵制在河南中部，得以保全江淮财赋重地，并为唐军主力争取到了反击时机，可谓功莫大焉。

然而当朝廷讨论张巡、许远等人的功劳时，有些眼红的人却认为不应大加褒奖，只因守军一度降贼，而且既然缺乏粮食，不如弃城求生，何故偏要食人来苟活呢？

能说出这种风凉话的人，那简直是站着说话不腰疼，何其混账也！张巡的好友李翰也亲历了睢阳之围，是为数不多的生还者之一，听说了这类非议后，他义愤填膺，现身说法，写下《张中丞传》进呈朝廷，陈述张巡守城的悲壮事迹，并请求收殓睢阳将士们的遗骸，为英雄烈士们正名！这一义举得到了张澹、李纾、董南史、张建封、樊晃、朱巨川等一时名流的联名。

肃宗皇帝得知内情，感慨不已，下诏追赠张巡、许远、南霁云为大都督，又酬赏官位给三人的遗孤，其中南霁云之子南承嗣才七岁，得到了婺州别驾的职务。从德宗朝开始，一直到了唐末，朝廷每每要表彰忠臣后代，没有不涉及这三人的，到了大中二年（848年），他们又得到了图像凌烟阁的殊荣，终究得到了最相配的公允评价。

张巡的事迹留给了世人太多慨叹，被历代视为忠臣的典范。文天祥曾在《正气歌》中写道"为张睢阳齿，为颜常山舌"①。元末忠臣余阙也曾有言男子"死为张巡，不可为不义屈"。再过千年，后世也不会忘却在睢阳的上空，曾响起一曲荡气回肠的悲壮战歌。

----

① 即张巡和颜杲卿。

兵阴阳家之

文武全才·初唐名将

裴行俭

良将高足

　　"元曲四大家"中的杂剧作家白朴，曾创作了一出《墙头马上》剧目，讲述了男主人公裴少俊和女主人公李千金自由恋爱，向封建礼教发起冲击的故事。在后人对裴少俊之父裴尚书嗤之以鼻的同时，殊不知趋炎附势的"裴父"，这个在文人笔下被塑造出来的反面形象，正是和他的老师苏定方同样蒙受了不白之冤，惨遭丑化的唐初"百科全书式"传奇名将——裴行俭。

　　闻喜裴氏是中古时期的名门望族，历代先后涌现了无数英豪才俊，裴行俭也是其中之一，其祖辈都是北朝高官，父兄更是隋唐之际有名的猛将裴仁基、裴行俨[①]。然而裴行俭命运多舛，在他尚未出世时，家族就遭受了灭门之灾。

　　武德二年，郑王王世充称帝不久，身处洛阳的裴仁基父子暗中计划发动政变，打算挟持王世充归附唐朝。风声走漏，裴氏父子在洛阳城内的三族成员，悉数遭到王世充诛杀。也许是预感事情有变，裴仁基之前做了另一手准备，早早安排怀有身孕的妻子前往长安，得以给自己这一支留下独苗。同年孩子出世，这个幸亦不幸的遗腹子便是裴行俭，后取表字守约。

　　唐朝没有亏待这个烈士遗孤，在唐太宗贞观年间，裴行俭凭借门荫，得以进入高等学府弘文馆进修。求知若渴的小守约从此奋发图强，汲取了大量知识，而且他的眼光不局限于经史，还涉猎书法、算术、阴阳、历法等领域，为后来的临场发挥打下了坚实基础。

　　眼看到了科举的年龄，诸弘文生纷纷投考，踏入仕途，裴行俭却选择留下。在接下来几年里，他特立独行，整日泡在弘文馆中，孜孜不倦地读书，似乎没有入仕的念头，当朝贤相房玄龄也注意到了这个年轻人，亲自询问缘由。裴行俭答道："自从隋末丧乱以来，学生家中的典籍没有剩下多少，弘文馆里有大量经典，学生还没有全部阅览过，这才稍加停留。"眼前这小子

---

　　① 即演义中裴元庆的历史原型。

并不简单，不但好学，而且能沉下心来钻研，房玄龄大感惊异："孩子啊，你志气凌云，将来必定一日千里！"

弘文馆那书呆子得到了房相极高的评价！这个趣闻很快传开来，一位隶属十六卫的中级将领听说后，也产生了浓厚的兴趣。此人在同裴行俭交谈一番后，深感意见相合，双眼发出了光芒："我用兵之法，这世上无人可以教会，唯独你这孩子的贤才，值得我口传心授！"裴行俭就这样遇到了一生中最重要的老师，这个声名未显的将官则不吝赐教，将平生兵法心得倾囊相授。裴行俭当时也没想到，让他受益匪浅的恩师，正是将来平灭三国的高宗朝第一名将苏定方！

沉淀了数年之久，裴行俭一举通过了明经科考试，释褐初任左屯卫仓曹参军，后又通过制举，历任雍州司士参军、金部员外郎、户部员外郎、都官郎中等职，颇受高层人物赏识。到显庆四年，年过四十的裴行俭，已经做到了长安县令，相当于大唐首都西区的区长，仕途还算平稳。但也在这时，早已卷入政治斗争旋涡的裴行俭，到了要为他的言语负责的时候，反而遭到人生的一次重大挫折。

永徽以来，高宗李治就打算废掉王皇后，另立新欢武昭仪，家事即国事，高宗也是打算通过这件大事，顺势摆脱舅父长孙无忌这些元老勋臣的掣肘，从而真正实现乾纲独断，到永徽六年年底，经过多次拉锯，高宗终于完成了"废王立武"。进入显庆年间，朝堂新贵许敬宗、李义府等人秉承上意，将黑手伸向了老臣们：显庆二年，属太尉长孙无忌一党的宰相侍中韩瑗、中书令来济被扣上图谋不轨的罪名，同时被贬；显庆四年，在高宗的授意和默许下，长孙无忌本人也陷入一桩炮制好的谋反案，被削去官职和封邑，不久许敬宗又派去了中书舍人袁公瑜，历经两朝的元老长孙无忌被逼自缢。

和老师苏定方交好许敬宗不同，裴行俭一直以来是站在长孙无忌这边，持反对"废王立武"的政见，而且他认为，更换皇后必将给大唐招致祸患，所以曾私下同长孙无忌等人商议对策。当时的大理寺丞袁公瑜打听到这件事，这个想要邀功的小人，随即向武氏之母杨老太太打了小报告，导致武家人对裴行俭一直怀恨在心。现在，长孙无忌这座靠山已被摧毁，借着高宗对长孙氏亲党进行大肆清算的东风，武皇后和袁公瑜一干人等旧事重提，深究裴行俭的私议之事，致使他被贬出了长安。

朝廷一纸令下，裴行俭来到了遥远的高昌国故地西州（治今新疆吐鲁番市哈拉和卓堡西南），此时西州已经升为都督府，他将在这里担任都督府长史一职，作为副手，来辅佐西州都督、原高昌王族麴智湛。无论在哪里，真金总能发出与众不同的光芒，裴行俭并没有就此沉沦，几年来在任上恪尽职守，颇得当地人心，积累了大量名望，而此时的西域暗流涌动，一场试炼即将降临。

显庆三年五月时，苏定方平灭阿史那贺鲁的西突厥汗国，唐朝在西域的影响力进一步扩大，安西都护府随之将治所从西州迁到了龟兹，进一步升为安西大都护府，来管辖当时于阗以西、波斯以东的广袤疆域。随着龙朔元年吐火罗等十六国的依附，大唐在西域的地位如日中天，声望达到了极点。

可惜好景不长，在这一切光辉表象的背后，正蕴藏着宿敌的阴影，青藏高原上的吐蕃王朝正迅猛崛起，不怀好意地把目光投向了西域。龙朔二年，西突厥弓月部（一说即以弓月城为中心的粟特部落）在得到吐蕃的撑腰后，再度掀起了叛乱。唐军飔海道行军总管苏海政领命平乱，却在行军时听信继往绝可汗阿史那步真的谗言，冤杀了兴昔亡可汗阿史那弥射一党，导致联军发生内乱，极大损耗了实力。结果，在抵达疏勒时，苏海政已不敢同气焰正盛的吐蕃军队争锋，只好与对方约和退兵。

此战唐军自乱阵脚，落得无功而归的惨淡结局，不仅导致西突厥诸部人心动摇，更标志着唐军已无力拦阻吐蕃进场。在吐蕃正式加入西域霸权的角逐后，局势随即陷入更大的动荡。就在当年，一部失控的突厥军进犯天山北麓的庭州，被贬的前宰相、庭州刺史来济抱着必死之心出城御敌，不幸牺牲，来济也成了唐朝当时在西域战死的最高级别人员。

庭州陷落，压力自然落到了天山以南的西州头上，为了不让局面更加恶化，裴行俭当机立断，率军北上反击，逼退了西突厥军，这也是他与突厥的第一次交手。就在收复庭州之后，富有战略眼光的裴行俭针对庭州军事力量比较薄弱的现状，向朝廷建议创设军府，从西州及内陆地区输运人口来补充兵力镇守。这一提议不久就得到高宗的允准，天山北麓首个都护府级的建置，也即北庭都护府的前身——金山都护府在龙朔三年应运而生，由麴智湛兼任金山都护。此战表现优异的裴行俭也重获高宗青睐，迎来贬谪数年后的首次升迁，被提拔为金山副都护。

就在龙朔三年十二月，吐蕃人又一次唆使弓月，并挑拨安西四镇中的疏勒叛唐，合攻四镇之一的于阗，安西都护高贤领命，征讨弓月以支援于阗，结果惨遭大败。谁能挽救西域危局？高宗最先想到的人选，当然是堪称一代战神的苏定方，但苏定方早被派往河陇地区，正忙着应付觊觎吐谷浑故地的吐蕃东线军团，抽不开身。这种情况下，起用苏老将军的高徒裴行俭，也不失为一个好的尝试，麟德元年（664年）高宗下令，由裴行俭接任安西大都护。

朝廷希望裴行俭力挽狂澜，然而经过弓月之役，安西损失惨重，可以调用的兵力捉襟见肘，裴行俭当然不可能亲自前往龟兹，因此用一支孤军驰援于阗。不过，虽然裴行俭未能成行，但正是在他的建议下，次年闰二月，朝廷命由裴行俭举荐的西州都督崔智辩率领从西、伊、瓜、沙等数州府兵反击，最终取得了大胜。留在西州的裴行俭也没有闲着，而是借此采取恩威并施，向西域诸国晓以大义。这些小国一向钦慕裴行俭的高尚人格，重新归降了唐朝，西域总算重获安定。

裴行俭复归朝堂，正是凭着数次安定西域之大功，被高宗有意起用，于乾封二年回朝担任同文少卿（即鸿胪少卿），两年后又升迁为司列少常伯（即吏部侍郎），真正做到了位高权重。任职吏部的十余年间，在宰相李敬玄的领导下，裴行俭搭档另一位侍郎马载，将铨选工作办理得有声有色，时人称之为"裴李"和"裴马"。尤其是在总章二年（669年）新上任时，裴行俭就针对当代选官太滥的现象做出改革，与员外郎张仁祎一同主持，设立长名姓历榜，定州县升降及官资高下，对官员参选资格加以限定，唐代基本沿用了这一做法。

从被贬边陲到执掌吏部，裴行俭用将近十年的时间，在仕途上完成了华丽蜕变，这位科举出身的将门子弟，已经证明了自己的实力，但相较于充斥着尔虞我诈的官场，金戈铁马的疆场注定更需要他。苏定方和李勣相继故去，老一辈名将的时代渐行渐远，新的传奇又将盛大揭幕。

奇计多端

和平来之不易，战火一触即发，在裴行俭回朝的那年，即乾封二年时，唐朝册封的继往绝可汗阿史那步真病逝，西突厥十姓部落再度陷入无主的状态。最终，处木昆部首领阿史那都支脱颖而出，与车鼻施部酋长李遮匐一起收拢余众，分别统治西突厥的左、右两厢。麻烦的是，这股死灰复燃的西突厥势力很快倒向吐蕃，吐蕃也在咸亨元年（670年）策反了疏勒和于阗，大举侵犯安西诸州，致使唐军势力又一次遭到重创，为此不得不暂时撤销四镇的建置。

西域格局面临重新洗牌，高宗自然不愿将父辈以来的成果拱手让人，决定采用"围魏救赵"之策，任命薛仁贵向吐蕃发起大举进攻，大有直捣吐蕃都城逻些的态势，可惜这位名将也遭遇了他人生中的滑铁卢，在大非川惨败于吐蕃，唐军收复吐谷浑故地的计划也宣告破产。不过，这一战事仍对吐蕃的兵力部署造成了牵制，唐廷得以将吐蕃逼出西域，也适时对阿史那都支进行了安抚，任命他为左骁卫大将军兼匐延都督，一方面也是承认了他对西突厥旧部的统治地位。从咸亨四年（673年）至上元二年，唐朝再度对西域发起几场战争，重新控制了安西四镇。

树欲静而风不止，让大唐十分头疼的吐蕃在仪凤二年（677年）又一次成功挑唆了阿史那都支和李遮匐，向他们发出一同瓜分西域的邀请函。都支对此前的招抚本非心甘情愿，于是爽快地和吐蕃结为同盟，并自称十姓可汗，频频进犯安西四镇。至仪凤三年（678年）九月，唐军在青海湖又一次被吐蕃大败，西北局势大为不利，唐廷陷入非常被动的局面。

朝廷上有一批人急于挽回大唐的面子，认为应该先挑软柿子捏，请求攻打实力稍弱的阿史那都支。此论一开，就有人上表奏疏，坚决反对这个提议："眼下我军刚刚经历一场大败，全军覆没，和吐蕃的仗还没打完，怎么可以在西域再生新的事端？"此人正是时为吏部侍郎的裴行俭，这个对国际形势十分熟络的鬼才，早已想好对付都支的办法："当年波斯（萨珊王朝）被大食（倭马亚王朝）攻破，流亡王族俾路斯投奔长安之前，曾寓居吐火罗国[①]。虽然这位老波斯王已去世，但其子泥涅师还有利用价值，不如派使者假托护送波斯嗣王回国的名义进军，只要经过阿史那都支和李遮匐的地盘时见机行事，一定可以立功！"

裴行俭的建议可以概括为"假途灭虢"，也十分切合当下的国情，但谁有胆子做这个吃力未必讨好的使臣呢？无人敢主动请缨，看来除了出主意的，也没有更好的人选了。高宗只能把重任交予裴行俭，令他担任安抚大食大使，对外宣称唐军此行的目标，是护送波斯王返国主政。

有处细节值得一提，唐代前期的行军统帅通常以总管为名，这次的"安抚大使"名号显然就是朝廷配合裴行俭的计策，为行军涂上一层了战略保护色，来麻痹突厥人。而裴行俭的"神鬼之道"还体现在他有先见之明，总能比别人多想几步，行动尚未开展，就提前替朝廷物色镇守西域的人选了。肃州刺史王方翼一向治政有道，身处吏部的裴行俭早有耳闻，于是选中了他充当副将，担任检校安西都护一职，也正是这位比他小几岁的王方翼，后来继承了裴行俭的遗志。

仪凤三年深秋，裴行俭率领这支万余人的波斯道行军从长安出发，经灵州渡黄河，在隆冬时节踏进八百余里瀚海—莫贺延碛大戈壁。"初唐四杰"之一的诗人骆宾王也受裴行俭聘请，以记室参军身份加入行军，满怀豪情壮志的"弓弦抱汉月，马足践胡尘。不求生入塞，唯当死报君"即写于这一时段。但前路险象环生，正所谓"沙寒宿雾繁"，这片丧失绿意的茫茫流沙，只剩光怪陆离的砾漠和参差错落的峰峦，几无任何生命迹象。

---

① 唐朝曾在吐火罗地界设波斯都督府。

这日，行至戈壁深处，饮水储备早已殆尽，人人唇焦口燥。突然天昏地暗，狂风四起，飞沙走石激起了军中一片哀号，向导人员越发无法辨认路途，这下恐怕不是渴死，就是有迷路之虞！通晓阴阳之术的裴行俭全然没有表现出一丝慌乱，在命令停止行军，就地扎营后，他闭上双眼，作向天虔诚祷告状，不多时便通知上下：泉水就在不远处。

话音刚落，天空登时放晴，风暴不可思议地消散了，更让人难以置信的是，距营地百步之遥处，果然冒出一片水草丰茂的绿洲来。全军迅即沸腾了："将军当真出神入化，就是汉朝那位祈得泉水的贰师将军李广利，也没这么神通广大！"然而非常诡异，后人行经大戈壁时，无论如何都找不到那片绿地，仿佛昔日神迹乃是裴行俭幻化一般。此事的传奇程度，堪比演义中的"借东风"，即便是今人也无法参透其中奥妙，背后的玄机，恐怕只有裴行俭本人才知晓了。

经过长达数月的长途跋涉，波斯军于调露元年（679年）夏季抵达西州地界，裴行俭回到了这片他曾为之奋斗十余年的土地。西州黎庶并没有遗忘这位父母官，得知是裴都护归来时，除了上下官员，蕃汉百姓纷纷结伴出城，箪食壶浆相迎王师。凭着多年来深厚的民心基础，裴行俭没费什么力气，很快在西州招募到当地的豪杰子弟千余人，安排到西征军中。同时，裴行俭还放出话来："时下正是酷暑难当，山地炎热难以翻越，不如等到秋高气爽，再徐徐出发好了。"

阿史那都支十分关注这支唐军的动向，一从探子那儿得知裴行俭是来"公费旅游"的，顿时心安了。加上唐军若是要前往吐火罗，取道龟兹便是，本就不会绕路到天山以北的西突厥部，这让都支更有理由相信，裴行俭这回不是找碴的，于是派人和李遮匐约定：咱们且不急，到八月时再观望一下，那也不迟嘛。

不多时，裴行俭广发"狩猎大会"的英雄帖，召来安西四镇的诸位豪酋首领，对他们说："想我当年在此游猎，从未感到厌倦这种乐趣，虽然回到了京城，但依然怀念这段时光。这次来公干，还是想和大家一起过把瘾，重温旧日激情，诸位可否愿意与我同行？"此言一出，又有多达上万的胡人子弟加入，但唐军的保密工作十分到位，西突厥方面依然没有起疑。

人手已经够了，裴行俭便以狩猎的名义外出，沿途整编训练队伍。就在启程几天后，裴行俭突然下令掉转方向，朝西北方的白水涧道兼程而行，军中的胡人才反应过来，原来裴都护此行所求猎物不是别的，而是阿史那都支！怀着既紧张又兴奋的心情，这两万步骑越过天山，一路风驰电掣，直奔都支的驻地咽面城。裴行俭不愧师从苏定方，对长途奔袭的作战方式了然于胸，大军跋山涉水，竟没有花费过多时力，就冲到了距离都支牙帐只有十几里的地方。唐军刚刚经历了速度与激情的碰撞，裴行俭仍表现得悠然自在，只是派出和都支亲近的人前去问候，表示自己只是路过，并无敌意，又另外让人请都支前来相见。

大帐内的阿史那都支做梦也没想到，本该取道天山以南的裴行俭竟从天而降，还往家门口带来了两万大军，顿时魂飞魄散，想不出任何应对措施。既然姓裴的说是路过，只能碰碰运气，周旋一下也未尝不可，抱着侥幸心理，阿史那都支硬着头皮，率领五百子弟轻装出行，前去迎接裴行俭。已成惊弓之鸟的都支尚未开口，只听裴行俭一声令下，这伙人全部束手就擒。接着，裴行俭又充分利用了都支的令箭，召来其麾下各部酋长，一网打尽，将他们全部押往碎叶城。

火速解决左厢的阿史那都支后，裴行俭精简队伍，亲自带着一支骁骑向西进发，朝着右厢李遮匐的领地日夜兼程。说来也是运气好，唐军迎面碰上了都支之前派往右厢的使者，以及李遮匐的回访人员。裴行俭又生一计，干脆放了右厢的人，让他回去通知李遮匐：你的战友已经完蛋了，或顺或逆，你看着办吧！李遮匐同样慌作一团，经过一番权衡，他自觉走投无路，放弃了负隅顽抗，选择归降裴行俭。李遮匐之所以投降得如此爽快，更在于西突厥长期倚仗的盟军吐蕃，正忙着为老赞普发丧，自始至终都没有出现在西域，这又是裴行俭捕捉到的一个绝佳时机。

凭着裴行俭的神机妙算，唐军兵不血刃地降服西突厥十姓部落，解除了安西四镇北方的一个重大威胁，与他老师苏定方相比，可谓青出于蓝而胜于蓝。唐军将佐在碎叶城勒石纪功，以颂扬裴行俭的超凡勋绩。20世纪80年代初，在昔日的碎叶城，即吉尔吉斯斯坦境内的阿克别希姆古城遗址发现了一块残碑，据方家考证即为裴行俭纪功碑。

乱党初平，裴行俭带着两个罪魁祸首回朝，王方翼则按照裴行俭原先的安排，以检校安西都护的身份留守碎叶。王方翼花了近两个月的时间，扩大碎叶的城池规模，使它以"四面十二门"的雄姿出现在世人面前，一时西域诸胡纷纷前来参观，进献上各自的方物特产。

何来经营碎叶之举？这是吐蕃大食两强猖獗、十姓部落叛降不定的现状所决定的，在西域局势长期处于动荡不安的情况下，地处西突厥腹心的碎叶作为丝绸之路上的重要枢纽，其战略地位也越发凸显。经过王方翼的修筑，碎叶从此取代了位于龟兹和西州之间的焉耆，成为安西四镇之一，用以加强对突厥十姓的镇抚，这也是四镇中唯一一个位于天山北麓的军事重镇。至于那位波斯王泥涅师，裴行俭也履行了部分承诺，派人继续护送他抵达吐火罗，不过也到此为止了。虽然不太厚道，但光复波斯的口号本就是一场骗局，泥涅师只好客居中亚，二十多年后为避大食兵锋，他再度东逃，最终在长安终老，正如他的父亲俾路斯那般。

调露元年九月初五，裴行俭军又以神速回到了东都洛阳，把阿史那都支和李遮匐带到高宗阶前。此役裴行俭不伤一兵一卒就平定西域，高宗当然满心欢喜，一个月后，在特为裴行俭摆设的宴席上，皇帝给予了极高评价："爱卿手提孤军，深入异域万里，兵不接刃讨平乱党，可谓文武兼备，朕今天要特别授予你这两个职位！"当场就升裴行俭为礼部尚书兼检校右卫大将军，以科举文官出身，还同时兼任文、武系统两大要职的，裴行俭大概是唐朝建朝后第一人。无论是战功最出彩的书法家，还是学识最渊博的军事家，在当时非裴行俭莫属，正因如此，裴行俭被誉为有唐一代最具代表性的"儒将之雄"。

不过，高宗此举除了酬赏以外，还有再明显不过的激励之意，因为裴行俭才刚脱下戎装没多久，高宗又得麻烦他灭火了。摁下葫芦浮起了瓢，就在西突厥被平定之际，还没等大唐君臣长舒完一口气，已被李靖灭国近半个世纪的东突厥势力却死灰复燃，掀起了一场更大的暴乱。

多年以来，唐朝在同周边势力交战的过程中，常常大量征伐东突厥故地的人员充作兵将，这种日益繁重的兵役负担，让漠南地区的降户们越发不满，一些原突厥贵族们也萌生了复国思潮。调露元年十月，单于大都护府（即颉利可汗原王庭所在地定襄）下的阿史德温傅、阿史德奉职二部拥立阿史那泥熟匐为可汗，宣布反唐。都护府下辖的二十四州酋长及降户们纷纷群起响应，在漠南地区聚集起了数十万人，这就是后突厥汗国复兴的先声。

在平息叛乱一事上，单于大都护府长史萧嗣业作为实际最高军政长官，当然责无旁贷，即刻率领右领军卫将军苑大智、右千牛卫将军李景嘉等人出战突厥。萧嗣业也是高宗时代名将梯队里的一棵常青树，多次活跃于各线战场，在他的领导下，战事初期唐军连战连胜，但萧嗣业却因此心生轻敌，放松了戒备。正好遇上天降大雪，唐军攻势有所暂缓，站稳阵脚的突厥人马上回头，掐断唐军粮道，使其很快陷入挨饿受冻的困境，又为对方大营奉上了一场防不胜防的夜袭。

突厥、雪夜、军营、奇兵，种种似曾相识的元素拼凑到了一处，但很不幸，几十年前突厥人充当的角色，这次将轮到唐军来扮演了。当夜，唐朝大军被杀得一败涂地，主帅萧嗣业狼狈逃窜，众将且战且退，艰难地带着残兵败卒撤回都护府。事后苑大智、李景嘉全被免官，而一时良将萧嗣业也迎来了流放岭南的结局，从此淹没在浩渺史海中。唐军惨败后，突厥形势一片大好，东北的奚族和契丹也被挑动作乱，一时叛军声势浩大，甚至涌入河北地区，整个北方面临着巨大威胁。

局面异常严峻，高宗必须祭出手上的王牌，这也意味着，裴行俭难得的闲暇时光结束了。调露元年十一月二十七日，仅在裴行俭升官二旬后，这位突厥事务专家被委任为定襄道行军大总管，率太仆少卿李思文、营州都督周道务所部十八万人，联合西路的丰州都督程务挺、东路的幽州都督李文暕所部十二万人，共伐突厥。而这三十余万大军全部归裴行俭指挥，旌旗千里，号角如雷，自从大唐开国以来，从来没有过如此盛况！

但裴行俭的中路大军行进到朔州时，就遇到了不妙的状况，足有三百辆装载着军资的粮车被突厥盯上，而负责押运的唐军都很羸弱。埋伏多时的突厥人几乎没有费什么力气，凭着人数优势，成功劫下这批车辆。望着不战而逃，东逃西窜的唐军，突厥人洋洋得意，驾着粮车赶到水草之地，解下马鞍放牧，顺便去卸下车上的物资。

就在一瞬间，突厥军的笑容全部凝固了，车厢中突现一众全副武装、杀气腾腾的唐军，不是举着长柄陌刀迎面砍来，就是弓弩齐射，要让突厥人尝尝万箭穿心的滋味！唐军跳下粮车，穷追猛打，鬼哭狼嚎的突厥人没逃多远，又在险要之地遭伏兵迎头痛击，死伤无数，几乎全军覆没。

这出大唐版"特洛伊木马计"无疑是裴行俭的杰作，他料到突厥人会故技重施，用之前对付萧嗣业的法子给唐军制造麻烦，所以先发制人，在每辆特意安排的粮车上都藏了五员精兵。而无论是唐军遇袭，还是伏击突厥的地点，都出自裴行俭的精心设计。这一战，裴行俭给突厥人造成了严重的"粮车创伤后应激障碍"，但凡看到唐军运粮队，突厥人往往都要绕着走，唐军的物资运输得以来去自如。

裴行俭部取得了开门红，顺利深入漠南地区，过了单于都护府，继续向北推进。这一天，薄暮冥冥，正是安营扎寨的时间，等到全军挖好壕沟、搭好帐篷，准备歇息时，裴行俭却突然下令，将营地立刻迁移到高岗上。有将领表示："大家本就非常疲倦，现在已经安顿好了，没必要再造成惊扰。"一向宽以待人的裴行俭，这次却执意不听手下的建议，语气坚决地拒绝了对方，唐营上下心怀怨气，却不敢违背军令，只好起身照办。

当天晚上，一阵狂风骤雨来袭，唐军原来的营地顷刻间化为汪洋，水深竟然达一丈有余。众将士目睹了这惊涛骇浪的巨变情势，无不惊叹庆幸，打心底里佩服裴行俭的先见之明。不过，在大家询问裴行俭预知天气的缘由时，他只是神秘一笑，说道："现在开始，你们只需要好好听我的指挥就行了，不必问我是怎么知道的了。"继西域沙漠遇险后，裴行俭又一次凭借他玄妙莫测的阴阳之术，使得唐军避过了一场水灾。但这种术法并非迷信，实则是一门通过观察天文气象，在风云变化中预测气候变化的科学，没有多年知识及经验的积累，裴行俭是做不到这点的。

调露二年（680年）三月，裴行俭率领大军抵达黑山（今内蒙古包头市西北），与聚集于此的突厥主力展开决战，凭着他高超的指挥才能，唐军所向披靡，无不克捷，前后斩首无数。这个中兴没多久的突厥汗国，在混乱中产生了内讧，一些高级官员决定投降，杀死可汗阿史那泥熟匐，将其首级送到了裴行俭手上，乱党主谋之一阿史德奉职也很快被唐军生擒，另一骨干阿史德温傅则侥幸逃脱，率领残部遁往阴山山脉最西段的狼山一带（今内蒙古乌拉特后旗南部）。

黑山之战后，裴行俭大胜凯旋，但随即又冒出一个比阿史那泥熟匐血统更纯正的首领阿史那伏念，以颉利可汗堂侄的身份自称大可汗，联合阿史德温傅卷土重来，不断入侵唐境，大量边民、战马遭到掳掠。永隆二年（681年）正月二十三日，裴行俭再次以定襄道行军大总管之职挂帅，统领右武卫将军曹怀舜、丰州都督程务挺、幽州都督李文暕等部队，率军北伐。

此战出师不利，曹怀舜等四路先锋兵马因急于突进，深入敌境，在撤军时竟被阿史那伏念大败。驻军代州的裴行俭却十分冷静，也不急着反攻，他成竹在胸，确定这场败仗不足以影响其计划。经阿史那泥熟匐被杀一事，裴行俭早已看破了突厥内部脆弱的联盟关系，所以略施小计，派出大量谍者渗透突厥部落。这很快致使阿史那伏念、阿史德温傅二人互相猜疑和防备，生怕对方落井下石。

也许，正因阿史德温傅出工不出力，不积极抵御唐军，阿史那伏念只好亲率本部的主力精锐袭击曹怀舜。一获知军情，裴行俭马上派出何迦密、程务挺二将分道袭击，绕路攻陷了伏念的老巢，将其家小、辎重全部俘获而去。

所以虽然大胜了曹怀舜等人，但和老巢被端相比，阿史那伏念实在是得不偿失，回到王庭时已是人去楼空，而经过大战的突厥士卒又疲惫不堪，不少甚至患了疫病，真是屋漏偏逢连夜雨啊！伏念是既郁闷又无奈，只好叫上阿史德温傅的部众，朝着大漠方向慌忙北撤，裴行俭适时地再派程务挺等人率单于都护府兵追击。

在逃亡路上，阿史那伏念使出了拖字诀，暗中向尾随的唐军请求投降，并非常不仗义地开出生擒阿史德温傅，向唐军将功赎罪的价码，随即松了口气，自信追兵不会很快追上来，放松了戒备。可笑的是，伏念自以为狡猾，实则天真到以为唐军一样天真，程务挺他们谨遵裴行俭的计划，在答应受降的同时，继续马不停蹄地追击，在阿史那伏念营帐附近突然出现！走投无路的阿史那伏念只好依照约定，抢先一步生擒了阿史德奉职，投奔裴行俭。

裴行俭的大营内，斥候来报："不远处扬起了遮天蔽日的尘土，有大量不明军队正朝着本部行进！"不少将士沉不住气，如临大敌，依旧只有裴行俭镇定自若，淡然说道："这是阿史那伏念带着阿史德温傅前来投降了！但接受投降如同应付敌人，不可不防。"于是严加戒备，只派一名使者前往慰劳。不多时，阿史那伏念率领着各部酋长，将阿史德温傅带到军门前请罪，皆如裴行俭所料。裴行俭算无遗策，使"四两拨千斤"之术，又一次平定了东突厥之乱。

佳名遗世

永隆二年九月二十七日，裴行俭回到朝廷，献上了突厥俘虏，高宗十分满意，为此在三天后改年号为"开耀"，意为再启荣耀。但这份光荣的彰显，最终却是以阿史那伏念、阿史德温傅等五十四位突厥俘虏被斩杀为代价的，给高宗末年的朝局蒙上了一层阴影。

裴行俭曾答应饶阿史那伏念一死，他继承老师苏定方的思想，在朝堂上坚决反对杀降行为，像之前的阿史那都支和李遮匐等人，都得到了其庇护。如果换作二十多年前，高宗一定会像赦免贺鲁那样放过伏念等人，但晚年的高宗疾病多发，身体不适就会将一些大事交给宰相去裁决。侍中裴炎，这位当时颇受重用的宰相，却对裴行俭的意见非常反感，甚至声称："伏念只是被程务挺和张虔勖追击，又遭漠北回纥人逼迫，所以才投降的！"不仅夸大程务挺、张虔勖的功劳①，还完全忽略了裴行俭的贡献，最终又怂恿皇帝，将突厥降人全部诛杀。

虽然裴行俭还是被册封为闻喜县公，可他一点也高兴不起来，既不是为自己立下天大功劳未被录入，也不是为部下没有仗义执言，更不仅仅是为诺言没有兑现，而是对国势深深感到忧虑："西晋时王浑、王濬争功之事，古往今来都引以为耻。我只担心今天开了杀降的头，以后再也没有人愿意归降大唐了！"

同为闻喜裴氏宗亲，又没深仇大恨，宰相裴炎为何要与裴行俭过不去呢？史料记载的原因是裴炎"害其功"，即裴炎忌妒裴行俭的功劳，甚至担心他会因此升任宰相，威胁到自身的地位。不过恐怕这只是部分原因，联系后来的史事发展，可以想见在裴炎的身后，还有一个身影为他撑腰，也正是此人，始终将裴行俭视为眼中钉。

这双幕后黑手正来自武皇后，武后同裴行俭的恩怨可以追溯到近三十年前，裴行俭被贬到西州也拜她所赐，到高宗晚年，武后已经成了重病的皇帝身边最信任的助手。能力、功劳和威望都颇高的裴行俭令权力欲旺盛的武后觉得十分碍眼，必须阻止此人入相！裴行俭何等聪明人，自然能够想到这一层，他很郁闷，也很生气：这些人只顾自身权位，将国势安危置于何地！杀降事件后，裴行俭无意争辩，却也心灰意冷，遂从此声称有病，杜门不出。

虽然对朝廷有怨，但裴行俭的身体状况确实很不乐观，第二年即永淳元年（682年）三月，西突厥复叛了，这回跳出来做领袖的是一个叫阿史那车薄的首领。无论是高宗还是武后、裴炎一党，都不得不承认裴行俭是最佳的平叛人选，委任他为金牙道行军大总管。忠心为国的裴行俭没有推辞，可惜大军尚未出发，当年四月，大唐一代奇才裴行俭便在长安家中病逝，享年六十四岁，谥曰"献"，所谓"博闻多能曰献"，对他来说算是很公允的评价。出师未捷身先死，所幸裴行俭生前很看好的王方翼又一次不负重托，很

---

① 程务挺、张虔勖二人从此与裴炎进一步交好，后来更为废黜中宗出了大力。

快平定了车薄之乱。

裴行俭的预言一语成谶，在他去世当年，东突厥爆发阿史那骨咄禄的叛乱，突厥人对唐朝杀降的做法非常不满，誓与唐军抵抗到底，骨咄禄也得以重建政权，史称后突厥汗国。不久的将来，高宗于弘道元年（683年）去世，武后也在逐步篡位的过程中大开杀戒，出于稳固权力的需求，先后迫害了一批在她看来有巨大威胁的良将群体，其中就包括王方翼、黑齿常之、程务挺、张虔勖等人，导致国内一度将才凋零。后突厥给她的武周政权带来了极大祸端，甚至变相逼迫割地赔款，武则天如此丧权辱国，不能不说是咎由自取。纵是贪恋权力的裴炎，最终也因捍卫李唐皇权而被武后杀死，假设裴行俭活到高宗驾崩后，会否和他的部下们一样遭遇灾难，不忍细想。

英雄故去，但传奇不死，这位全才型名将留给了后世无数佳话。

裴行俭是初唐时期有名的书法家之一，尤其擅长草隶，虽说作品多没有流传到现在，但仍然可从碑志中窥得其一二风采。这大概与他早年常在弘文馆学习相关，当年有虞世南、欧阳询这些名家亲自示教，对裴行俭师法王羲之的笔风产生了深远影响。裴行俭对自己的书法水平也颇为自信，曾与友人开玩笑说："就当代来说，褚遂良如果没有精笔佳墨，就不会动手书写。至于不挑拣笔墨还能写得又快又好的，那就只有虞世南和我了！"

裴行俭不但擅长军事实战，还曾总结军事理论，写成十卷本的《选谱》。这套书可以说是凝结了苏定方、裴行俭师徒二人的毕生兵法心得，其中内容包括了安置军营、排兵布阵、料定胜负、甄别将才等要诀，是真正的兵法宝典。可惜后来武则天下令，让侄子武承嗣从裴府中取走，引为宫中秘书，禁止对外流传，可见武则天对裴行俭的绝学有多忌惮。

裴行俭除了才华横溢，而且宽仁大度，颇有人格魅力，深得上下军民的敬重。

起初，裴行俭的一个家仆不慎将名贵药材遗失，因为害怕责罚而潜逃；又有下属私自骑天子特赐裴行俭的良驹，结果马倒鞍破，同样也逃了。裴行俭听说之后，派人把他们都找回来，笑着对这些人说："你们都错了，但错在小看我了。"对待他们一如从前。

在平定阿史那都支和李遮匐时，唐军获得不少奇珍异宝，其中有一个宽二尺多的玛瑙盘，花纹色彩精美绝伦，但军吏捧着它上台时失足跌倒，大盘也摔碎了。这位军吏惊慌失措，不停叩头以至流血，裴行俭赶紧制止他，笑着对他说："你又不是故意的，何必这么害怕。"回朝后，高宗将都支的三千多样宝物赐予裴行俭，也被裴行俭分发给亲近故旧和部下，几天之内就散尽了。

除了神乎其神的阴阳算术，裴行俭相面鉴人一技，也足以让他登上神坛。他不但完美预言了"初唐四杰"各自的不同结局，还慧眼识人，把两个女儿嫁给了苏味道①和王勮两位青年才俊，二人后来果然都位列吏部高官，甚至做到宰相。在军旅生涯中，裴行俭也注重选拔人才，不少将领经他赏识拔擢，成为高宗乃至玄宗朝名震一时的良将，代表人物有王方翼、黑齿常之、程务挺、张虔勗、崔智辩、李多祚、薛讷、吕休璟等。

除了裴行俭以外，唐朝就没有第二个堪称"兵阴阳家"之人了吗？

当然不是，虽说屈指可数，可就在两百年后，确实出过一位战功卓著的兵阴阳家，他就是先在西北收复河、渭等州，后在西南收复交趾，还先后大破南诏和黄巢的晚唐名将高骈。说来也巧，那时裴行俭的后裔，代表作有《聂隐娘》传奇的文学家裴铏长期担任高骈的幕僚，写有歌颂高骈功德的《天威径新凿海派碑》一文。

不妨将高骈和裴行俭二人做个简单比较。他们身上具有很多共同点：同样出身将门，同样文武全才、能力出众，同样一度被朝廷视为倚仗。但高骈不仅是个儒将，还是个彻头彻尾的道教信徒，不仅亲身服用丹药数十年，更在军事生涯中迷恋使用道术，真正做到了"假鬼神而为助者也"。如高骈在交趾对南诏取胜后，使用火药开凿出了"天威径"海上运河（即广西防城港市潭蓬运河），对外宣称是雷神相助；与南诏作战期间，高骈夜夜焚烧画

---

① "文章四友"之一。

有军士和战马的纸符，口称召唤"玄女神兵"，在对敌军的文书上也画有符箓，作为震慑。

高骈的能力毋庸置疑，但一生信道的他晚年日益昏聩，宠幸道士吕用之等人，最终引爆唐末的江淮大乱，不光高氏在兵变中举族遇难，依赖东南经济的朝廷也越发衰微。这样一位最终被道术反噬的可悲人物，又如何能与时刻保持头脑清醒的裴行俭相提并论呢？裴行俭的眼光和操守，更显得难能可贵，头号兵阴阳家的交椅非他莫属。

大唐得一裴行俭，千载谁堪伯仲间。

参考书目

一、古籍

[1] 李吉甫.元和郡县图志[M].贺次君点校.北京：中华书局，1983.

[2] 刘昫.旧唐书[M].北京：中华书局，1975.

[3] 朱易安，傅璇琮.全宋笔记第一编 一[M].郑州：大象出版社，2003.

[4] 王溥.唐会要[M].上海：上海古籍出版社，2006.

[5] 王钦若.册府元龟[M].北京：中华书局，1960.

[6] 李昉.太平广记[M].北京：中华书局，1961.

[7] 欧阳修，宋祁.新唐书[M].北京：中华书局，1975.

[8] 宋敏求.唐大诏令集[M].北京：中华书局，2008.

[9] 司马光.资治通鉴[M].胡三省注.北京：中华书局，2011.第2版.

[10] 顾祖禹.读史方舆纪要[M].上海：上海书店出版社，1998.

[11] 董诰.全唐文[M].北京：中华书局，1982.

[12] 王鸣盛.十七史商榷[M].黄曙辉点校.上海：上海古籍出版社，2013.

[13] 吴廷燮.唐方镇年表[M].北京：中华书局，1980.

二、今人论著

[1] 薛宗正.安西与北庭：唐代西陲边政研究（修订版）[M].哈尔滨：黑龙江教育出版社，1998.

[2] 岑仲勉.突厥集史[M].北京：中华书局，2004.

[3] 贾志刚.唐代军费问题研究[M].北京：中国社会科学出版社，2006.

[4] 林冠群.唐代吐蕃历史与文化论集[M].北京：中国藏学出版社，2007.

[5] 张国刚.唐代藩镇研究（增订版）[M].北京：中国人民大学出版社，2009.

[6] 吴玉贵.突厥第二汗国汉文史料编年辑考[M].北京：中华书局，2009.

[7] 王永兴.唐代经营西北研究[M].兰州：兰州大学出版社，2010.

[8] 才让.吐蕃史稿[M].北京：人民出版社，2010.

[9] 傅璇琮.新编唐五代文学编年史[M].沈阳：辽海出版社，2012.

[10] 李碧妍.危机与重构：唐帝国及其地方诸侯[M].北京：北京师范大学出版社，2015.

[11] 拜根兴.石刻墓志与唐代东亚交流研究[M].北京：科学出版社，2015.

[12] 郭声波，周振鹤编.中国行政区划通史`唐代卷（修订本）[M].上海：复旦大学出版社，2017.

[13] 吴玉贵.突厥汗国与隋唐关系史研究[M].北京：商务印书馆，2017.

[14] 朱悦梅.吐蕃王朝历史军事地理研究[M].北京：中国社会科学出版社，2017.

[15] 黄楼.碑志与唐代政治史论稿[M].北京：科学出版社，2017.

[16] 孙继民.唐代行军制度研究（增订本）[M].北京：中国社会科学出版社，2018.

[17]（加）蒲立本.安禄山叛乱的背景[M].丁俊译.上海：中西书局，2018.

[18]（日）石见清裕著.唐代北方问题与国际秩序[M].胡鸿译.上海：复旦大学出版社，2019.